EIGHTH
EDITION

BRAVO!

Student Activities Manual

Exercices écrits et Exercices de laboratoire

JUDITH A. MUYSKENS
Nebraska Wesleyan University

LINDA L. HARLOW
Professor Emeritus of French
The Ohio State University

CENGAGE
Learning·

Australia • Brazil • Mexico • Singapore • United Kingdom • United States

CENGAGE
Learning®

Bravo!, Eighth Edition
Student Activities Manual
Muyskens | Harlow

© 2015, 2012, 2009, Cengage Learning

For product information and technology assistance, contact us at
Cengage Learning Customer & Sales Support,
1-800-354-9706

For permission to use material from this text or product, submit all requests online at **www.cengage.com/permissions**
Further permissions questions can be emailed to
permissionrequest@cengage.com

ISBN-13: 978-1-285-43390-5
ISBN-10: 1-285-43390-4

20 Channel Center Street
Boston, MA 02210
USA

Cengage Learning is a leading provider of customized learning solutions with office locations around the globe, including Singapore, the United Kingdom, Australia, Mexico, Brazil, and Japan. Locate your local office at: **www.cengage.com/global**

Cengage Learning products are represented in Canada by Nelson Education, Ltd.

For course and learning solutions, visit
www.cengage.com

Purchase any of our products at your local college store or at our preferred online store
www.cengagebrain.com

Contents

Exercices écrits

HEUREUX DE FAIRE VOTRE CONNAISSANCE

1

La grammaire à réviser

Avant la première leçon

Les verbes: le présent

Trois amis se détendent au café

A. Une rencontre au café. Sylvie est au café quand deux garçons s'arrêtent à sa table. Complétez leur conversation en choisissant le verbe approprié et en écrivant la forme correcte de ce verbe au présent.

MODÈLE: SYLVIE: Nous nous (apparaître / connaître) _____, n'est-ce pas?

Nous nous *connaissons*, n'est-ce pas?

HERVÉ: Eh bien, oui! Nous (être / avoir) _____ (1) voisins. Je me (présenter / répéter)

_____ (2): Hervé Janin. Et voici mon colocataire, Alain Colet. Nous vivons au

4ème, au-dessus de chez vous.

SYLVIE: Ah, oui! Moi, je (s'appeler / se rappeler) _____ (3) Sylvie Beau. Euh, on se (tutoyer [*to use the familiar form* **tu**] / entendre) _____ (4)? (Savoir / Vouloir) _____ (5)-vous vous asseoir un petit moment?

HERVÉ: Avec plaisir! J(e) (élever / espérer) _____ (6) que nous ne te (déranger [*to bother*] / ranger) _____ (7) pas.

SYLVIE: Non, pas du tout. J(e) (obtenir / finir) _____ (8) un exposé pour un cours de civilisation américaine, c'est tout. Vous êtes étudiants aussi, n'est-ce pas?

HERVÉ: Oui, nous allons bientôt terminer nos masters en histoire de l'art, et nous (espérer / posséder) _____ (9) obtenir des bourses (*scholarships*) pour étudier en Italie après.

SYLVIE: C'est chouette!

ALAIN: Oui, si nous (réussir / considérer) _____ (10) tous les deux au concours de sélection, nous partirons pour Rome dans deux mois. Nous (entendre / attendre) (11) _____ les résultats du concours avec impatience.

SYLVIE: Bonne chance, hein? Tiens, avez-vous besoin de livres? Vous savez, à la librairie Pasquier, ils (ranger / vendre) _____ (12) de très beaux livres sur l'art italien.

HERVÉ: Merci, mais en ce moment, on (acheter / amener) _____ (13) seulement des CD pour apprendre l'italien. Tous les jours, Alain et moi, nous (répondre / répéter) _____ (14) des phrases et des dialogues italiens. Nous (venger / agacer) _____ (15) tous nos amis avec ça—ils ont envie de détruire nos CD!

SYLVIE: Oh, ils sont jaloux, voilà tout! Et moi aussi, d'ailleurs—c'est tellement beau, les voyages… Voilà, j'ai une idée. Je vous (rendre / emmener) _____ (16) visite en Italie!

ALAIN: Bonne idée! On te préparera une belle assiette de spaghettis.

SYLVIE: Merci bien! Au revoir—ou plutôt «Ciao», les copains!

ALAIN ET HERVÉ: À plus, Sylvie! Bonne fin de journée!

Avant la deuxième leçon

Poser une question

B. Une interview sur les jeunes et les voyages. Marc, étudiant en géographie, est interviewé par un journaliste de *L'Express*. Utilisez les éléments donnés et la forme interrogative suggérée entre parenthèses pour reconstituer les questions du journaliste.

MODÈLE: —À votre avis, les jeunes / beaucoup apprendre / quand / ils / voyager *(inversion)*?

— *À votre avis, les jeunes apprennent-ils beaucoup quand ils voyagent?*

—*Oui, je suis convaincu* (convinced) *que les voyages sont très enrichissants.*

1. —vous-même / vous / faire / souvent / des voyages? *(rising intonation)*

   _____

   —Oui, oui, au moins un voyage chaque été.

2. —comment vous / se préparer / pour profiter au maximum de vos voyages? *(inversion)*

   _____

   —Eh bien, j'essaie d'apprendre la langue des pays que je visite, entre autres choses.

3. —vos parents / fournir / l'argent pour ces voyages? *(inversion)*

   _____

   —Non, c'est moi qui me les paie.

4. —vous / devoir / travailler / toute l'année / afin de pouvoir voyager? (est-ce que)

   _____

   —Je travaille surtout pendant les vacances de Noël et pendant le mois d'août chaque année.

5. —vous / réussir à / bien profiter / de votre jeunesse? (n'est-ce pas) Eh bien, chapeau *(well done)*!

   _____

   —Oui, et je garderai toujours un souvenir inoubliable de mes voyages!

Avant la troisième leçon

L'impératif

C. Dur, dur de voyager! Les voyages sont parfois pénibles pour les enfants. Le petit Marc s'ennuie dans l'avion et sa mère est obligée de le réprimander de temps en temps. Recréez ses ordres en employant l'impératif à la deuxième personne du singulier (la forme **tu**). Faites tous les changements nécessaires.

MODÈLE: (ne pas / bouger / tout le temps) _____! Tu déranges la dame!

   Ne bouge pas tout le temps! Tu déranges la dame.

1. (rester / assis) _____ et 2. (se calmer) _____. Tu es trop excité.

3. (finir / ton dîner) _____. Ensuite, on va regarder un film.

4. (ne pas parler / si fort) _____. Les gens essaient de dormir.

5. (être / sage) _____ et 6. (montrer) _____ aux gens comme tu es bien élevé.

7. (rendre les écouteurs [headphones]) _____ à l'hôtesse. On va bientôt arriver.

D. Voyageur à Paris—le savoir-faire de l'invité (guest etiquette). Sarah, une étudiante américaine qui fait des études à Paris en ce moment, va bientôt rentrer chez elle. Pour aider les étudiants américains qui viennent l'année prochaine, elle a fait une liste des bonnes manières à suivre quand on est invité chez des Français. Remplacez les infinitifs par des impératifs à la deuxième personne du pluriel (la forme **vous**).

MODÈLE: saluer poliment ses hôtes

Saluez poliment vos hôtes.

1. ne jamais **arriver** en avance

_____ en avance.

2. **apporter** des fleurs à la maîtresse de maison *(hostess)*

_____ des fleurs à la maîtresse de maison *(hostess)*.

3. **n'acheter** ni des roses rouges ni des chrysanthèmes

_____ ni des roses rouges ni des chrysanthèmes.

4. **serrer** la main de toutes les personnes présentes

_____ la main de toutes les personnes présentes.

5. **leur faire** la bise [i.e. aux personnes présentes] si vous les connaissez assez bien

_____ la bise si vous les connaissez assez bien.

6. à table, **attendre** que la maîtresse de maison commence à manger la première

À table, _____ que la maîtresse de maison commence à manger la première.

7. **finir** votre assiette (laisser de la nourriture serait une insulte à la cuisinière)

_____ votre assiette (laisser de la nourriture serait une insulte à la cuisinière).

8. **savoir** que les Français passent souvent entre 3 et 5 heures à table

_____ que les Français passent souvent entre 3 et 5 heures à table.

9. **avoir** de la patience

_____ de la patience.

Note culturelle: En général, on n'offre ni roses rouges ni chrysanthèmes aux amis: 1) Les roses rouges sont associées à l'amour; 2) Les chrysanthèmes sont associés à la mort (chaque automne, le 2 novembre [le Jour des défunts], les Français vont au cimetière pour en mettre sur les tombes des morts).

Leçon 1
Cap sur le vocabulaire!

A. Saluer, présenter et prendre congé. Complétez les échanges suivants en choisissant l'option correcte parmi les expressions données.

MODÈLE: —Bonne journée!

     —*À vous de même! / À vous aussi!*

a. _____ **(1)** (Bonjour / À plus / À bientôt), Mme Marchand, je vous présente M. Boyer.

  — _____

   (2) (Oui, pas mal, merci. / Bonnes vacances! / Je suis heureuse de faire votre connaissance.)

   —Et moi de même.

b. —Salut, Isa, ça va bien?

  — _____ **(3)** (Salut / Ciao / À vous aussi), _____ **(4)** (bonne soirée. / oui, pas mal, merci. / ça va?)

c. Vous dites au revoir à une collègue le vendredi soir en sortant du bureau. Choisissez trois expressions appropriées que vous pourriez ajouter.

  Au revoir, Claire. _____ **(5)** (À cet après-midi! / À lundi! / Ça va?)

  _____ **(6)** (Vous vous êtes déjà rencontrés? / Bon week-end! / À vous aussi!)

  _____ **(7)** (À la prochaine! / Oui, pas mal, merci. / À vous de même!)

d. Vous voyez une amie le matin, et vous savez que vous allez la revoir plus tard ce même jour. Prenez congé d'elle et choisissez trois expressions appropriées que vous pourriez ajouter.

  _____ **(8)** (Bonne soirée! / Salut! / À lundi!), Géraldine!...

  _____ **(9)** (Ça va? / À cet après-midi! / Vous vous êtes déjà rencontrés?)

  _____ **(10)** (Bon week-end! / Bonnes vacances! / À tout à l'heure!)

  _____ **(11)** (À plus! / À vous de même! / Vous vous êtes déjà rencontrés?)

B. Parlons français! Les Français aiment utiliser des mots et des expressions d'origine étrangère—comme, par exemple, quand ils disent «Ciao!», au lieu de dire «Au revoir». Voici deux listes de mots ou d'expressions qui sont utilisés aujourd'hui en France. Dites quelle est la version «français standard» des expressions «étrangères».

1. cool _____   **a.** pourriel [pourri = *rotten*]

2. week-end _____   **b.** grille-pain

3. toaster _____   **c.** sympa

4. look _____   **d.** numérique

5. spam _____   **e.** fin de semaine

6. digital _____   **f.** chaussure de sport

7. tennis _____   **g.** courriel

8. mail *(e-mail)* _____ **h.** style

C. Prendre le train: quelques conseils (*advice*). Complétez le passage suivant en choisissant parmi les expressions proposées et en faisant les changements nécessaires. N'utilisez pas une expression plus d'une fois.

une place de libre   une couchette   s'installer   (se) rencontrer   arriver
(se) retrouver   prendre   une place réservée   (se) saluer   monter   voyager

Le train est un moyen de transport très pratique en France. Ça ne coûte pas trop cher, c'est confortable,

et on arrive presque toujours à l'heure. Si vous voyagez avec des amis, je vous conseille de vous

_____ (1) sur le quai *(on the platform)*, au moins 15 minutes avant le départ. Cela vous

donnera le temps de vous _____ (2) tranquillement. Avant de monter dans le train,

n'oubliez pas de composter (valider) votre billet!

Si vous voyagez le vendredi, le dimanche, ou la veille (le jour avant) d'un jour de fête, il vaut mieux

avoir _____ (3) parce qu'il est souvent difficile de trouver _____

(4). Si vous voyagez la nuit, vous voudrez peut-être prendre _____ (5), afin de mieux

dormir. Le train peut aussi être un bon endroit pour _____ (6) de nouvelles personnes.

Quand on est relaxe, on a souvent envie de parler!

La grammaire à apprendre

Les verbes irréguliers: *suivre, courir, mourir, rire, conduire, savoir* et *connaître*

D. «Little Brother» vous surveille. *(Little Brother is watching you.)* En voyage en France, vous logez chez de vieux amis. Leur petit frère est très curieux et il pose beaucoup de questions sur les Américains. Complétez son «interrogatoire» avec la forme correcte d'un des verbes suivants: ***conduire, courir, mourir, rire, sourire, suivre, vivre.*** Utilisez chaque verbe une seule fois.

MODÈLE: Les étudiants américains, ils *vivent* chez leurs parents?

1. Toi et ta famille, est-ce que vous _____ dans un gratte-ciel *(skyscraper)* à New York?

2. Est-ce que tout le monde aux États-Unis _____ une grosse voiture?

3. Vous, les Américains, pourquoi est-ce que vous _____ à tout le monde quand vous vous promenez dans la rue? Nous trouvons ça bizarre!

4. Mon papy (grand-père) dit que beaucoup d'Américains ne sont pas en bonne santé et qu'ils _____ souvent de crises cardiaques. Est-ce que c'est vrai?

5. Et toi, qu'est-ce que tu fais comme sport pour rester en forme? Est-ce que tu _____?

6. Les enfants comme moi, est-ce qu'ils _____ des cours de français à l'école?

7. Mais, pourquoi est-ce que tu _____? Est-ce que je pose trop de questions?

E. Allez, un peu de patience! Répondez aux questions du petit frère (voir l'exercice D) pour qu'il comprenne un peu mieux la vie des Américains.

MODÈLE: Les étudiants américains, ils vivent chez leurs parents?

—*Non, nous vivons généralement dans des résidences universitaires ou dans des appartements.*

1. _____

2. _____

3. _____

4. _____

5. _____

6. _____

7. _____

F. Des stéréotypes. Dans l'exercice D, le petit frère pose beaucoup de questions naïves. Quels stéréotypes sont reflétés dans ses questions? Mentionnez-en au moins trois.

MODÈLE: *Tous les Américains ont des grosses voitures.*

1. _____

2. _____

3. _____

(4., etc. _____)

G. Mademoiselle «Je sais tout». Marc, Alain et Hubert parlent d'une étudiante qui suit des cours d'art avec eux. Complétez leur dialogue avec les formes appropriées de **savoir** ou de **connaître**.

MARC: Salut, Hubert. Ça va?

HUBERT: Salut, les gars. Ouais, très bien. Aujourd'hui, j'ai fait la connaissance d'une fille super—Marine

Dupré. Vous la _____ (1), Marine?

MARC: Ça alors! Elle est dans mon cours d'histoire de l'art. Franchement, cette nana m'énerve!

Mademoiselle _____ (2) toujours tout! Écoute! Toi, est-ce que tu

_____ (3) quand Dubuffet a peint «Paris-Circus»? Non? Demande à Marine.

Elle le _____ (4)! 1962!

HUBERT: Eh ben, tu m'excuseras, mais, moi, je la trouve sympa, cette fille! Est-ce que vous

_____ (5) où elle habite?

ALAIN: Pas exactement, mais tu _____ (6) la Galerie Papin, dans la rue du Four?

HUBERT: Oui, pourquoi?

ALAIN: C'est la galerie de sa mère.

MARC: Alors, bien sûr, c'est pour cette raison que Marine _____ (7) personnellement

plein d'artistes contemporains. Ça me rend furieux!

HUBERT: Et alors? Moi, je trouve qu'elle a de la veine!

MARC: Ouais… peut-être. Bon, d'accord, elle _____ (8) bien l'histoire de l'art. Par

contre, en pratique, pas de chance! Elle est nulle! Incapable de peindre! Tous les étudiants de la

classe _____ (9) mieux peindre qu'elle!

ALAIN: Oh là là! Mais qu'est-ce que tu as? Elle a refusé de sortir avec toi ou quoi? Calme-toi, mon vieux!

Écoutez, nous _____ (10) tous jouer au baby-foot, au moins! Allez, on oublie

Marine et on va faire une partie de baby-foot au bar Cujas dans une demi-heure. À tout à l'heure!

H. Un peu d'argot *(slang).* Dans l'exercice G (**Mademoiselle «Je sais tout»**), les trois garçons utilisent de l'argot et du langage familier dans leur conversation. Trouvez des équivalents pour les mots ou expressions suivants.

1. gentil(le) _____

2. elle a de la chance _____

3. sans talent, sans valeur _____

4. mon ami _____

5. hommes, garçons _____

6. fille, femme _____

7. formidable _____

8. Qu'est-ce qui ne va pas? _____

I. Stéréotypes. Relisez **Liens culturels: Français et Américains** (p. 13 de votre manuel). Écrivez un ou deux paragraphes pour expliquer quels stéréotypes les Américains se font des Français. Utilisez une autre feuille de papier.

J. À bas les stéréotypes! *(Down with stereotypes!)* Avec un(e) copain (copine) de classe, échangez les textes que vous avez écrits pour l'exercice I *(Stéréotypes)*. Écrivez une réponse au texte de votre copain (copine) de classe dans laquelle vous essayez de réfuter les stéréotypes qu'il ou elle a mentionnés.

Leçon 2

Cap sur le vocabulaire!

A. Un voyage difficile! Le dernier voyage d'affaires de M. Leclerc n'a pas été sans difficulté. Complétez les phrases avec l'expression ou le mot approprié de la liste donnée. Faites les changements nécessaires. Utilisez chaque mot ou expression une fois seulement.

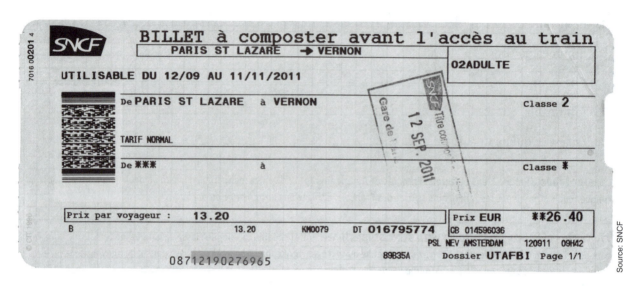

Quel temps fait-il?

en deuxième classe

un tarif

le départ

Vous avez entendu parler de ce qui s'est passé?

voyage d'affaires

le quai

les renseignements

un vol

aller-retour

aller-simple

des vacances

desservi(e)

M. Leclerc devait partir en *voyage d'affaires* (1). Il devait aller à Cassis, une petite ville qui est

_____ (2) par l'aéroport de Marseille. Il allait prendre l'avion jusqu'à Marseille, et puis

un taxi de Marseille à Cassis. Avant de faire ses valises, il voulait des informations sur la météo *(the weather)*.

Il a demandé à sa femme: «À ton avis, _____ (3) à Cassis? Est-ce que je dois emporter

un manteau?» Il a téléphoné à Air France Europe pour avoir des _____ (4) sur les

_____ (5) des _____ (6) pour Marseille. L'employé d'Air France

Europe lui a proposé un billet _____ (7), mais, puisqu'il allait rentrer à Paris, c'était

bien plus pratique d'acheter un billet _____ (8) pour le vol.

    Malheureusement, deux heures avant son _____ (9) pour l'aéroport, un collègue

lui a téléphoné d'urgence. Il lui a demandé: « _____

_____ (10)

avec M. Roux, notre client? Vous devez rester pour nous aider à résoudre son problème.»

desservi	à l'heure	valable
annuler	un horaire	un billet
indiquer	Quelle heure est-il?	Tu as passé une bonne journée?
le quai	le guichet	des tarifs réduits
les frais d'annulation	l'arrivée	

Alors, M. Leclerc a dû _____ (11) son voyage en avion. Bien sûr, il a fallu payer des

_____ (12), mais la nécessité d'aider son client justifiait

cela, sans aucun doute.

Quatre heures plus tard, le problème résolu, M. Leclerc était de nouveau prêt à partir—mais cette

fois-ci, il a décidé de prendre le train. Il s'est renseigné sur les _____ (13) des

trains par téléphone. Il y avait justement un train pour Cassis qui partait une heure plus tard. Quand

il est arrivé à la gare, il a couru directement au _____ (14) pour acheter son

_____ (15). Puisqu'il n'avait pas de montre, il a demandé à un autre voyageur:

« _____?» (16). Ouf, pas de panique! «J'ai le temps», a-t-il pensé.

Dans le train, M. Leclerc a révisé ses notes pour ses réunions d'affaires à Cassis. Après son

_____ (17) à Cassis, il est descendu du train. Sur le _____ (18),

on lui a _____ (19) où il pourrait trouver un taxi pour aller au centre-ville.

Le soir, après ses réunions, il a enfin pu se détendre. De son hôtel à Cassis, il a téléphoné à sa femme

pour lui donner de ses nouvelles. Elle lui a demandé: « _____

_____ (20)?» M. Leclerc a

pensé que sa femme essayait d'être sarcastique!

Ce voyage a été pénible pour M. Leclerc, mais «tout est bien qui finit bien». Il a conclu une vente

importante à Cassis, et il y faisait si beau qu'il a décidé de prolonger son séjour. Il allait passer quelques

jours au soleil pour se détendre. Heureusement que son billet de train était _____ (21)

pour deux mois, et que sa femme pouvait le rejoindre pour un week-end ensoleillé.

B. Quelques proverbes. Dans le dernier paragraphe de l'exercice A. **(Un voyage difficile!)**, on trouve le proverbe français «Tout est bien qui finit bien». Cela se traduit en anglais, bien sûr, par «All's well that ends well». Quel serait l'équivalent de chacune des expressions proverbiales suivantes?

1. Loin des yeux, loin du cœur. _____
2. Un tiens (*"take this," "here you are"*) vaut deux tu l'auras. _____
3. Paris ne s'est pas fait en un jour. _____
4. Vouloir, c'est pouvoir. _____
5. On ne peut pas avoir le beurre et l'argent du beurre. _____
6. L'habit (*robe*) ne fait pas le moine (*monk*). _____
7. Un malheur (*misfortune*) ne vient jamais seul. _____

a. When it rains, it pours.
b. You can't have your cake and eat it too.
c. You can't judge a book by its cover.
d. Out of sight, out of mind.
e. Rome wasn't built in a day.
f. Where there's a will, there's a way.
g. A bird in the hand is worth two in the bush.

La grammaire à apprendre

Les expressions de temps

C. Salut! Je me présente… Dans une auberge de jeunesse (*youth hostel*) en France, Julie se présente à d'autres jeunes pendant qu'ils prennent tous le petit déjeuner. Reconstituez ses phrases, en utilisant l'expression de temps indiquée (**il y a** *[ago]*, **depuis, il y a… que, ça fait… que, voilà… que**). Attention aux deux usages différents d'**il y a**!

MODÈLE: étudier / le chinois (**voilà / quatre ans**)

Voilà quatre ans que j'étudie le chinois.

1. voyager / seule / en Europe (**voilà / deux semaines**)

_____

_____

2. être / en France (**il y a / quatre jours**)

_____

3. ma famille et moi / nous / faire (*passé composé*) / un premier voyage / en France (**il y a / trois ans**)

_____

4. être / étudiante / à l'Université du Michigan (**depuis / un an**)

_____

5. faire / du français (**ça fait / cinq ans**)

_____

© Cengage Learning

Les noms

D. Règle ou exception? Étudiez bien les remarques sur le genre des noms français dans votre manuel (pages 20–22). Voici trois autres règles sur le genre des mots:

- Les noms qui se terminent en **-in** sont généralement masculins.
- Les noms qui se terminent en **-ain** sont généralement masculins.
- Les noms qui se terminent en **-eur** sont généralement féminins.

Maintenant, étudiez la liste de mots ci-dessous. Identifiez les huit mots qui sont des exceptions aux règles que vous avez apprises.

l'arrivée *(f)*	le chandail	une couchette	le chéquier
la fleur	l'eau *(f)*	le tourisme	la gentillesse
le voyage	le Mexique	la connaissance	la beauté
l'argent *(m)*	la nation	le train	la croisière
le grec	la limonade	le cadeau	l'Italie *(f)*
la promenade	le festival	la nature	l'idée *(f)*
la plage	le billet	la fin	le bonheur
le musée	la main	le squelette	le magasin
la réservation			

1. _____
2. _____
3. _____
4. _____
5. _____
6. _____
7. _____
8. _____

E. À vous, maintenant! Soyez créatif(-ive) et fantaisiste! Écrivez trois phrases «mémorables» (une petite histoire, trois proverbes bizarres, etc.) qui contiennent les exceptions que vous avez trouvées dans l'exercice D (utilisez chaque mot une seule fois). Ensuite, apprenez-les par cœur pour vous aider à perfectionner votre français. Puis, récitez vos phrases à la classe!

1. _____

   _____

2. _____

   _____

3. _____

   _____

Nom _____ Date _____

F. Tout le monde peut se tromper! *(Anyone can make a mistake!)* Un nouveau venu *(newcomer)* dans votre quartier essaie d'identifier les différents habitants. Il se trompe à chaque fois sur le sexe de la personne dont il parle et vous le corrigez gentiment.

MODÈLE: Monsieur Michalon est le directeur de l'école Sainte-Marie?

Euh, c'est plutôt Madame Michalon, mais c'est bien une directrice d'école.

1. M. Brigolin est boulanger?

   _____

   _____

2. Mme Duras est ouvrière?

   _____

3. M. Cartier est professeur?

   _____

4. M. Desroches est cadre?

   _____

5. Mlle Beauvais est chanteuse?

   _____

6. M. Denis est pharmacien?

   _____

7. Et Mme Carles, c'est une femme médecin?

   _____

8. M. Careil est auteur?

   _____

G. Langue et culture.

a. Pour quel nom désignant une profession dans l'exercice F (**Tout le monde peut se tromper!**) est-ce qu'il faut préciser qu'il s'agit d'une femme (par exemple, **une femme ingénieur**)?

b. C'est au Canada, plutôt qu'en France, qu'on a commencé à «féminiser» les noms désignant les professions. Pourquoi, à votre avis?

H. Hou, hou! (*Hooo! Hooo!* [i.e. the cry of the owl])

1. Lisez le poème à haute voix, pour le plaisir des sons, et apprenez-le par cœur, si vous voulez. Attention à la prononciation de certaines voyelles. Il y a beaucoup de [u] dans ce poème (hib**ou**x, p**ou**x, ch**ou**x, gen**ou**x, etc.), mais il y a seulement deux [y] (d**u**r, d**u**). Faites bien la différence!

Les Hiboux

Ce sont les mères des hiboux
Qui désiraient chercher les poux
De leurs enfants, leurs petits choux°,   *here, term of endearment (e.g. their little darlings)*

En les tenant sur les genoux.
Leurs yeux d'or valent des bijoux
Leur bec est dur comme des cailloux,
Ils sont doux comme des joujoux,

Mais aux hiboux point de genoux°!   *[they have] no knees*
Votre histoire se passait où?
Chez les Zoulous? Les Andalous?
Ou dans la cabane bambou?
À Moscou? Ou à Tombouctou?
En Anjou ou dans le Poitou?
Au Pérou ou chez les Mandchous?
Hou! Hou!
Pas du tout, c'était chez les fous.

Robert Desnos

Extrait de *Chantefables et Chantefleurs* © Éditions Gründ, Paris, 1944

© Cengage Learning

2. Écrivez les 8 pluriels irréguliers que vous trouvez dans le poème.

1. _____   5. _____

2. _____   6. _____

3. _____   7. _____

4. _____   8. _____

I. Les cris des animaux. Le hibou dit «Hou! Hou!» en français. Que dit chacun des animaux suivants?

1. le chien   a. Hiiiii!

2. le coq *(rooster)*   b. Meuh!

3. la vache   c. Piou-piou!

4. le chat   d. Cocorico!

5. l'âne *(donkey)*   e. Miaou!

6. le canard   f. Bêêêê!

7. le cochon *(pig)*   g. Groin groin!

8. le cheval   h. Hihan!

9. le poussin *(chick)*   i. Ouah ouah!

10. le mouton *(sheep)*   j. Coin coin!

J. Tout le monde est poète! Faites comme Robert Desnos! (exercice H. **Hou, hou!**) Écrivez un petit «poème» (il n'est pas nécessaire de le faire rimer) ou une petite histoire pour vous aider à retenir *(remember)* d'autres pluriels irréguliers. Essayez d'utiliser au moins huit des mots suivants. Utilisez une autre feuille de papier. Partagez votre «œuvre littéraire» avec la classe!

pneus	détails	yeux	mesdames
festivals	chandails	messieurs	gratte-ciel
carnavals	cieux	mesdemoiselles	

K. Portrait de famille. Complétez la description suivante de la famille Duchet. Choisissez chaque fois le mot approprié et mettez-le au pluriel. Attention! Certains pluriels sont irréguliers!

Mme Duchet vend des (produit / protéine) _____ (1) pharmaceutiques dans la région

de Marseille. Son mari est ingénieur des (pneu / eau) _____ (2) et (cuisine / forêt)

_____ (3). M. et Mme Duchet ont deux (film / fils) _____ (4) et une fille.

Leur aîné, Alain, a beaucoup de charme. Il a les (cheveu / cheval) _____ (5) bruns, les

(œuf / œil) _____ (6) bleus, et il adore bavarder avec les filles. Il fait du théâtre et se

rend à tous les (place / festival) _____ (7) de théâtre de France. Son frère, Laurent, passe

son temps à lire les (journal / journée) _____ (8) et à regarder les (actualité / virtualité)

_____ (9) à la télévision. Il veut se spécialiser en (science / chanson) _____

(10) politiques. La cadette, Catherine, a treize ans. Elle adore les (pou / bijou) _____ (11) et

les (jeu / joue) _____ (12) vidéo. Elle a une énorme collection d(e) (animal / champignon)

_____ (13) en peluche *(stuffed)* et elle voudrait être vétérinaire.

   Les (Duchets / Duchet) _____ (14) s'entendent bien. M. et Mme Duchet respectent les

(chaux / choix) _____ (15) de leurs enfants, et c'est une famille très unie.

L. Une question d'interprétation. Lequel des trois enfants Duchet a choisi la carrière qui ressemble le plus à celles de ses parents? Expliquez votre réponse.

M. L'art de la conversation. Imaginez que vous assistez à un dîner de cérémonie. La personne qui est assise en face de vous a envie de parler, mais elle est assez timide. Qu'est-ce que vous pouvez faire pour la mettre à l'aise? De quoi est-ce que vous pouvez parler? Écrivez un petit paragraphe pour expliquer comment vous allez aborder (here: *to handle, to approach*) la situation.

Leçon 3
Cap sur le vocabulaire!

A. Chassez l'intrus. *(Get rid of the "intruder." [Choose the word that doesn't belong.])* Dans chacun des groupes de mots ou d'expressions ci-dessous, il y a un mot ou une expression qui ne va pas avec les autres. Identifiez l'intrus!

MODÈLE: a. Hihan!   b. Meuh!   c. Bonjour!   d. Ouah! Ouah!   _c_

1. a. donner   b. prêter   c. offrir   d. emprunter   ____

2. a. le portefeuille   b. le chèque   c. la carte de crédit   d. le chèque de voyage   ____

3. a. les euros   b. le chèque de voyage   c. la carte de crédit   d. le chèque   ____

4. a. le distributeur automatique de billets *(ATM)*   b. le guichet de gare   c. la banque
   d. le bureau d'American Express   ____

5. a. encaisser   b. emprunter   c. accepter   d. prêter   ____

B. La réponse appropriée. Lisez les phrases ci-dessous, numérotées de 1 à 9. Ensuite, choisissez la réponse appropriée parmi les phrases **a.** à **l.** Attention! S'agit-il d'une situation de communication formelle ou informelle? (Il y a parfois deux réponses possibles.)

1. Est-ce que tu pourrais m'aider à mettre cette valise sur le porte-bagages, s'il te plaît? _____

2. Excusez-moi de vous déranger, monsieur, mais j'ai une question. _____

3. Tu peux ouvrir la fenêtre, s'il te plaît? _____

4. Merci beaucoup de votre aide, madame. _____

5. Excuse-moi, maman, mais tu pourrais me prêter ta voiture? _____

6. Excusez-moi, monsieur, est-ce que vous auriez la gentillesse de me dire où se trouve la réception? _____

7. Je te donne un coup de main? _____

8. Oh là là! Je ne savais pas qu'il n'y aurait pas d'ascenseur! _____

9. Tu veux que je t'accompagne? _____

a. Tiens, ce serait sympa! T'as ta voiture?

b. Oh, ça va. Merci quand même, c'est très gentil.

c. Bien sûr. Aïe, dis donc, ce sera lourd à descendre tout à l'heure.

d. Pas de problème!

e. Tu vois ces escaliers? Tu n'as qu'à monter, et tu la verras.

f. Mais laissez-moi vous aider, madame. Donnez-moi votre valise.

g. Certainement, madame. Je peux même vous y accompagner.

h. Ben, ok. Tu trouves qu'il fait chaud?

i. Permettez-moi de vous passer les clés de la Peugeot.

j. Mais, posez votre question, madame. Ce sera avec plaisir que je vous aiderai.

k. Je vous en prie, monsieur. C'est la moindre des choses.

l. Mais, chéri, tu sais bien qu'on n'aime pas que tu conduises la nuit…

C. Demander / Proposer de l'aide. Pour chaque situation décrite, indiquez si les rapports entre les personnes sont probablement formels ou informels. Puis, imaginez ce que chaque personne a dit pour demander ou proposer de l'aide. Utilisez des expressions des pages 27–28 de *Bravo!* Ensuite, ajoutez une phrase supplémentaire pour expliquer la proposition ou adoucir *(soften)* la demande.

MODÈLE: Maman demande à Pierre de faire la vaisselle.

Formel—Informel? *Informel*

Tu peux faire la vaisselle, s'il te plaît? Je dois aider Simon à faire ses maths.

1. M. Sinan offre d'aider son collègue à préparer le rapport.

Formel—Informel? _____

_____

2. Claudine demande à son mari de l'aider un peu.

Formel—Informel? _____

_____

3. M. Knaff, un homme d'affaires, arrive dans un hôtel à Paris. À la réception, il demande à un employé où se trouve l'ascenseur.

   Formel—Informel? _____

   _____

4. Simon a des problèmes à l'école. Sa mère propose de l'aider avec ses maths.

   Formel—Informel? _____

   _____

La grammaire à apprendre

Le conditionnel

D. Une demande de renseignements. Mary Heart veut passer un an à faire des études à Paris. Elle écrit une lettre très polie au CIDJ pour demander des renseignements. Mettez les verbes entre parenthèses au conditionnel.

> **CENTRE D'INFORMATION ET DE DOCUMENTATION JEUNESSE**
> 101, QUAI BRANLY - 75740 PARIS CEDEX 15 - TELEX C.I.D.J. 250 907 F

Source: CIDJ

Monsieur,

J'ai l'honneur de vous écrire pour vous demander des renseignements sur les

programmes d'études et l'hébergement pour étudiants étrangers à Paris.

   Je (vouloir) _____ **(1)** passer un an dans une faculté

(université) de la région parisienne. Je suis étudiante en histoire de l'art, et un séjour

en France (être) _____ **(2)** très utile à mes études. (Pouvoir)

_____ **(3)**-vous m'envoyer une documentation sur les programmes

d'études en histoire de l'art?

   Cela me (plaire) _____ **(4)** beaucoup d'habiter près du

Louvre. J'(aimer) _____ **(5)** louer une chambre. (Avoir)

_____ **(6)**-vous la gentillesse de m'indiquer le prix moyen des

loyers *(rents)* dans ce quartier?

   Il (falloir) _____ **(7)** que j'organise mon séjour à Paris rapide-

ment. Je vous (être) _____ **(8)** reconnaissante *(grateful)* de bien

vouloir m'écrire aussitôt que possible.

   Avec mes remerciements anticipés *(in advance)*, veuillez agréer, Monsieur,

l'expression de mes sentiments distingués.

                                                                    Mary Heart

E. Questions de compréhension

1. Mary a écrit une lettre pour demander des renseignements. Si une étudiante américaine écrivait cette lettre en anglais, quelle en serait probablement la première phrase?

   "Dear Sir or Madam,

   I _____..."

   Quel début est-ce qu'un employé de bureau (français *ou* américain!) préférerait, à votre avis—le début français ou le début américain? Pourquoi?

2. Quel est l'équivalent français de *brochures/print materials*?

3. Quel est l'équivalent anglais de «Veuillez agréer, Monsieur, l'expression de mes sentiments distingués»?

F. À l'hôtel. Vous êtes à la réception d'un hôtel à Marseille et vous allez demander plusieurs services. Récrivez chaque phrase en mettant le verbe au conditionnel pour rendre vos demandes plus polies.

MODÈLE: (Est-ce que vous avez un plan du centre-ville?)

Est-ce que vous auriez un plan du centre-ville?

1. (Nous voulons une chambre pour deux.)

   _____

2. (Est-ce que je peux payer avec la carte bleue?)

   _____

3. (Vous nous réveillez à 7h demain matin, s'il vous plaît?)

   _____

4. (Est-ce que nous pouvons prendre le petit déjeuner dans la chambre?)

   _____

5. (Est-ce que vous pouvez préparer notre note, s'il vous plaît.)

   _____

6. (Il nous faut un taxi pour aller à l'aéroport.)

   _____

G. Un voyage de rêve. La protagoniste de l'extrait de *La honte* d'Annie Ernaux ne s'est pas beaucoup amusée pendant le voyage avec son père. Imaginez un voyage parfait pour une jeune fille de 12 ans qui s'appelle Annie. Où est-ce qu'elle va aller? Pour combien de temps? Comment va-t-elle voyager? Avec qui? Est-ce que ce sera un voyage organisé *(a group tour)*? Qu'est-ce qu'elle va faire? visiter des musées? faire du sport? faire du shopping? aller à des spectacles? Qu'est-ce qu'elle ne va pas faire? Utilisez le futur proche (**Elle va aller…, Elle va voyager…,** etc.) ou le conditionnel (**Si j'organisais un voyage pour elle, elle irait…, elle voyagerait…,** etc.). À vous de choisir!

Exercices de laboratoire

Phonétique

L'accentuation   1–2

Dans la prononciation d'un mot, en anglais, certaines syllabes sont accentuées, d'autres ne le sont pas. En français, on met la même force d'accent sur chacune des syllabes d'un mot. Prenez un mot de trois syllabes comme **autrefois**. Tapez trois coups de même intensité sur une table à l'aide d'un stylo et vous aurez une idée du rythme à garder.

A. Écoutez et répétez les mots suivants.

français	anglais
mathématiques	mathematics
attitude	attitude
facilité	facility
télévision	television
responsabilité	responsibility

B. Écoutez et répétez les mots ci-dessous.

téléphone	comptabilité	haricots verts
décapotable	Pablo Picasso	passer un examen
proportion	supermarché	anticonstitutionnellement

L'intonation   1–3

L'intonation d'une phrase déclarative française s'organise autour des unités sémantiques qu'elle contient. Elle s'élève avec chaque nouveau groupe et descend à la fin de la phrase. S'il n'y a qu'un seul groupe sémantique reconnaissable, l'intonation sera descendante.

EXEMPLES: *Phrase courte (un seul groupe sémantique)*

Je fais mes devoirs.

Phrase longue (plusieurs groupes sémantiques)

D'habitude, je fais mes devoirs dans ma chambre en regardant la télévision.

C. Écoutez et répétez les phrases suivantes. Faites aussi attention à l'accentuation.

1. Ils ne l'ont pas compris.

2. Tu bois de l'eau minérale.

3. Elle étudie la comptabilité.

4. Véronique a une bonne personnalité.

5. Quand il va préparer le dîner, il se lave les mains et met un tablier avant d'entrer dans la cuisine.

6. Nous irons au supermarché avec nos amis quand ils auront réparé leur automobile.

7. Avant de passer son examen, il a téléphoné à son ami qui est très bon en mathématiques.

8. Pablo Picasso sera toujours célèbre grâce à ses tableaux et à ses dessins.

D. Maintenant, écoutez et répétez ce paragraphe. Ajoutez de petites flèches *(arrows)* pour indiquer l'intonation de la phrase.

Véronique n'est pas allée en classe aujourd'hui. Elle était malade. Du moins, elle a dit qu'elle était malade. En réalité, elle a menti. Elle avait envie de conduire sa décapotable *(convertible)* au supermarché pour y acheter des provisions. Elle n'est pas raisonnable. Elle aurait mieux fait d'aller en classe et de travailler. Elle ne réussira jamais dans la vie avec une attitude comme celle-là.

Leçon 1
Conversation   1–4

A. Les salutations. Les salutations sont un aspect très important de la civilisation française. Écoutez la conversation (manuel, **chapitre 1**, leçon 1), en prêtant attention aux expressions pour saluer, se présenter et prendre congé.

Maintenant, écoutez et répétez les phrases suivantes. Imitez l'intonation de la phrase et les expressions qu'on utilise pour saluer, se présenter et prendre congé.

1. Eh, d'ailleurs, permettez-moi de me présenter. Je m'appelle Madame Annette Flanoret.

2. Enchantée, madame. Je m'appelle Nicole. Et voici mon ami, Manu.

3. Enchantée de faire votre connaissance, à tous les deux.

4. Nicole et Manu, je vous présente Valérie et Jacques Kudot.

5. Bonjour, Manu, bonjour, Nicole. Je suis heureuse de faire votre connaissance.

6. Et je vous présente mon mari, Jacques.

7. Enchanté. Comment allez-vous?

8. Je me présente. Je m'appelle Laurence Delage.

9. Bonjour, mademoiselle.

B. La bonne réponse. Écoutez les phrases et choisissez la bonne réponse.

_____ 1. **a.** Enchanté(e), monsieur.
   b. Salut, Charles!
   c. Bonjour. Ça va?

_____ 2. **a.** Alors, à la prochaine!
   b. Bonne soirée!
   c. À ce soir!

_____ 3. **a.** Très bien, merci. Et vous-même?
   b. Pas mal, merci. Et toi?
   c. Très heureuse.

La grammaire à apprendre

Les verbes irréguliers: *suivre, courir, mourir, rire, conduire, savoir* et *connaître*   1–5

C. Au programme de ce soir. Quelques amis, qui sont des mordus de télévision *(television fans)*, en discutent ce soir autour d'un café. Ils rient beaucoup en s'interrogeant sur les programmes qu'ils aiment. Répondez aux questions que vous entendrez en incluant les mots-clés ci-dessous.

MODÈLE: *Vous lisez:* Oui, ils…

Vous entendez: Des athlètes français courent-ils à la télévision ce week-end?

Vous répondez: **Oui, ils courent à la télévision ce week-end.**

1. Oui, je…

2. Oui, il…

3. Oui, nous…

4. Oui, ils…

5. Non, nous…

6. Non, je…

7. Non, je…

D. Je sais tout, je connais (presque) tout. Philippe cherche à impressionner une étudiante américaine qu'il a rencontrée récemment chez des amis communs. Écoutez ce qu'il dit. (Vous pouvez écouter deux fois si nécessaire.)

Maintenant, répondez aux questions suivantes en choisissant une des deux réponses possibles et en utilisant le verbe **connaître** ou **savoir**.

MODÈLE: *Vous lisez:* tous les monuments / presque tous les monuments

Vous entendez: Philippe sait où se trouvent combien de monuments?

Vous répondez: **Philippe sait où se trouvent presque tous les monuments.**

1. Paris / Bordeaux

2. Oui / Non

3. Oui / Non

4. un artiste-peintre / un professeur

5. chanter / peindre

6. parler anglais / parler de cuisine

Leçon 2

La grammaire à apprendre

Les expressions de temps   1–6

A. Dans le train. Susan suit des cours à l'Université de Rouen. Dans le train, elle rencontre Chantal, une étudiante française. Chantal lui pose des questions. Reconstituez les questions de Chantal d'après les réponses données par Susan. N'utilisez pas l'inversion dans vos questions. La première partie de votre réponse est donnée.

MODÈLE: *Vous lisez:* Depuis quand…

Vous entendez: J'habite Rouen depuis le 25 mars.

Vous répondez: **Depuis quand est-ce que tu habites Rouen?**

1. Quand…

2. Il y a combien…

3. Ça fait combien…

4. Quand…

5. Combien…

6. Depuis quand…

7. Depuis combien…

B. Confidence pour confidence.

Maintenant, c'est Chantal qui parle d'elle-même. Écoutez attentivement ce qu'elle dit. (Vous pouvez écouter deux fois si nécessaire.) Maintenant, écoutez les phrases qu'on va vous lire et décidez si elles sont vraies ou fausses. Entourez la réponse de votre choix.

1. VRAI   FAUX

2. VRAI   FAUX

3. VRAI   FAUX

4. VRAI   FAUX

5. VRAI   FAUX

Les noms   1–7

C. Quelle coïncidence!

Deux autres voyageuses découvrent qu'elles ont beaucoup en commun. Dès que l'une d'entre elles mentionne un détail ayant trait à un membre de son entourage, l'autre établit aussitôt une comparaison. Écoutez les phrases et répondez en imitant le modèle qui suit et en utilisant les mots-clés ci-dessous.

MODÈLE: *Vous lisez:* Ma tante…

Vous entendez: Mon père est directeur.

Vous dites: **Ma tante aussi est directrice!**

1. Mon cousin…

2. Ma grand-mère…

3. Mon frère…

4. Ma cousine…

5. Moi aussi, j'ai une amie…

6. Ma mère…

7. Ma tante…

8. Ma sœur cadette…

D. C'est l'âge.

Vous avez parmi vos voisins une très vieille dame à qui vous allez souvent rendre visite après les cours. Vous allez ici assumer son rôle et répondre aux questions en substituant par son pluriel le nom que vous entendrez et en utilisant les mots-clés ci-dessous. Faites tous les autres changements nécessaires.

MODÈLE: *Vous lisez:* Oui…

Vous entendez: Votre chat est-il dans le jardin?

Vous répondez: **Oui, mes chats sont dans le jardin.**

1. Oui,…

2. Non,…

3. Non,…

4. Non,…

5. Oui,…

6. Oui,…

Leçon 3

Conversation 1–8

A. C'est bien de pouvoir aider les autres. Écoutez la conversation (manuel, **chapitre 1**, leçon 3), en prêtant attention aux expressions pour demander ou offrir un service.

Maintenant, écoutez et répétez les phrases suivantes. Imitez l'intonation de la phrase et les expressions qu'on utilise pour demander ou offrir un service.

1. Madame Flanoret, si ça ne vous dérangeait pas, est-ce que vous pourriez nous parler de la Martinique?

2. S'il me donnait cette mission, est-ce que vous auriez la gentillesse de me donner une interview après votre retour de Martinique?

3. Bien sûr! Avec plaisir!

4. De plus, si vous voulez, nous pouvons vous montrer beaucoup de sites très intéressants.

5. C'est très gentil. Je vous remercie d'avance, Jacques.

6. Tu veux descendre notre sac, Jacques?

7. OK... Tu pourrais me donner un coup de main?

8. Tiens là... Pendant que je soulève la valise, tu tires le sac vers toi.

B. La bonne réponse. Écoutez les mini-dialogues et indiquez si l'offre d'aide a été acceptée (+) ou refusée (−).

1. + −   3. + −

2. + −   4. + −

La grammaire à apprendre

Le conditionnel 1–9

C. Et les bonnes manières? Caroline a souvent recours aux *(calls on)* membres de sa famille quand elle a besoin de quelque chose. Mais elle a tendance à se montrer impolie. À l'aide du conditionnel, aidez Caroline à corriger ses manières en modifiant les phrases qu'elle prononce.

MODÈLE: *Vous entendez:* Tu as un peu d'argent à me prêter?

Vous dites: **Tu aurais un peu d'argent à me prêter?**

(Items 1–6)

D. Dans le Paris–Grandville. Vous voyagez dans un train bondé *(crowded)* et vous percevez des bribes *(bits)* de conversation entre certains passagers. Écoutez les réponses et reconstituez les questions à l'aide des éléments donnés. Utilisez l'inversion et n'oubliez pas d'employer le conditionnel.

MODÈLE: *Vous entendez:* Oui, je peux vous aider à descendre votre valise.

Vous demandez: **Pourriez-vous m'aider à descendre ma valise?**

(Items 1–6)

Dictée 1–10

E. Extrait d'un journal intime. En rangeant les affaires de sa fille, partie à l'université depuis un mois, Madame Duprès trouve le journal que sa fille écrivait quand elle avait douze ans. Elle va vous en lire un passage que vous écrirez soigneusement. D'abord, elle lira le passage en entier. Ensuite, elle lira chaque phrase deux fois. Enfin, elle relira tout le passage pour que vous puissiez vérifier votre travail. Écoutez.

_____

_____

_____

_____

_____

_____

_____

_____

_____

_____

_____

_____

_____

_____

_____

_____

_____

Compréhension

Le TGV 1–11

Les conversations du premier chapitre ont lieu dans le train. Vous allez entendre des annonces faites au haut-parleur. Écoutez le CD et imaginez que vous êtes aussi dans le train.

F. Mon billet! Quel billet avez-vous?

1. Paris – Nice
   TGV 645
   12h10

2. Paris – Genève
   TGV 947
   13h07

3. Paris – Nice
   TGV 845
   12h10

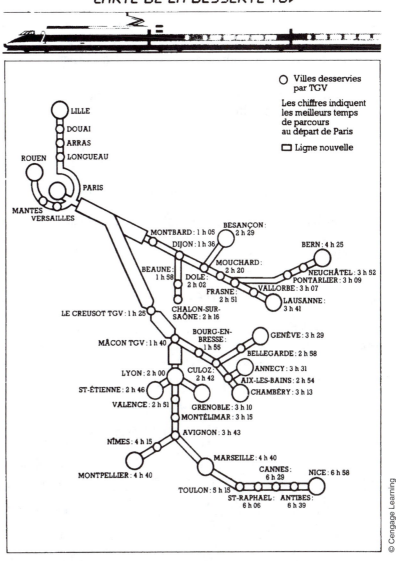

CARTE DE LA DESSERTE TGV

G. Ah, les vacances! Vous voulez arriver à votre destination sans problème. Dites oui ou non aux phrases suivantes d'après l'audio.

Oui ou non?

_____ **1.** Le TGV passe au moins dix minutes dans la gare de Lyon.

_____ **2.** Vous allez prendre une correspondance pour aller à Nice.

_____ **3.** Le train s'arrête à Cannes.

_____ **4.** Il faut avoir une réservation pour le TGV.

_____ **5.** Les portières se ferment automatiquement.

Objets trouvés *(Lost and found)* 1–12

Pendant les voyages et dans la vie de tous les jours, il nous arrive de perdre nos possessions. Comment les récupérer? Écoutez ce reportage sur le Service des Objets Trouvés de Paris et répondez aux questions qui suivent.

H. Vrai ou faux? Indiquez si chacune des affirmations suivantes est vraie (**V**) ou fausse (**F**).

_____ 1. En 1904, on a créé un service centralisé pour résoudre le problème des objets trouvés à Paris.

_____ 2. La révolution industrielle a probablement fait augmenter le nombre d'objets perdus.

_____ 3. Tout objet abandonné à Paris va être détruit si le propriétaire ne se présente pas au service.

_____ 4. Dans le passé, le seigneur féodal *(feudal lord)* attendait 3 semaines avant de prendre possession d'un objet perdu.

I. Maintenant ou autrefois? Lisez les phrases suivantes et indiquez si elles décrivent la situation actuelle à Paris ou si elles décrivent la situation dans le passé (autrefois).

1. Maintenant? Autrefois? Les employés du service des objets trouvés sont souvent difficiles avec le public.

2. Maintenant? Autrefois? À peu près 10 000 objets par an sont déposés au service des objets trouvés à Paris.

3. Maintenant? Autrefois? Après un certain temps, la personne qui a trouvé l'objet peut le récupérer si l'on n'a pas retrouvé son propriétaire.

4. Maintenant? Autrefois? On dépose un objet trouvé parce qu'on ne veut pas avoir l'air d'un voleur *(thief)*.

J. Une déclaration de perte. Imaginez que vous avez laissé votre sac à dos *(backpack)* sur un banc *(bench)* près de la tour Eiffel. Vous écrivez maintenant au service des Objets trouvés de la Préfecture de Police et vous joignez *(attach)* cette déclaration de perte. Essayez de la remplir correctement, afin d'avoir le plus de chance de récupérer vos affaires. N'oubliez pas d'en donner une description aussi détaillée que possible.

Déclaration de perte

Mlle Mme M.

Nom _____

Prénom _____

Adresse _____

Paris, le _____

Signature _____

Date de la perte _____

Lieu de la perte _____

Métro – RER – Ligne n° _____

Autobus – Tramway Ligne n° _____

Taxi – Aéroport _____

Rue – Lieu public _____

Objet perdu – Description (forme, couleur, marque, contenu)

_____

_____

_____

_____

Sujets de conversation   1–13

Regardez la carte et les symboles ci-dessous. Comme vous le savez, la France est divisée en régions. Le météorologiste va mentionner ces régions. Ensuite, écoutez le CD.

MOTS UTILES: orage *(m) storm*   nuageux *cloudy*

   orageux *stormy*   les averses *(f pl) showers*

K. Quel temps fait-il? Selon le bulletin météorologique, indiquez quel temps il fait dans les régions suivantes. Après avoir complété cet exercice, ajoutez les symboles correspondants sur la carte des régions à la page 29.

1. Dans l'est, sur l'Alsace, la Lorraine, la Franche-Comté et la région Rhône-Alpes: _____

   _____

2. Sur les massifs montagneux du Jura et des Alpes: _____

   _____

3. Dans le sud-ouest, sur l'Aquitaine, le Limousin, le Languedoc: _____

   _____

4. Dans le sud, sur les régions méditerranéennes: _____

   _____

5. Dans l'ouest, sur la Bretagne, la Normandie et les Pays de la Loire: _____

   _____

6. Sur la Champagne et le Centre: _____

   _____

L. Quelle température fait-il? Indiquez quelles sont les températures dans les villes suivantes. Après avoir complété cet exercice, ajoutez les températures sur la carte (page 29).

1. À Dijon: _____

2. À Annecy: _____

3. À Nantes: _____

4. À Tours: _____

5. À Bordeaux: _____

6. À Nîmes: _____

M. Choix météorologiques. Selon le bulletin météorologique, dans quelle région est-ce que M. Hermès va aller...

1. s'il aime le vent? _____

2. s'il adore la chaleur? _____

3. pour voir le soleil? _____

4. si la pluie ne le dérange pas? _____

Exercices écrits

JE T'INVITE... 2

La grammaire à réviser
Avant la première leçon
Quelques verbes irréguliers: le présent

© Sami Sarkis/Getty Images

A. Test culturel. Donnez la forme correcte du verbe entre parenthèses. Ensuite, indiquez si la phrase est vraie (**V**) ou fausse (**F**).

MODÈLE: _____ En France, on (manger) _____ généralement beaucoup au petit déjeuner.

F En France, on *mange* généralement beaucoup au petit déjeuner.

_____ 1. À table en France, on (tenir) _____ toujours la fourchette dans la main droite.

_____ 2. À table aux États-Unis, nous (mettre) _____ la main gauche sur les genoux,

sous la table. Les Français (trouver) _____ que c'est très bizarre.

_____ 3. À un dîner de cérémonie en France, on (ne pas pouvoir) _____ manger une

pêche avec les doigts. On _____ (devoir) utiliser un couteau et une fourchette.

_____ 4. En France, quand des invités (venir) _____ dîner, nous leur

(servir) _____ des jus de fruits à la fin de la soirée, après quoi ils

(partir) _____.

_____ 5. En France, quand votre hôtesse (servir) _____ quelque chose à boire,

pour refuser, vous (dire) _____ «merci». Aux États-Unis, il (falloir)

_____ dire «non, merci».

_____ 6. Les enfants français (faire) _____ beaucoup de bruit à table. Leurs parents

(permettre) _____ ça.

_____ 7. En France, on (prendre) _____ la salade après le plat principal et le café

après le dessert.

_____ 8. À l'heure de l'apéritif en France, on (devoir) _____ boire de l'alcool.

Avant la deuxième leçon

Les articles définis

B. Je t'invite! Parfois Madeleine dit des choses qui ne sont pas très logiques. D'abord, complétez sa conversation avec sa sœur Alice en ajoutant les articles définis appropriés (attention aux formes contractées de l'article défini — **du, des, au, aux**). Après, suivez le modèle et indiquez ce qui est illogique dans chacune des phrases de Madeleine.

MODÈLE: Alice: J'ai envie de visiter *le* Musée d'art moderne. Ça t'intéresse?

Madeleine: Oui, c'est une bonne idée: j'adore *la* musique.

Illogique: *la musique*

1.   ALICE: Qu'est-ce que tu fais ce week-end? Mes amies et moi allons faire (de)

_____ natation, (de) _____ tennis

ou peut-être même (de) _____ équitation. Ça te dit de venir

avec nous?

MADELEINE: D'accord! Je veux bien. J'adore _____ jeux vidéos!

ILLOGIQUE: _____

2.   ALICE: Si tu es libre cet après-midi, je t'invite (à) _____ ciné.

MADELEINE: Ce serait sympa, mais je dois faire les courses pour le dîner de ce soir. Je vais aller

(à) _____ supermarché, (à) _____ hôpital,

(à) _____ poissonnerie, puis chez _____

boulanger.

ILLOGIQUE: _____

3. ALICE: Dans ce cas-là, viens déjeuner avec moi!

MADELEINE: Entendu!

ALICE: Tu préfères _____ cuisine française ou _____

cuisine italienne?

MADELEINE: J'aime beaucoup _____ pizza, _____ riz et

_____ pâtes—allons donc dans un restaurant italien!

ILLOGIQUE: _____

Les articles indéfinis

C. Le panier de la ménagère. Mme Mareau fait ses courses à l'épicerie de son quartier. Voici ce qu'il y a dans son panier *(basket)*. Complétez le paragraphe suivant en ajoutant des articles indéfinis **(un, une, des)**. Faites attention aux adjectifs qui peuvent vous aider à déterminer le genre et/ou le nombre de chaque substantif.

MODÈLE: *un* beau *morceau de pâté (L'adjectif masculin **beau** montre que* morceau *est masculin.)*

Dans le panier de Mme Mareau, il y a _____ **(1)** bonne bouteille de vin rouge,

_____ **(2)** œufs bien frais, _____ **(3)** petit paquet de

spaghettis, _____ **(4)** pommes vertes et _____ **(5)**

gros concombre. À la boulangerie, elle va acheter _____ **(6)** baguette pas trop

cuite et _____ **(7)** pain complet.

Les articles partitifs

D. Qu'est-ce qu'on prend? Complétez les phrases par des mots logiques tirés de la liste ci-dessous. N'oubliez pas d'écrire le partitif **(du, de la, de l', des)** approprié.

jus d'orange jambon pizza fromage lait Coca eau viande pain poulet œufs yaourt glace
petits pois frites céréales café chips bière vin

1. Quand on veut boire quelque chose le matin au petit déjeuner, on peut prendre **(modèle)** *du jus*

   d'orange, _____ ou _____ .

2. Quand on a envie de manger quelque chose de salé *(salty)*, on peut prendre

   _____ , _____ ou _____ .

3. Quand on mange de la pizza, on peut boire _____ , _____

   ou _____ .

4. Quand un(e) Américain(e) veut manger quelque chose au petit déjeuner, il/elle peut prendre

   _____ , _____ ou _____ .

5. Quand on a envie de prendre un produit laitier, on peut manger _____ ou

   _____ .

Les expressions de quantité

E. Un mél *(email).* Georges vient d'écrire un mél à une amie française. En lisant son mél, vous trouvez qu'il n'est pas assez précis. Récrivez le mél en ajoutant les expressions de quantité suivantes: **assez de, autant de, beaucoup de, tant de, trop de, un morceau de, un peu de.** Utilisez chaque expression une seule fois et faites les changements nécessaires.

Ecrire un message

↶ ▷ Envoyer   📑 Enregistrer   📎 Joindre un fichier   ✖ Annuler

A : [_____]   Accès au Répertoire
Copie : [_____]   ☑ Conserver une copie

Objet : [_____]   Priorité : [normale ⬍]

Chère Monique,

Après une semaine de cours, j'ai déjà _____ (1) devoirs et pas

_____ (2) temps! Sur le campus, il y a _____ (3) activités

sociales et sportives qui me plaisent. J'aime bien mon cours de civilisation française. Hier,

nous avons goûté _____ (4) fromage français en classe. C'était

délicieux. Le prof nous apprend _____ (5) choses intéressantes sur l'art

culinaire français! Et toi? Est-ce que tu lis toujours _____ (6) livres sur les

États-Unis dans ton cours d'anglais? Écris-moi quand tu auras _____ (7)

temps! Tu me manques.

                                               Grosses bises!

© Cengage Learning

Observons le vocabulaire. Un autre mot pour **mél** en français est **courriel.**

C'est une combinaison de deux mots français: **courrier** *(mail)* et _____

Que veulent dire les mots suivants: annuler _____;

envoyer _____; objet: _____

Avant la troisième leçon

Les mots interrogatifs

F. Des détails de dernière minute. Les Rogui attendent leurs huit invités. Mme Rogui est un peu nerveuse et pose diverses questions à son mari. Ajoutez le mot interrogatif approprié pour compléter ses questions. Choisissez dans la liste suivante: **à quelle heure, combien, où, comment, pourquoi, quand, qui, qu(e).**

1. _____ de bouteilles de vin blanc est-ce qu'il y a dans le réfrigérateur?

   Nous en avons assez?

2. _____ est-ce que tu trouves ma sauce Mornay? Elle n'est pas trop salée?

3. Chéri, je ne trouve pas le tire-bouchon *(corkscrew)*. _____ est-il?

4. Mais, _____ est-ce que tu mets des cendriers *(ashtrays)* dans la salle de séjour?

   Nos invités ne fument pas!

5. _____ est-ce que tu voudrais servir des jus de fruits? Vers minuit?

Leçon 1

Cap sur le vocabulaire!

A. Des invitations. Dans la vie, il faut savoir inviter et accepter ou refuser une invitation. D'abord, lisez l'invitation ou la réponse donnée et indiquez s'il s'agit de rapports formels ou informels. Puis, complétez chaque échange en indiquant l'expression appropriée.

MODÈLE: L'invitation: J'aimerais vous inviter à déjeuner avec moi vendredi.

   Rapports formels ____ X ____ ou informels ____

   Votre réponse: ____ X ____ Volontiers. Je serais enchanté(e) de venir.

   ____ D'accord. Je veux bien.

1. L'invitation: Pourriez-vous dîner avec ma femme et moi vendredi prochain?

   Rapports formels ____ ou informels ____

   Votre réponse: ____ C'est gentil de votre part, mais j'ai malheureusement quelque chose de prévu.

   ____ Tu sais, je ne peux pas ce soir-là.

2. Votre invitation: _____ Si tu es libre, je t'invite au restaurant.

   _____ On se fera un plaisir de vous inviter au restaurant.

   La réponse: Oh, c'est très sympa, mais je ne peux pas. Une autre fois, peut-être?

   Rapports formels _____ ou informels _____

3. L'invitation: Ça t'intéresse d'aller danser le swing ce soir?

   Rapports formels _____ ou informels _____

   Votre réponse: _____ Je vous remercie. C'est gentil à vous.

   _____ D'accord. Je veux bien.

4. Votre invitation: _____ Pourriez-vous venir au théâtre avec nous la semaine prochaine?

   _____ J'ai envie d'aller au théâtre. Ça te dit?

   La réponse: Très volontiers. Ça me ferait grand plaisir.

   Rapports formels _____ ou informels _____

B. Vous et vos sorties. Complétez les phrases suivantes pour parler de vous et de vos sorties.

1. Pour me détendre le week-end, j'aime _____.

2. Si je n'ai rien de prévu le week-end, je _____.

3. Samedi en quinze, je pense aller _____.

4. En ce moment, j'ai envie de _____.

5. J'aime que mes parents m'emmènent _____ parce que

   _____

6. J'aime bien prendre un pot avec mes amis parce que _____.

7. Je passe un coup de fil à un(e) ami(e) si _____.

8. Je vérifie mon agenda avant de _____.

9. Si quelqu'un me propose de sortir, et que je suis pris(e), je lui dis: «_____.»

10. Si quelqu'un me demandait de faire quelque chose tout de suite, je dirais: «_____.»

11. La dernière fois que j'ai posé un lapin à quelqu'un, _____.

Un peu d'analyse. Relisez vos réponses aux questions ci-dessus *(above)* et faites un ou deux commentaires sur votre vie sociale.

MODÈLE: *Si je n'ai rien de prévu, je téléphone souvent à ma sœur pour lui proposer de sortir avec moi. En fait, je fais souvent des projets avec elle. Alors, je peux dire que je passe beaucoup de temps avec ma sœur.*

_____

_____

La grammaire à apprendre

Les verbes irréguliers: *boire, recevoir, offrir* et *plaire*

C. Ça vous plaît? Répondez aux questions en employant les verbes **plaire** ou **déplaire** au présent. Ajoutez un commentaire pour expliquer ou justifier votre réponse.

Elle m'aime un peu...
...beaucoup... à la folie...
...pas du tout.

MODÈLE: Aimez-vous la cuisine anglaise? Quel (autre) genre de cuisine aimez-vous?

La cuisine anglaise me déplaît. La cuisine italienne me plaît beaucoup.
J'aime les plats à base de tomates, d'huile d'olive, de pâtes, etc.

1. Est-ce que vous aimez les livres de science-fiction? Quels (autres) genres de livres est-ce que vous aimez?

   _____

   _____

   _____

2. Est-ce que vos grands-parents aiment la musique de Taylor Swift? Quels (autres) genres de musique aiment-ils?

   _____

   _____

   _____

3. Vous et vos amis, aimez-vous les films violents? Quels (autres) genres de films aimez-vous?

   _____

   _____

   _____

4. Est-ce que votre professeur de français aime son travail?

   _____

   _____

   _____

D. Les Français reçoivent. Un Français décrit à un Américain les boissons servies quand on reçoit des invités. Complétez le paragraphe en utilisant la forme correcte d'un des verbes suivants au présent: **boire, offrir, ouvrir, plaire, recevoir.** Dans certains cas, plus d'une réponse est possible.

De temps en temps, ma femme _____ (1) des collègues, mais nous

_____ (2) surtout la famille et les amis intimes à dîner chez nous. Avant le repas, nous

_____ (3) un apéritif. Les boissons apéritives comme le pastis *(anise-based drink)*, le

whisky ou le porto _____ (4) à beaucoup de gens, mais si on ne _____

(5) pas d'alcool, il y a toujours des jus de fruits. À table, nous _____ (6) du vin. Les

enfants _____ (7) de l'eau. On _____ (8) parfois une bouteille de

champagne pour accompagner le dessert. Après le dessert, on _____ (9) du café et un

digestif *(after-dinner drink).*

E. Et aux États-Unis? Qui est-ce qu'on reçoit? Qu'est-ce qu'on leur offre? Qu'est-ce qu'on boit aux différents moments de la soirée? Écrivez un petit paragraphe comme celui de l'exercice D pour expliquer à un Français les coutumes des Américains. (Vous pouvez parler de votre famille, de vous et de vos amis ou des Américains en général.)

© Cengage Learning

Leçon 2
Cap sur le vocabulaire!

MENU

Chez Maurice vous propose...

Buffet froid

Assiette de charcuterie	10,50 €
Assiette-jambon de Paris	8,50 €
Œuf dur mayonnaise	5,20 €

SALADES COMPOSÉES

Salade de saison	5,60 €
Thon et pommes de terre à l'huile	7,50 €
Salade niçoise (thon, anchois, œuf, pommes de terre, tomate, poivron vert)	11,50 €
Artichauts vinaigrette	6,70 €

ŒUFS

Omelette nature	7,50 €
Omelette jambon	8,00 €

Buffet chaud

VIANDES

Côtelettes de porc	10,40 €
Côtes d'agneau aux herbes	16,50 €
Brochette de poulet	14,50 €
Steak frites	11,15 €
Lapin forestier	11,40 €
Veau à la crème	13,50 €

LÉGUMES

Asperges	4,50 €
Choucroute	10,00 €
Épinards	4,90 €
Petits pois	3,90 €
Haricots verts	4,90 €

PÂTES
	5,70 €

FROMAGES

Chèvre	5,20 €
Fromage blanc	5,40 €
Gruyère-Camembert	5,20 €
Yaourt	4,40 €
Roquefort	5,40 €

Gourmandises

DESSERTS

Tarte aux pommes	6,00 €
Crème caramel	5,40 €
Coupe de fruits au Cointreau	5,40 €

GLACES – SORBETS

Poire Belle Hélène (poire, glace vanille, sauce chocolat, chantilly, amandes grillées)	7,50 €
Banana Split (glace vanille, fraise, chocolat, banane, chantilly)	8,00 €

BOISSONS FRAÎCHES

1/4 Perrier	4,60 €
1/4 Vittel	4,60 €
Fruits frais pressés	5,00 €
Lait froid	4,40 €
Orangina	4,60 €

VINS (au verre)

Côtes-du-Rhône	4,00 €
Beaujolais	5,00 €
Sauvignon	4,00 €
Bordeaux blanc	4,00 €

BIÈRES

Pression	3,00 €
Heineken	4,00 €
Kronenbourg	4,00 €
Bière brune	4,00 €

Service 15% compris. Nous acceptons la «Carte Bleue». La direction n'est pas responsable des objets oubliés dans l'établissement.

© Cengage Learning

A. L'interprète commande. *(The interpreter orders.)* Vos amis ont faim, mais ils ne comprennent pas le menu français. Consultez le menu à la page précédente et suggérez des plats qui conviennent à chaque personne. Notez qu'en France, les restaurants découragent toute modification du menu. Il faut commander ce qui est proposé.

MODÈLE: Dan: Could I just get some cold cuts?

Assiette-jambon de Paris.

1. John: I want something cold to eat, but I don't want meat or fish.

   _____

2. Karen: I'd like some main dish I would be unlikely to find in the U.S.

   _____

3. Tom: Is there anything cold that has fish in it?

   _____

4. Sarah: I'd like a dessert that has whipped cream, but no nuts.

   _____

5. Terry: I'd like some cheese, but I'm allergic to cow's milk.

   _____

6. Jo: I want some vegetables, but I only like beans and carrots.

   _____

La grammaire à apprendre

Les articles: choisir l'article approprié

B. À table. Suzanne et Marie sont à table avec leurs parents. Complétez leur conversation en ajoutant l'article approprié (**un, une, des, du, de la, de l', de, d', le, la, l', les**) dans les blancs.

SUZANNE: Maman, je peux reprendre _____ (1) salade, s'il te plaît?

MAMAN: Bien sûr. Marie, veux-tu passer _____ (2) salade à ta sœur, s'il te plaît? Encore

un peu _____ (3) fromage aussi, Suzanne?

SUZANNE: Merci, Maman. Tu sais que je n'aime pas vraiment _____ (4) fromage mais que

j'adore _____ (5) salade!

PAPA: Mais attention—ne mange pas trop _____ (6) salade quand même!

SUZANNE: D'accord, d'accord.

MARIE: Je peux prendre _____ (7) fruit? _____ (8) poire peut-être?

MAMAN: Oui. Regarde: _____ (9) poires sont à côté (de) _____ (10)

frigo. Tu les vois? Il y a _____ (11) pommes aussi. Et toi, Suzanne? Qu'est-ce

que tu voudrais?

SUZANNE: Moi, je préférerais prendre _____ (12) gâteau au chocolat en dessert! Il y en a?

MAMAN: Non, il n'y a pas _____ (13) gâteau ce soir. Désolée.

C. Les habitudes culinaires françaises.
Complétez les phrases sur les habitudes culinaires des Français en ajoutant l'article approprié (**un, une, des, du, de la, de l', de, d', le, la, l', les**) dans les blancs.

MODÈLE: *La* crème caramel est *un* dessert typiquement français.
La tarte aux pommes est *un* dessert typiquement américain.

1. _____ vin et _____ eau minérale sont _____ boissons les plus populaires en France.

2. Pour _____ petit déjeuner, _____ Français typique prend _____ bol *(m)* _____
café au lait et _____ tartines (_____ pain avec _____ beurre et _____ confiture).

3. Comme produits laitiers *(dairy products)*, _____ Français consomment _____ yaourts et
_____ fromage. Ils ne boivent pas beaucoup _____ lait.

4. À Noël, on mange _____ huîtres *(oysters)* et _____ dinde aux marrons *(chestnuts)*. On ne boit
pas _____ «eggnog».

5. À quatre heures, _____ enfant français prend _____ morceau de pain et quelques carrés
(squares) _____ chocolat.

D. Les habitudes culinaires américaines.
En vous basant sur les phrases que vous avez complétées pour l'exercice C, écrivez des phrases analogues sur les habitudes culinaires américaines.

1. Aux États-Unis les boissons les plus populaires _____
_____.

2. Pour le petit déjeuner, l'Américain typique _____
_____.

3. Comme produits laitiers, les Américains _____
_____.

4. À Noël en Amérique, _____
_____.

5. À quatre heures, les enfants américains préfèrent _____
_____.

E. Une recette. Voici une recette française. D'abord, faites une liste des ingrédients qu'il vous faut pour préparer ce plat. Utilisez des articles partitifs (**de la, du, de l'**) ou l'article indéfini pluriel (**des**). Puis, répondez aux questions qui suivent.

Tomates au thon
(4 personnes)

Les ingrédients:
4 grosses tomates
100 g de thon à l'huile
3 jaunes d'œufs cuits durs
2 gousses d'ail pressées
   (*2 cloves of garlic, crushed*)
12–16 olives

3 cuillerées à soupe de mayonnaise
quelques brins de fines herbes
une pincée de sel
une pincée de poivre
1 petite laitue
4 anchois (*anchovies*) hachés

La préparation:
Coupez la partie où se trouve la queue des tomates et videz chaque tomate avec une petite cuillère. Mélangez bien le thon, les jaunes d'œufs, les olives, les anchois, l'ail, la mayonnaise, les herbes, le sel et le poivre. Garnissez l'intérieur des tomates avec ce mélange. Servez les tomates sur un lit de feuilles de laitue.

© Cengage Learning

1. Pour faire des tomates au thon, il me faut...

MODÈLE: Pour faire une mayonnaise, il me faut *de l'huile, des jaunes d'œufs, du jus de citron et du sel.*

_____

_____

_____

2. Est-ce que vous aimez tous les ingrédients de la recette pour les tomates au thon?

MODÈLE: *J'aime bien les tomates mais je n'aime pas le thon.*

_____

_____

_____

3. Qu'est-ce que vous ne mettriez pas dans cette recette? Qu'est-ce que vous y substitueriez?

MODÈLE: *Je n'y mettrais pas de thon. J'y substituerais du poulet, parce que j'aime mieux ça.*

_____

_____

_____

F. Une recette métaphorique. Écrivez une recette pour une fête réussie, une amitié, une vie heureuse, un bon film James Bond, une bonne campagne présidentielle, etc. Suivez le modèle de la recette pour les tomates au thon donnée dans l'exercice E. Choisissez les articles définis, indéfinis et partitifs appropriés.

MODÈLE: *une recette pour une belle dispute*

Les ingrédients:
2 enfants énergiques
beaucoup de bonbons
une journée de pluie
un nouveau jouet

La préparation:
Donnez beaucoup de bonbons aux enfants. Ne les laissez pas faire de sieste. Mettez-les dans une petite pièce. Ajoutez le jouet neuf. Ne les surveillez pas. Laissez mijoter (simmer) pendant 10 minutes. Quand la dispute commence, séparez les enfants.

À vous:

Les ingrédients:

_____   _____

_____   _____

_____   _____

_____   _____

La préparation:

_____

_____

_____

Leçon 3

Cap sur le vocabulaire!

A. Non... Oui... Si! Répondez aux questions suivantes en utilisant **oui**, **si** ou **non**.

MODÈLE: Vous étudiez le français? *Oui.*

Vous recevez toujours de bonnes notes? *Non.*

Alors, vous n'aimez pas le français? *Si!*

1. Vous fumez? _____.

2. Vous n'êtes pas américain(e)? _____.

3. Vous parlez français? _____.

4. Vous n'aimez pas votre professeur de français? _____.

5. Vous êtes étudiant(e)? _____.

6. Vous trouvez le français facile? _____.

7. Vous n'aimez pas le gâteau au chocolat? _____.

B. Des malentendus. Qu'est-ce qu'un Français va penser si un anglophone répond «oui» au lieu de «si»—à la question 7 de l'exercice A, par exemple?

C. Au contraire! Abdel parle de ses études. Complétez ses phrases en regardant la liste de vocabulaire à la page 70 de votre manuel de classe pour trouver un mot ou une expression qui exprime le sens contraire des expressions soulignées.

MODÈLE: Mes profs ne sont pas très <u>différents</u> les uns des autres; ils sont tous _____!

Mes profs ne sont pas très <u>différents</u> les uns des autres; ils sont tous *pareils*!

1. Ce semestre, j'ai trois cours <u>obligatoires</u> et deux cours _____.

2. En général, j'<u>assiste à tous mes cours</u>, mais de temps en temps, je _____ un cours.

3. Je viens de passer un examen de chimie. Je ne sais pas si j'y <u>ai réussi</u> ou si j'y

   _____.

4. Je travaille beaucoup pour <u>recevoir de bonnes notes</u>; j'ai très peur de/d' _____ un examen.

5. Je n'ai jamais eu de <u>leçon particulière</u>; je dois toujours assister à des _____ dans un amphithéâtre avec beaucoup d'autres étudiants.

D. Mini-portrait. Écrivez une description stéréotypé(e) d'un(e) bon(ne) étudiant(e) ou d'un(e) mauvais(e) étudiant(e). Utilisez au moins huit des expressions suivantes: **assister aux cours, conférence, échouer (rater), lecture, manquer un (des) cours, note, rattraper, réussir, sécher, tricher.**

La grammaire à apprendre

Les pronoms interrogatifs

E. Questions et réponses. Comment pouvez-vous répondre à ces questions? Choisissez la réponse qui correspond à la question.

_____ 1. Qu'est-ce que vous avez vu au cinéma?
   a. Le nouveau film de Luc Besson.
   b. Marie-Claire.
   c. Marie-Claire nous a vus.
   d. Nous avons aimé le nouveau film de Luc Besson.

_____ 2. Qui est-ce que vous avez vu au cinéma?
   a. Le nouveau film de Luc Besson.
   b. Marie-Claire.
   c. Marie-Claire nous a vus.
   d. C'est Marie-Claire qui a vu le nouveau film de Luc Besson.

_____ 3. Qu'avez-vous vu au cinéma?
   a. Le nouveau film de Luc Besson.
   b. Marie-Claire.
   c. Marie-Claire nous a vus.
   d. Marie-Claire a vu le nouveau film de Luc Besson.

_____ 4. Qu'est-ce qui est difficile à suivre?
   a. Mon professeur de biologie—il parle trop vite!
   b. Oui, c'est presque impossible.
   c. Mon cours de biologie.
   d. Nous le suivons parce qu'il est difficile.

_____ 5. Qui est difficile à suivre?
   a. L'accent de mon professeur de biologie.
   b. Mon cours de biologie.
   c. J'ai toujours eu des difficultés à suivre des cours de science.
   d. Mon professeur de biologie quand il parle trop vite.

_____ 6. Qui n'avez-vous pas compris?
   a. C'est nous qu'il n'a pas compris.
   b. Le professeur n'a pas compris la question.
   c. Les explications de notre prof de biologie.
   d. Nous n'avons pas compris le professeur.

_____ 7. Qu'est-ce que vous n'avez pas compris?
   a. Les explications de notre professeur de biologie.
   b. Le professeur Moreau.
   c. Paul n'a pas compris parce qu'il ne fait pas attention.
   d. Nous n'avons pas compris le professeur.

_____ 8. Qu'est-ce que le prof n'a pas compris?

    a. C'est nous que le prof n'a pas compris.

    b. Ta question!

    c. Les étudiants étaient difficiles à comprendre.

    d. C'est ça. Il n'a rien compris.

_____ 9. Sur quoi est-ce que vous allez écrire votre mémoire?

    a. Je vais écrire mon mémoire sur Charles de Gaulle.

    b. Nous allons écrire notre mémoire l'année prochaine.

    c. Je vais écrire mon mémoire sur la Seconde Guerre mondiale.

    d. Êtes-vous sûre de vouloir en écrire un?

_____ 10. Sur qui allez-vous écrire votre mémoire?

    a. Sur Charles de Gaulle, si je ne trouve personne de plus intéressant.

    b. Nous avons choisi la Seconde Guerre mondiale.

    c. Sur la Seconde Guerre mondiale.

    d. Je vais écrire un mémoire que le professeur Moreau va beaucoup apprécier.

F. Une sortie au cinéma. Votre amie française va au cinéma ce soir. Posez-lui les questions correspondant aux groupes de mots en italique.

MODÈLE: *Qu'est-ce que tu fais ce soir? / Que fais-tu ce soir?*

    Ce soir, *je vais au cinéma pour voir* Après lui.

1. _____

    J'y vais *avec Gérard.*

2. _____

    Le film commence *à 21h30.*

3. _____

    Les billets *coûtent 8 €.*

4. _____

    Gaël Morel est le metteur en scène.

5. _____

    Il a choisi Catherine Deneuve pour le rôle de Camille *parce que c'est une actrice très douée.*

6. _____

    Elle est *belle et élégante.*

7. _____

Après le film, nous irons *au café*.

8. _____

Nous allons parler *du film*, sans doute.

G. Mini-test culturel. Testez vos connaissances de la culture française en répondant aux questions suivantes. Dans chaque paragraphe, complétez la première question avec **quel(s)** ou **quelle(s)**, puis indiquez la (les) réponse(s) correcte(s). Complétez la deuxième question avec **lequel, laquelle, lesquels** ou **lesquelles** et donnez vos réponses personnelles.

MODÈLE: Dans *quelle* ville a eu lieu le match final de la Coupe du monde de football en 2010? ____ c ____

    a. Saint-Denis, en France

    b. Rome, en Italie

    c. Johannesburg, en Afrique du Sud

    Laquelle de ces villes est-ce que tu aimerais visiter? *Rome*

____ 1. Dans _____ endroits est-ce qu'on parle français?

    a. la Finlande   **b.** Monaco   **c.** le Québec

    _____ est-ce que tu aimerais visiter? _____

____ 2. _____ est le nom du stylo français le plus vendu aux États-Unis?

    a. le Flair   **b.** l'Uni-Ball   **c.** le Bic

    _____ de ces stylos est-ce que tu achètes le plus souvent? _____

____ 3. Parmi ces marques (*f*) de yaourts, _____ sont celles qui sont d'origine française?

    a. Danone   **b.** Yoplait   **c.** Light and Lively

    _____ de ces marques est-ce que tu préfères? _____

____ 4. _____ marque (*f*) de chemise a pour emblème un crocodile?

    a. Ralph Lauren   **b.** Liz Claiborne   **c.** Lacoste

    _____ est d'origine française? _____

____ 5. _____ sont les marques de voitures françaises?

    a. Peugeot-Citroën   **b.** Renault   **c.** Saab

    _____ de ces marques est-ce que tu préfères? _____

____ 6. _____ metteurs en scène sont de nationalité française?

    a. François Truffaut   **b.** Claude Chabrol   **c.** J.-P. Jeunet

    _____ de ces metteurs en scène est-ce que tu connais? _____

H. Cours de littérature. Une étudiante parle de ses cours de littérature. Complétez les questions de sa copine avec une de ces formes: **duquel, de laquelle, desquels, desquelles, auquel, à laquelle, auxquels, auxquelles.**

1. Je m'intéresse beaucoup aux auteurs contemporains.

   Ah oui? _____ est-ce que tu t'intéresses en particulier?

2. Hier, le professeur a parlé des femmes écrivains francophones.

   Ah oui? _____ est-ce qu'il a parlé?

3. Nous avons discuté d'un roman de Marguerite Duras.

   Ah oui? _____ avez-vous discuté?

4. Le semestre prochain, je vais assister à un cours de littérature comparée.

   Ah oui? _____ est-ce que tu vas assister?

I. What? Trouver la bonne traduction française pour le mot anglais *what* ou *what is* n'est pas toujours facile! Complétez les phrases suivantes en ajoutant le mot ou l'expression interrogative convenable (**quel[le][s], qu'est-ce que, qu'est-ce que c'est que, que, qu'est-ce qui, quoi).**

1. À _____ conférence est-ce que tu as assisté hier?

2. _____ était le nom du conférencier?

3. De _____ a-t-il parlé?

4. _____ «la déconstruction»?

5. _____ tu as pensé de la conférence?

6. _____ était si difficile à comprendre?

7. _____ as-tu de prévu maintenant? On va prendre un pot?

J. En faisant des courses. (While shopping.) Vous faites des courses avec un ami et vous vous posez beaucoup de questions. Écrivez quatre questions logiques, en utilisant ces quatre expressions qui veulent dire *what:* **quel(le)(s), qu'est-ce que, qu'est-ce que c'est que, qu'est-ce qui.**

1. _____

2. _____

3. _____

4. _____

K. Vos études. Quelle est votre attitude envers vos études et votre avenir? Êtes-vous très ambitieux(-euse) et travailleur(-euse)? Ou êtes-vous plutôt comme les garçons de l'extrait du *Petit Prince de Belleville* qui font les clowns en classe et qui n'écoutent pas la maîtresse? Ou peut-être que votre attitude est entre ces deux extrêmes? Décrivez comment vous êtes et essayez d'expliquer votre attitude envers vos études et le rapport entre vos études et vos projets d'avenir *(plans for the future).*

Exercices de laboratoire

Phonétique

L'intonation (suite)   2–2

L'intonation d'une question est en général montante si on peut y répondre par **oui** ou par **non**. Écoutez et répétez.

Est-ce que vous avez un chien?

Êtes-vous américain?

L'intonation est descendante si la question requiert un autre type de réponse et si elle contient un mot interrogatif (par exemple, **pourquoi, où, lequel**). Écoutez et répétez.

Pourquoi est-ce que tu es arrivé en retard?

Qui est le président des États-Unis?

A. Écoutez les questions suivantes avec attention et répétez-les en prêtant l'oreille à l'intonation. Est-elle montante ou descendante?

1. Est-ce que tu as faim?
2. Quels vêtements est-ce que tu vas porter?
3. À quelle heure est-ce que tu vas être prêt?
4. Est-ce que «Le Coq d'Or» te plairait pour ce soir?
5. Tu veux aller au restaurant avec nous?
6. Combien d'argent est-ce que tu peux dépenser?

B. Vous avez sûrement remarqué la différence entre l'intonation montante et l'intonation descendante. Maintenant vous allez entendre les réponses aux questions posées dans l'exercice A. Trouvez la question qui correspond à chaque réponse et lisez cette question à haute voix en respectant l'intonation.

1. Je peux dépenser 40 euros.
2. Oui, j'ai très faim.
3. Je vais porter mes vêtements neufs.
4. Oui, je veux bien aller au restaurant avec vous.
5. Non, «La Chaumière Normande» me plairait mieux.
6. Je vais être prêt à huit heures.

Le [ə] muet   2–3

En général, la lettre **e** sans accent se prononce [ə] comme dans les mots suivants:

je   te   retenir   regarder

Faites attention à bien distinguer le son [ə] du son [y]. (Le son [y] est présenté dans le **Chapitre 4**.) Écoutez les exemples suivants:

menu   revue   dessus

C. Écoutez et répétez les groupes de mots suivants:

| le, lu | de, du | te, tu | se, su |

| devant, durant | repas, ruban | râtelier, rassurer |

Cependant, le [ə] muet n'est pas toujours prononcé. Il faut étudier l'entourage phonétique pour savoir s'il est prononcé ou non. Par exemple, le [ə] muet n'est pas prononcé à la fin d'un mot.

D. Écoutez et répétez les mots suivants:

voyag~~e~~	américain~~e~~	dimanch~~e~~	offert~~e~~
j'aim~~e~~	grand~~e~~	assuranc~~e~~	garag~~e~~
pass~~e~~	affair~~e~~	gripp~~e~~	pomm~~e~~

Généralement, le [ə] muet n'est pas prononcé quand il est précédé et suivi par un son consonantique.

E. Écoutez et répétez les expressions suivantes:

all~~e~~mand	un kilo d~~e~~ tomates
charcut~~e~~rie	chez l~~e~~ dentiste
rar~~e~~ment	elle n'a pas l~~e~~ courage
am~~e~~ner	tout l~~e~~ quartier

Le [ə] muet se prononce quand il est la première syllabe d'un mot ou d'une expression.

F. Écoutez et répétez:

| le ski | le papier | regarder | demain |

On prononce aussi le [ə] muet quand il est précédé par deux consonnes et suivi d'une troisième. Le prononcer permet d'éviter d'avoir à prononcer trois consonnes à la fois.

G. Écoutez et répétez les expressions suivantes:

mercredi   appartement   probablement   quelque chose   il se lève

H. Répétez maintenant les phrases suivantes et marquez les [ə] muets.

1. J'aime rarement faire de petits voyages le dimanche; je préfère le mercredi.

2. Tout le quartier mange probablement des pommes américaines.

3. Malheureusement, elle n'a pas le courage de quitter l'appartement et d'aller chez le dentiste.

4. Ma fille aînée utilise son assurance-auto seulement pour quelque chose de grave.

Leçon 1

Conversation 2–4

Comme vous le savez, il y a en français des expressions particulières pour inviter, ainsi que pour accepter ou refuser. Écoutez la conversation (manuel, **chapitre 2**, leçon 1), en prêtant attention à ces expressions. Remarquez aussi quels mots ou expressions on utilise en français pour hésiter.

A. Hésitations. Écoutez et répétez les phrases suivantes. Imitez l'intonation de la phrase et les expressions qu'on utilise pour hésiter.

1. Oui, euh... à peu près six ans, hein?

2. Oui, ça va bien. Enfin, ça va, quoi!

3. Écoute, mercredi, en principe, euh, je n'ai rien de prévu.

4. Ah, ben non, attends... non j'ai mon cours d'aérobic mercredi soir.

5. Oh, oui, mais alors, mercredi, malheureusement, je ne peux pas.

6. Euh... jeudi?

7. Je ne sais pas, sept heures, sept heures et demie.

B. La bonne réponse. Vous allez entendre quatre mini-conversations (a, b, c et d). Mettez la lettre de la conversation devant le scénario qui la décrit le mieux.

_____ 1. Un couple invite un ami à dîner au restaurant avec eux. Il hésite parce qu'il n'a pas beaucoup d'argent et il finit par refuser.

_____ 2. Une amie invite une autre amie à passer la soirée avec elle. La deuxième amie ne peut pas, mais elle propose une sortie pendant le week-end.

_____ 3. Deux amies décident de regarder un film ensemble. Elles vont être fatiguées parce que le film commence à 11h du soir.

_____ 4. Une dame assez âgée invite une autre femme à prendre le thé avec elle et sa fille samedi. La deuxième femme accepte avec plaisir. Elle n'a pas vu la fille de cette dame depuis longtemps.

_____ 5. Un couple invite un ami à dîner au restaurant avec eux (ce sont eux qui vont payer). L'ami accepte avec plaisir.

_____ 6. Un homme invite son collègue (et sa femme) à dîner chez lui. Le collègue accepte. Leurs deux femmes vont se mettre d'accord sur les détails par téléphone.

_____ 7. Enfin invité à dîner chez son collègue, un homme doit refuser car sa femme et lui ont déjà des projets pour ce soir-là.

_____ 8. Une femme accepte de prendre le thé avec deux autres femmes mardi prochain.

© Cengage Learning

Nom _____   Date _____

La grammaire à apprendre

Les verbes irréguliers: *boire, recevoir, offrir* et *plaire*   2–5

C. Recevoir des amis. Un étudiant américain pose des questions à son nouveau colocataire français. Jouez le rôle du jeune Français et répondez aux questions en utilisant les indications données. Faites attention aux changements de l'article indéfini ou partitif quand la réponse est négative.

MODÈLE: *Vous lisez:* Oui, je...
Vous entendez: Tu reçois souvent des amis?
Vous répondez: **Oui, je reçois souvent des amis.**

Vous lisez: Non, mes cousins...
Vous entendez: Est-ce que tes cousins reçoivent souvent des amis?
Vous répondez: **Non, mes cousins ne reçoivent pas souvent d'amis.**

1. Oui, ils...

2. Non, je...

3. Oui, les hamburgers...

4. Oui, en général...

5. Oui, nous...

6. Non, je ne... jamais

D. À vous de choisir. Regardez les images ci-dessous, écoutez les phrases qui les accompagnent et décidez si la phrase et l'image correspondent l'une à l'autre. Si oui, entourez OUI et répétez la phrase. Sinon, entourez NON et modifiez la phrase avec le verbe indiqué entre parenthèses.

MODÈLE: *Vous entendez:* Hélène reçoit des invités.
Vous entourez: OUI
Vous dites: **Oui, Hélène reçoit des invités.**

OUI NON (recevoir)

1. OUI NON (aller)

2. OUI NON (boire)

3. OUI NON (offrir)

4. OUI NON (servir)

5. OUI NON (déplaire)

© Cengage Learning

Leçon 2 2–6

A. La bonne réponse. Écoutez les mini-conversations suivantes. Est-ce la première fois qu'on offre à boire ou à manger? Marquez OUI ou NON, selon le cas. Ensuite, indiquez si la personne a accepté l'offre (+) ou si elle l'a refusée (−).

1. OUI NON   +   −

2. OUI NON   +   −

3. OUI NON   +   −

4. OUI NON   +   −

5. OUI NON   +   −

La grammaire à apprendre

Choisir l'article approprié 2-7

B. C'est ma vie. Annette nous parle de sa vie et de son environnement. Jouez le rôle d'Annette et répondez aux questions que vous allez entendre. Choisissez l'article qui convient dans chaque phrase.

MODÈLE: *Vous lisez:* Non,…
Vous entendez: Aimez-vous la salade?
Vous répondez: **Non, je n'aime pas la salade.**

1. Non,…	5. Non,…	9. Non,…
2. Oui,…	6. Oui,…	10. Oui,…
3. Non,…	7. Oui,…	11. Non,…
4. Oui,…	8. Oui,…	12. Oui,…

C. Au revoir. À la fin d'une soirée entre amis, tous les invités échangent quelques paroles avec leur hôtesse. L'hôtesse leur pose de petites questions pour savoir comment ils ont passé la soirée. Répondez à ces questions en utilisant les mots-clés ci-dessous.

MODÈLE: *Vous lisez:* Oui / beaucoup
Vous entendez: Jacques, tu as bu du vin français?
Vous répondez: **Oui, j'ai bu beaucoup de vin français.**

1. Non / pas du tout	5. trois fois
2. Non / détester / fromage hollandais	6. parce que / préférer / bière allemande
3. Oui / un peu	7. Non / crudités
4. Non / malheureusement	8. Oui / bonne soirée

Leçon 3

Conversation 2-8

A. Des questions. Écoutez la conversation (manuel, **chapitre 2**, leçon 3), en prêtant attention aux expressions pour poser des questions et y répondre. Maintenant, répétez les phrases suivantes. Faites attention à la prononciation et à l'intonation de la phrase.

1. Et M. Fournier, où est-il?

2. Ah, il est parti en voyage d'affaires à Boston.

3. Oui, d'ailleurs comment va-t-elle?

4. Elle va bien.

5. Et ton frère, Christian, qu'est-ce qu'il devient?

6. Christian, euh… eh bien, il est professeur d'histoire, comme il le voulait.

B. La bonne réponse. Écoutez ces petits échanges et indiquez si la réponse de la deuxième personne est logique ou illogique.

MODÈLE: Quelle heure est-il?

　　　　　—*Six ans.*　　ILLOGIQUE　　ILLOGIQUE

1. LOGIQUE　　ILLOGIQUE　　　　4. LOGIQUE　　ILLOGIQUE
2. LOGIQUE　　ILLOGIQUE　　　　5. LOGIQUE　　ILLOGIQUE
3. LOGIQUE　　ILLOGIQUE　　　　6. LOGIQUE　　ILLOGIQUE

La grammaire à apprendre

Les pronoms, les adjectifs et les adverbes interrogatifs　2–9

C. Une soirée. Ce soir il va y avoir une soirée internationale organisée par les étudiants étrangers. Une amie vous donne tous les détails de la soirée, mais vous ne faites pas assez attention et il faut lui poser des questions sur ce qu'elle vient de dire.

MODÈLE: *Vous entendez:* La soirée a lieu le vendredi 12 octobre.
　　　　　Vous demandez: **Quand est-ce que la soirée a lieu?**

(Items 1–8)

D. La curiosité. Vous êtes très curieux/curieuse de nature et vous posez toujours beaucoup de questions. Demandez des détails sur Marie, votre nouvelle copine de classe, en utilisant une forme de **lequel** ou de **quel.**

MODÈLE: *Vous entendez:* Elle aime parler de choses sérieuses.
　　　　　Vous demandez: **De quelles choses est-ce qu'elle aime parler?**
　　　　　Quand on répète votre question, vous insistez: **Oui, desquelles est-ce qu'elle aime parler?**

(Items 1–5)

Dictée　2–10

E. La publicité. Vous allez entendre un spot publicitaire à la radio dans lequel on vend les petits pois Félix Potard. Écrivez les phrases qui le composent. D'abord, écoutez le message en entier. Ensuite, chaque phrase sera lue deux fois. Enfin, le message entier sera répété pour que vous puissiez vérifier votre travail. Écoutez.

_____

_____

_____

_____

_____

Compréhension

Le Bec fin　2–11

Dans ce chapitre, vous avez appris comment inviter, en particulier à déjeuner ou à dîner. Imaginez que vous voulez inviter votre ami(e) à dîner au restaurant Le Bec fin. Écoutez le message du répondeur téléphonique *(answering machine)* de ce restaurant.

F. Faisons des réservations. Écrivez les renseignements suivants d'après ce que vous venez d'entendre.

1. à quelle heure le restaurant commence à servir: à _____ et à

   _____

2. à quelle heure le restaurant ferme le soir: à _____

3. si on peut faire des réservations: oui _____ non _____ si

   oui, à partir de quelle(s) heure(s): à partir de _____ pour le repas de midi et à

   partir de _____ pour le repas du soir

4. quand il n'est pas possible d'aller au Bec fin: _____ et _____

Le restaurant Le Galion 2–12

Une semaine plus tard, vous pensez inviter un ami ou une amie à déjeuner au restaurant Le Galion. Écoutez la publicité.

MOTS UTILES: une formule *special*
  retenir *to remember*

G. Allons au restaurant. Fournissez les renseignements demandés.

1. Indiquez toutes les options qui correspondent au menu à prix fixe:

   a. _____ un hors-d'œuvre **e.** _____ du vin

   b. _____ un plat **f.** _____ un thé

   c. _____ du fromage **g.** _____ un café

   d. _____ un jus de fruit **h.** _____ un dessert

2. Remplissez les blancs avec les renseignements demandés.

   a. prix fixe du déjeuner: _____ euros

   b. heures d'ouverture: de _____ à _____

   c. adresse: _____ rue Félix-Faure, à _____

La plage Beau-Soleil 2–13

C'est le week-end et vous voulez aller à la plage avec votre ami(e). Certaines plages sur la Côte d'Azur ont un petit restaurant pour les clients qui ne veulent pas quitter la plage pour manger. Vous décidez d'aller à la plage Beau-Soleil parce qu'on y sert de bons repas. Écoutez la publicité.

MOTS UTILES: allongé *stretched out* transat *(m) beach chair*
  l'ombre *(f) shade* parasol *(m) beach umbrella*

H. J'ai faim! Remplissez les blancs avec les renseignements demandés.

1. grand choix de _____

2. prix fixe: _____ euros

3. spécialité: _____

4. numéro de téléphone: ___ ___ ___ ___ ___

Le bal des pompiers   2–14

Aimez-vous danser? Peut-être que vous voulez inviter votre ami(e) à aller danser à un des bals traditionnels qui ont lieu chaque année en France à l'occasion de la fête nationale, le 14 juillet. Écoutez un reportage radiophonique du 14 juillet. Ce reportage donne une description d'un de ces bals, le bal des pompiers, et les opinions de quelques personnes qui s'y rendent.

MOTS UTILES: pétards *(m pl) firecrackers* pompiers (sapeurs-pompiers) *(m pl) firefighters*

mouillés *damp* feux *(m pl)* d'artifice *fireworks*

trempés *drenched* tirer *to set off*

clément *mild* spectacle *(m)* son et lumière *sound and light show*

les habitués *regular visitors*

I. Des interviews. Vérifiez si vous avez compris la description du bal des pompiers en choisissant la bonne réponse pour chaque question.

_____ 1. D'après le reporter, quel temps a-t-il fait hier soir pendant le bal?

    a. Il a fait beau mais froid.

    b. Il a fait chaud et il a fait du vent.

    c. Il a fait plus mauvais que les années précédentes.

_____ 2. Comment était l'ambiance du bal d'après un participant?

    a. C'était assez triste.

    b. C'était très gai.

    c. C'était un peu calme.

_____ 3. Laquelle des options suivantes n'est pas une raison pour aller au bal des pompiers, d'après les spectateurs?

    a. entendre de la musique

    b. danser

    c. manger

    d. faire des rencontres

_____ 4. Quelle signification particulière est-ce que le bal des pompiers a pour l'homme qui habite le quartier depuis soixante ans?

    a. Il a rencontré sa femme au bal des pompiers il y a longtemps.

    b. Il y a appris à danser.

    c. Il a été pompier il y a longtemps.

_____ 5. Quel événement le bal des pompiers commémore-t-il?

    a. la fin de la Révolution française

    b. la construction de la tour Eiffel

    c. la prise de la Bastille

_____ 6. Donnez deux autres activités qui vont avoir lieu le soir du 14 juillet pour commémorer la fête, selon le reporter.

    a. un spectacle son et lumière

    b. le marathon de Paris

    c. des feux d'artifice

Et chez nous. Écrivez trois ou quatre phrases pour expliquer à un Français comment les Américains fêtent le 4 juillet.

Exercices écrits

QUI SUIS-JE?

3

La grammaire à réviser
Avant la première leçon

L'adjectif possessif

A. Une visite surprise. Denis, qui partage son appartement avec un autre étudiant, reçoit la visite surprise de ses parents aujourd'hui. Complétez le dialogue avec l'adjectif possessif qui convient (**ma, mon, mes, ta, ton, tes, sa, son, ses, notre, nos, votre, vos, leur, leurs**).

SA MÈRE: Nous avons enfin trouvé ton appartement. Où est _____ **(1)** chambre?

DENIS: _____ **(2)** chambre est au fond du couloir à gauche. Ne m'en veuillez pas

(*Don't hold it against me*) trop, je n'ai pas encore fait _____ **(3)** lit.

SA MÈRE: Et celle de ton ami Paul?

DENIS: _____ **(4)** chambre est en face. Surtout ne faites pas de bruit, il dort en ce

moment.

SA MÈRE: Et votre salle de bains?

DENIS: _____ **(5)** salle de bains est ici, juste à côté de la cuisine. Fermez les yeux!

Nous avons laissé _____ **(6)**

vêtements sales et _____ **(7)**

serviettes de bain par terre. On fait le ménage chacun à

_____ **(8)** tour.

SA MÈRE: À qui sont ces affaires dans le salon? Elles sont à toi?

DENIS: Non, ce sont celles des amis de Paul. Ils ont laissé

_____ **(9)** CD et

_____ **(10)** lecteur de CD.

© Cengage Learning

SA MÈRE: Et _____ (11) affaires à toi, où sont-elles?

_____ (12) chambre est presque vide.

DENIS: Elles sont dans _____ (13) bureau. Dans cette pièce, j'ai installé

_____ (14) grande table, _____ (15) ordinateur,

_____ (16) imprimante et tous _____ (17) livres.

Avant la deuxième leçon

L'adjectif qualificatif

B. Mais pas du tout! François ne semble jamais d'accord avec ce qu'on lui dit. D'abord, complétez la première phrase de chaque paire de phrases avec la forme appropriée de l'adjectif entre parenthèses. Puis, choisissez le contraire de cet adjectif dans la liste suivante et utilisez-le aussi à la forme appropriée dans la seconde phrase.

ancien	malheureux	paresseux	horrible
gentil	marié	petit	vieux

MODÈLE: LA SŒUR DE FRANÇOIS: Tu as une chambre (spacieux) *spacieuse*!

FRANÇOIS: Mais non. J'ai une *petite* chambre.

1. MARC: Est-ce que tu as un (nouveau) _____ ordinateur?

FRANÇOIS: Non, j'ai un _____ ordinateur.

2. MARC: Est-ce que tes sœurs sont (célibataire) _____?

FRANÇOIS: Non, elles sont _____.

3. MARC: Est-ce que tes sœurs sont (actif) _____?

FRANÇOIS: Non, au contraire, elles sont très _____.

4. LE PÈRE DE FRANÇOIS: Est-ce que Michel et Marc sont de (nouveau) _____ copains de classe?

FRANÇOIS: Non, ce sont de (d') _____ copains.

5. MARIE: Est-ce que ces (beau) _____ vêtements t'appartiennent?

FRANÇOIS: Non, je n'ai que des vêtements _____.

6. LA MÈRE DE FRANÇOIS: Est-ce que tes amis sont (content) _____ de leur vie?

FRANÇOIS: Pas du tout. Ils sont assez _____.

Avant la troisième leçon

Les verbes pronominaux

C. Le matin à la maison. Paul et Hélène, qui sont mariés depuis un an, ont chacun leur routine avant de quitter la maison. Hélène décrit leurs habitudes quotidiennes. Complétez sa description en choisissant le verbe pronominal logique et en le mettant à la forme correcte du présent de l'indicatif ou à l'infinitif.

MODÈLE: À la maison, nous (se coucher / se réveiller) *nous réveillons* à 6h30 le matin.

Je (s'appeler / se lever) _____ (1) tout de suite. Je (se brosser / s'habiller) _____ (2) les dents,

je (se couper / se laver) _____ (3) et je (se brosser / se préparer) _____ (4) à partir.

Par contre, mon mari, Paul, (ne pas se lever tout de suite / ne pas se regarder) _____ (5).

Il _____ (se maquiller / se raser) _____ (6), il (se couper / se réveiller) _____ (7)

la moustache et il (se regarder / se téléphoner) _____ (8) dans la glace pendant un quart d'heure.

Ensuite, il prend un temps infini pour (s'habiller / se lever) _____ (9). Nous (ne pas s'écrire / ne

pas se parler) _____ (10) beaucoup. J'en viens *(come to)* à (se dire / se laver) _____ (11) que

ses habitudes m'énervent un peu. Un matin, je lui ai même dit: «Chéri, pourquoi est-ce que tu (ne pas se

dépêcher / ne pas se lever) _____ (12) pour arriver à l'heure?» Tous les jours, c'est la même chose!

D. Une mère autoritaire. Mme Dion aime bien donner des ordres à sa famille. Tout en restant logique, écrivez ces ordres à la forme affirmative ou négative de l'impératif selon le contexte. Ensuite, choisissez une phrase dans la liste ci-dessous pour justifier les ordres que donne Mme Dion.

MODÈLES: se moquer des autres enfants (à son fils Paul)
Ne te moque pas des autres enfants! (g) Tu sais bien que ce n'est pas gentil!

se reposer un peu (à ses parents)
Reposez-vous un peu! (c) Vous venez de faire un long voyage!

Ce qu'elle pourrait dire pour justifier ses ordres:

a. Rappelle-toi que tu as une réunion importante demain matin.

b. Tu vas être en retard!

c. Vous venez de faire un long voyage.

d. Venez, il est l'heure de dîner.

e. Tu vas te rendre malade si tu continues ainsi.

f. Si vous voulez sortir ce soir, il faudra d'abord que vous terminiez vos devoirs.

g. Tu sais bien que ce n'est pas gentil.

1. se coucher tard (à son mari)

   _____

2. s'arrêter de travailler (à ses enfants)

   _____

3. s'énerver pour un rien *(get excited for nothing)* (à sa mère)

   _____

4. se dépêcher (à sa fille cadette)

   _____

5. se mettre au travail tout de suite (à ses jumeaux Paul et Pierre)

   _____

Leçon 1
Cap sur le vocabulaire!

A. Le Docteur Phil à la française. Une chaîne de télévision française a décidé de retransmettre une causerie *(daytime talk show)* américaine et ils ont besoin de votre aide pour faire la version française. Traduisez les thèmes d'émissions suivants en français.

MODÈLE: "Badly brought-up only children"

   «Des enfants uniques mal élevés»

1. "Twins who are single fathers"

   _____

2. "Housewives who have no home life"

   _____

3. "Half-brothers who hate their half-sisters"

   _____

4. "Spoiled househusbands"

   _____

5. "Fed-up psychiatrists"

   _____

6. "Lawyers who are single mothers"

   _____

B. À vous, maintenant! Après avoir fait l'exercice A, inventez trois nouveaux thèmes que vous proposerez à la chaîne. Suivez le modèle proposé pour l'exercice A.

1. _____

_____

2. _____

_____

3. _____

_____

C. Des questions... Complétez les dialogues suivants avec des expressions typiques pour identifier quelqu'un ou quelque chose. Choisissez la question appropriée dans la liste suivante:

Que fait votre mari?	Et que buvez-vous?
C'est votre assiette?	Quelle marque est-ce que vous avez?
À qui est ce cocktail?	Qui est-ce?
Qu'est-ce que vous faites?	Et ça, qu'est-ce que c'est?
Quel modèle est-ce?	C'est quelle sorte de cocktail?

MODÈLE: *Qui est-ce?*

C'est James Bond, un Anglais très célèbre.

1. _____

Ne le dites à personne, mais je suis espion *(spy)*.

2. _____

Ce cocktail est à moi.

3. _____

C'est un martini à la vodka, préparé selon ma méthode préférée.

4. _____

Je bois de la vodka.

5. _____

Chut! C'est mon revolver…

La grammaire à apprendre

C'est et il/elle est

D. Une fête en famille. La famille de Charles fête l'anniversaire du grand-père Millon et tout le monde est là. Charles a amené une amie américaine à la fête et comme elle ne connaît personne Charles lui parle un peu de chacun. Complétez ses phrases avec **c'est**, **ce sont**, **il/elle est** ou **ils/elles sont**.

1. Voilà Gérard et Jean-Luc, les gars avec les pulls bleu marine. _____ mes demi-frères.

2. Et là-bas, à côté du lecteur de CD, _____ mon cousin Jacques.

   _____ psychologue.

3. Et celle qui parle si fort, _____ ma sœur Évelyne. Franchement,

   _____ une fille mal élevée!

4. Celle qui boit du champagne, _____ ma belle-sœur Micheline. Je te le dis,

   _____ gâtée par mon frère!

5. Ces deux filles blondes s'appellent Marie et Sylvie. _____ cousines, mais _____
   aussi de bonnes amies.

6. Ma belle-mère, _____ la femme qui joue du piano. _____ allemande, tu sais.

7. L'homme qui parle avec ma belle-mère, _____ François, mon oncle. _____ père
   célibataire, lui. Sylvie est sa fille.

8. Ma tante Berthe et mon oncle Henri n'ont pas pu venir ce soir. _____ à Paris.

E. C'est chouette, ça! Que pensez-vous des idées suivantes? Exprimez-vous en vous servant de la construction **c'est** + adjectif masculin. Suivez le modèle.

MODÈLE: se détendre de temps en temps

   C'est nécessaire!

1. passer du temps avec sa famille _____

2. faire un voyage _____

3. faire des études _____

4. attacher un bébé dans un siège-voiture _____

5. déménager en plein hiver _____

6. avoir beaucoup d'argent _____

RAPPEL: Quand on fait référence à un nom précis, on se sert de la construction **il(s)/elle(s) est (sont) + adjectif.** Continuez l'exercice.

MODÈLE: ma famille

Elle est gentille.

7. mon ordinateur _____

8. mes parents _____

9. ma chambre _____

Les pronoms possessifs

F. On le met où alors? Françoise et Suzanne s'installent dans leur nouvel appartement. Ces colocataires défont les cartons *(unpack)* et décident comment elles vont organiser l'appartement. Complétez leur conversation avec le pronom possessif correct **(le mien, la mienne, les miens, les miennes,** etc.).

MODÈLE: —Je crois que ce portable est à toi, Suzanne.

—Oui, c'est *(mine)* **le mien.** Pourrais-tu le mettre dans ma chambre, s'il te plaît?

1. —Bien sûr. Est-ce que tu as vu mon portable à moi?

—Non, désolée. Je n'ai pas encore vu *(yours)* _____.

2. —Voici tes CD—je vais les mettre ici dans la salle de séjour à côté (de) *(mine)*

_____, d'accord?

—En fait, je préférerais les mettre dans ma chambre aussi, à côté de mon lecteur de CD.

3. —Ce sont les plantes de ta mère?

—Oui, ce sont *(hers)* _____. Mais elle nous les donne. On les met près de la

fenêtre?

4. —C'est ton lecteur DVD?

—Malheureusement pas. Il est à mes parents.

—Si tu veux, tu peux le leur rendre. J'en ai acheté un, alors nous n'avons pas besoin d'utiliser *(theirs)*

_____.

5. —Ces DVD sont aussi à tes parents?

—Non, ce ne sont pas *(theirs)* _____. C'est à ma sœur qu'ils appartiennent.

Elle est très gentille! Et comme elle nous prête *(hers)* _____, je vais lui prêter

(ours) _____.

—Je les mets où alors?

6. —C'est ta clé?

—Oui, c'est *(mine)* _____! Est-ce que tu peux la mettre sur la table pour que je ne la perde pas de nouveau?

7. —Ton frère a aussi un nouvel appartement, n'est-ce pas?

—Oui, mais son appartement n'a qu'une chambre donc *(his)* _____ est plus

petit que *(ours)* _____, et moins bien équipé aussi!

G. Êtes-vous envieux (envieuse) ou satisfait(e)? Comparez vos affaires à celles de quelqu'un que vous connaissez bien, comme un(e) colocataire ou un membre de votre famille. Incorporez plusieurs pronoms possessifs (**le mien, la sienne,** etc.) dans votre comparaison.

MODÈLE: *Mon colocataire et moi avons tous les deux une voiture mais ma voiture est plus grosse et plus vieille que la sienne. Il vient d'acheter une belle voiture de sport et moi, j'ai toujours la vieille voiture de ma grand-mère. Mais je dois dire que la mienne est très pratique et je n'ai pas du tout peur qu'on me la vole!*

_____

_____

_____

Leçon 2
Cap sur le vocabulaire!

A. Vous organisez une rencontre entre deux amis! Vous voulez que Nadia, votre colocataire, rencontre Samuel, votre meilleur ami. Vous pensez qu'ils feraient un couple parfait. Mais Nadia est nerveuse et pose beaucoup de questions sur Samuel. Complétez la conversation de façon logique. Révisez les expressions typiques pour décrire une des personnes présentées dans la Leçon 2 de ce chapitre avant de commencer.

MODÈLE: NADIA: *Comment est-ce qu'il s'appelle / Comment s'appelle-t-il?*
VOUS: Il s'appelle Samuel.

1. NADIA: _____?

   VOUS: Il a 21 ans.

2. NADIA: _____?

   VOUS: Il a beaucoup d'humour.

3. NADIA: _____?

   VOUS: Il a les cheveux châtains et les yeux verts.

4. NADIA: _____?

   VOUS: Il est plus grand que toi. Je crois qu'il mesure 1 mètre 80.

5. NADIA: _____?

   VOUS: Je ne sais pas combien il pèse. Le poids n'a aucune importance, ni la taille d'ailleurs! Ne me pose

   pas trop de questions et attends de voir la bonne surprise que je t'ai réservée!

B. À vous! Si vous étiez à la place de Nadia (dans l'exercice à la page 64), poseriez-vous les mêmes sortes de questions? Pourquoi (pas)? Écrivez deux autres questions que vous poseriez dans cette situation.

_____

_____

_____

_____

_____

C. Comment les reconnaître? Deux membres de votre famille arrivent de loin pour un mariage. Un ami se porte volontaire pour aller les chercher à la gare et à l'aéroport. Il faut que vous lui donniez une bonne description de chacun pour l'aider à les reconnaître. Suivez le modèle.

MODÈLE:
Nom: Mon frère Mark
LES YEUX: *Il a les yeux bleus.*
LES CHEVEUX: *Il a les cheveux bruns et raides.*
LA TAILLE: *Il est grand.*
LE POIDS: *Il est fort.*
L'ÂGE: *Il est assez jeune.*
DIVERS: *Il porte des lunettes.*

1. NOM: _____

   LES YEUX: _____

   LES CHEVEUX: _____

   LA TAILLE: _____

   LE POIDS: _____

   L'ÂGE: _____

   DIVERS: _____

2. NOM: _____

   LES YEUX: _____

   LES CHEVEUX: _____

   LA TAILLE: _____

   LE POIDS: _____

   L'ÂGE: _____

   DIVERS: _____

D. J'ai besoin de... Vous logez chez une famille française pendant que vous faites des études en France. Vous avez besoin de quelque chose, mais vous n'en connaissez pas le nom. En utilisant les expressions du Chapitre 3, Leçon 2 données dans les listes suivantes, décrivez chaque objet pour expliquer à la mère de famille ce que vous cherchez.

<u>Phrases pour décrire un objet</u>

en métal / plastique / coton / nylon / argent / or / acier   gros / petit

grand / bas   large / étroit

long / court   lourd / léger

rond / carré / allongé / triangulaire / rectangulaire   pointu

<u>On s'en sert pour... ?</u>

se réveiller le matin   s'essuyer après son bain

couvrir le lit   ranger ses vêtements

nettoyer la salle de bains   fermer son pantalon si on a perdu un bouton

mettre ses clés

MODÈLE: vous: Pardon, Mme Lelirzin. J'ai besoin de quelque chose, mais je ne sais pas son nom en français. [safety pin]

    a. C'est *petit*.
    b. C'est *léger*.
    c. C'est *en métal*.
    d. On s'en sert pour *fermer son pantalon si on a perdu un bouton*.

MME LELIRZIN: Voici une épingle de sûreté—c'est ce dont tu as besoin?

    vous: Oui, c'est ça! Merci beaucoup, madame.

1.   vous: Pardon, Mme Lelirzin. J'ai besoin de quelque chose mais je ne connais pas le mot juste. [bed sheet]
    a. C'est _____.
    b. C'est _____.
    c. C'est en _____.
    d. Ça sert à _____.

MME LELIRZIN: Voici un drap. C'est ce que tu cherchais?

    vous: Oui, madame! Merci beaucoup.

2.   vous: Excusez-moi, madame. Est-ce que vous auriez plus de... euh... je ne sais pas comment on appelle ça. [hanger]

   a. C'est _____.

   b. C'est _____.

   c. C'est en _____.

   d. C'est un truc pour _____.

MME LELIRZIN: J'ai quelques cintres ici dans l'armoire. C'est ce que tu voulais?

      vous: Exactement! Est-ce que je pourrais en prendre quelques-uns pour l'armoire de ma chambre?

3.   vous: Pardon, Mme Lelirzin. J'ai perdu quelque chose dans la maison... euh... mais j'oublie le mot... [key ring]

   a. C'est _____.

   b. C'est _____.

   c. C'est en _____.

   d. C'est un truc sur lequel on _____.

MME LELIRZIN: Ce porte-clés est à toi? Mon mari l'a trouvé dans la cuisine ce matin.

      vous: Oui, c'est le mien! Merci beaucoup.

La grammaire à apprendre

L'adjectif qualificatif

E. Avez-vous vu cette femme? La famille d'une vieille dame qui a disparu a donné la description suivante à la police. Complétez la description en faisant l'accord des adjectifs entre parenthèses.

Elle a de (long) _____ **(1)** cheveux (gris clair) _____ **(2)** et de (grand)

_____ **(3)** yeux (bleu foncé) _____ **(4)**. Elle porte une (long) _____ **(5)**

jupe (marron) _____ **(6)** et un (beau) _____ **(7)** chemisier en coton (crème)

_____ **(8)** à manches *(f pl)* (court) _____ **(9)**. C'est une (petit) _____ **(10)**

femme (doux) _____ **(11)** et (réservé) _____ **(12)**.

Si vous avez de (nouveau) _____ **(13)** renseignements *(m pl)* (important)

_____ **(14)** concernant cette femme, appelez-nous immédiatement. Sa famille est très

(inquiet) _____ **(15)**. Tous les membres de la famille Chabrol seront (soulagé: *relieved*)

_____ **(16)** et (heureux) _____ **(17)** lorsqu'ils verront la grand-mère de retour à

la maison.

La position des adjectifs

F. Le nouvel appart. La famille de Lise vient de déménager et Lise parle de cette expérience. Choisissez l'adjectif approprié de la liste suivante et mettez-le à la forme et à la place qui conviennent.

ancien   certain   cher   dernier   grand

même   pauvre   prochain   propre   seul

MODÈLE: Autrefois nous habitions dans le *même* quartier *(neighborhood)* _____ que mon vieil oncle Hubert.

1. Ma famille habitait un petit appartement sombre dans un _____ quartier *(neighborhood)* _____.

2. Je m'y plaisais bien parce que j'avais de _____ amis _____.

3. L(a) _____ année _____ mon père a été promu *(promoted)*.

4. Par conséquent, mes parents ont pu acheter un _____ appartement _____ loin du premier et nous avons déménagé.

5. Depuis ce temps-là, je n'ai pas revu notre _____ appartement _____.

6. Malheureusement, je ne suis retournée dans ce quartier-là qu'une _____ fois _____ pour revoir mes amis et le vieil oncle Hubert.

7. Je suis très heureuse dans l'appartement où nous sommes aujourd'hui parce que je n'ai plus besoin de partager une chambre avec ma sœur. Nous avons nos _____ chambres _____.

8. Je range *(put away)* toujours mes affaires et passe l'aspirateur *(vacuum)* une fois par semaine. J'ai une _____ chambre _____.

9. Mes amis me manquent mais l(a) _____ idée _____ de retourner vivre dans le petit appartement me déplaît beaucoup. Je suis bien ici.

G. On est stéréotypé. Les médias et la culture populaire nous encouragent à former des stéréotypes. Quels sont les vôtres pour les catégories suivantes? En vous servant des adjectifs ci-dessous (ou d'autres), écrivez des phrases pour décrire une personne ou un objet stéréotypique. Incorporez deux adjectifs par phrase. Suivez les modèles.

menteur	nouveau	mignon	ambitieux	travailleur	mince
indiscret	inquiet	chic	snob	professionnel	paresseux
beau	agressif	drôle	indulgent	sec	indépendant
fort	généreux	conservateur	gentil	gros	discret
gâté	grand	triste	riche	inférieur	neuf *(brand new)*
noir	malheureux	timide	doux	distingué	poli
introverti	mal adapté	intellectuel	pauvre	petit	amer (amère) *(bitter)*

MODÈLES: le chien d'une actrice célèbre (chien)

C'est un petit chien chic.

les psychiatres (hommes)

Ce sont des hommes secs mais discrets.

1. les politiciens (personnes) _____

_____

2. la voiture du président américain (voiture) _____

_____

3. les femmes d'affaires (femmes) _____

_____

4. la maison de l'Américain moyen (maison) _____

_____

5. les fils uniques (garçons) _____

_____

6. les parents d'un fils unique (parents) _____

_____

7. les hommes au foyer (hommes) _____

_____

8. les divorcés (personnes) _____

_____

9. les enfants de parents divorcés (enfants) _____

_____

H. Il/Elle n'est pas comme les autres! Écrivez un paragraphe dans lequel vous décrivez une personne que vous connaissez qui est l'opposé du stéréotype qu'on pourrait avoir à son sujet. Parlez de son apparence physique, de ses vêtements et de son comportement.

Leçon 3

Cap sur le vocabulaire!

A. Puzzle. Lisez le paragraphe suivant qui décrit quatre voisins et les rapports entre eux. Remplissez le tableau ci-dessous avec les renseignements fournis; ensuite répondez aux questions.

Marc, Souleymane, Minh et Pierre sont voisins. Trois d'entre eux s'entendent bien. Un des quatre est dentiste, un est ingénieur, un est employé de banque et un est vendeur. Pierre n'est ni ingénieur, ni vendeur, mais il est en bons termes avec ses voisins. Marc n'est ni dentiste ni employé de banque; il est en mauvais termes avec ses voisins. Minh n'est ni vendeur ni dentiste. Comment sont ces hommes? Minh est très exigeant. Pierre est souvent tendu tandis que le dentiste est marrant.

	Marc	Souleymane	Minh	Pierre
profession?				
rapports avec ses voisins?				
adjectif qui le décrit?				

1. Quelle est la profession de l'homme qui s'est brouillé avec ses voisins? _____

2. Quelle est la profession de Souleymane? _____

3. Comment est l'employé de banque? _____

B. Réponse à une petite annonce. Vous échangez des méls *(emails)* avec une personne qui a mis une petite annonce pour un(e) colocataire *(housemate)* pour voir si vous seriez compatibles. Répondez aux questions posées par cette personne en élaborant un peu vos réponses.

MODÈLE: Moi, je suis matinal(e) *(a morning person)*. À quelle heure est-ce que vous vous levez?

Je me lève vers 10 heures parce que je n'ai pas cours avant 11 heures et je ne travaille pas bien le matin.

1. Moi, je prends le petit déjeuner à 8 heures. Et vous, vous le prenez à quelle heure?

   _____

2. Le week-end, je suis très actif/active et je me lève à la même heure qu'en semaine. Est-ce que vous aimez faire la grasse matinée le week-end? Si oui, jusqu'à quelle heure?

   _____

3. Moi, je préfère prendre ma douche le matin. Est-ce que vous préférez prendre votre douche ou votre bain le matin ou le soir?

   _____

4. Je préfère un(e) colocataire qui ne monopolise pas la salle de bains. Combien de temps est-ce que vous passez dans la salle de bains le matin?

   _____

5. Souvent je dois travailler tard le soir. À quelle heure est-ce que vous rentrez du travail?

   _____

6. Comme je me lève assez tôt, je me couche vers 11 heures du soir. Est-ce que vous vous couchez tôt ou tard?

   _____

7. Je préfère que mes colocataires n'invitent pas leurs petit(e)s ami(e)s chez nous tout le temps. Est-ce que vous fréquentez quelqu'un en ce moment?

   _____

8. Je peux être un peu difficile, mais je suis en bons termes avec mes anciens colocataires. Et vous, est-ce que vous vous entendez bien avec les gens en général?

   _____

9. Je n'aime pas les disputes. Est-ce que vous vous disputez souvent avec vos amis?

   _____

À vous! Est-ce que vous pensez être compatible avec la personne qui cherche un(e) colocataire? Pourquoi (pas)? Donnez deux raisons.

_____

_____

_____

C. Vous et vos rapports... Comment êtes-vous dans le jeu de l'amour? Imaginez-vous dans chacune de ces situations, puis dites quel choix exprime le mieux votre caractère. Ajoutez un commentaire pour justifier ou expliquer votre choix.

MODÈLE: Imaginez qu'il faut choisir entre votre famille, vos amis ou votre copain/copine *(boyfriend/ girlfriend)*. Qu'est-ce qui est le plus important pour vous? (les liens de parenté, les liens d'amitié, votre vie sentimentale *[love life]*)

Les liens de parenté sont les plus importants pour moi. Je ne pourrais jamais abandonner ma famille.

1. Mon copain/Ma copine veut rompre. Moi,... (pleurer, se taire, se fâcher, chercher quelqu'un pour le/la remplacer *[replace]*)

   _____

   _____

2. Mon copain/Ma copine et moi, nous... (se disputer souvent, s'entendre bien, sortir avec d'autres personnes aussi)

   _____

   _____

3. Qu'est-ce qui est une bonne raison pour rompre avec quelqu'un? (le manque de communication, tomber amoureux/amoureuse de quelqu'un d'autre, une dispute)

_____

_____

4. Quels rapports préférez-vous avoir avec un(e) ancien(ne) copain/copine? (être en bons termes, se revoir de temps en temps, rester de très bons amis, ne jamais se revoir)

_____

_____

5. En général, quels sont les rapports entre votre copain/copine du moment et vos autres amis? Ils… (se taquiner, [ne pas] se comprendre, s'entendre bien, se détester)

_____

_____

La grammaire à apprendre

Les verbes pronominaux

D. Les hommes et les femmes. Quelles sont vos opinions de l'autre sexe? Terminez chaque phrase avec le verbe indiqué (au présent de l'indicatif ou à l'infinitif) et puis dites si, à votre avis, l'affirmation est vraie (**V**) ou fausse (**F**). Répondez franchement!

_____ 1. Les femmes (s'occuper) _____ des enfants mieux que les hommes.

_____ 2. En général, les hommes (se souvenir) _____ mieux des détails.

_____ 3. Dans leurs rapports avec les autres, les hommes (se méfier) _____ plus que les femmes.

_____ 4. Les femmes savent mieux (se taire) _____ et garder un secret.

_____ 5. L'homme typique *(typical)* dépense moins pour (se faire couper) _____ les cheveux et pour d'autres soins physiques que la femme typique.

_____ 6. En cas de danger, la femme (se débrouiller) _____ bien, sans crier ni paniquer.

_____ 7. On (s'amuser) _____ aussi bien avec ses copains qu'avec ses copines.

_____ 8. Les hommes (s'entendre) _____ mieux avec leur père qu'avec leur mère. C'est le contraire pour les femmes.

_____ 9. Les hommes et les femmes (ne pas s'intéresser) _____ aux mêmes choses.

_____ 10. Les hommes (se moquer) _____ des autres plus souvent que les femmes.

_____ 11. La femme typique (se plaindre) _____ plus souvent que l'homme typique.

_____ 12. Les hommes pourraient facilement (se passer) _____ d'amis.

_____ 13. Les femmes (s'inquiéter) _____ souvent de choses ridicules.

E. Soyons précis! Choisissez 4 des opinions données dans l'exercice D et donnez des exemples personnels pour les illustrer ou les contredire.

MODÈLE: (#8) *Mes frères s'entendent mieux avec mon père que moi.*

(#13) *Nous, les femmes, nous ne nous inquiétons pas de choses ridicules! En fait, je ne m'inquiète que rarement.*

1. _____

2. _____

3. _____

4. _____

F. Le grand timide. Quand Jacques est invité à une soirée, il a peur de tout le monde et il reste dans son coin. Complétez les phrases suivantes en traduisant les verbes pronominaux entre parenthèses. Une liste des équivalents français possibles vous est donnée ci-dessous. Mettez les verbes pronominaux au présent de l'indicatif, à l'infinitif ou à l'impératif selon le contexte.

s'amuser	se détendre	se méfier (de)	se servir (de)
s'arrêter	s'en faire	se moquer (de)	se souvenir
s'attendre (à)	s'inquiéter (de)	se passer (de)	se taire
se demander	s'intéresser (à)	se rendre compte	se tromper

Je *(worry)* _____ **(1)** toujours de ce que pensent les autres. Lorsque je suis invité chez des amis,

je *(am quiet, "clam up")* _____ **(2)** et n'arrive pas à *(to relax)* _____ **(3)** ou à *(to have fun)*

_____ **(4)**. Quand mes amis *(realize)* _____ **(5)** que je suis tout seul dans mon coin et

quand ils *(show some interest)* _____ **(6)** à moi, je *(am wary)* _____ **(7)**. Mes amis me

disent: «Tu *(are mistaken)* _____ **(8)**, Jacques. Personne ne va *(make fun)* _____ **(9)** de toi.

Tu ne peux pas toujours *(do without)* _____ **(10)** des autres. *(Use)* _____ **(11)** de ton

intelligence et de tes talents et *(remember)* _____ **(12)** que tu te trouves parmi *(among)* de bons

amis. Ici tous les invités *(are expecting)* _____ **(13)** à te voir souriant et détendu et ils *(wonder)*

_____ **(14)** quand tu vas *(stop)* _____ **(15)** de faire le timide.»

G. L'opinion du psychiatre. Jouez le rôle d'un psychiatre. Analysez le comportement *(behavior)* de Jacques, tel qu'il est décrit dans l'exercice F. Essayez d'expliquer pourquoi il est comme il est. Incorporez à votre composition au moins 10 expressions ou mots de vocabulaire présentés dans le Chapitre 3 et soyez créatif/créative.

H. De bonnes résolutions. Qu'allez-vous faire pour vous améliorer *(to improve)*, c'est-à-dire, quelles habitudes voulez-vous changer ou adopter? En vous servant des verbes suivants, écrivez six bonnes résolutions (à la forme affirmative ou négative) pour l'année prochaine.

1. _____
_____
2. _____
_____
3. _____
_____
4. _____
_____
5. _____
_____
6. _____

s'amuser plus/moins
s'arrêter de
se coucher plus tôt
se détendre plus souvent
s'entendre mieux avec
être plus souvent de bonne
    humeur
se fâcher contre
faire plus/moins souvent la
    grasse matinée
se fiancer
s'inquiéter moins
s'intéresser plus à ses cours/
    aux études
se méfier de
se mettre à
se passer de
se plaindre de
rompre avec quelqu'un
se taire quand quelqu'un m'énerve
tromper sa/son petit(e) ami(e)

Laquelle de ces bonnes résolutions serait la plus difficile pour vous? Pourquoi?

MODÈLE: *Ce serait très dur de me passer de chocolat parce que j'adore le chocolat et j'en mange tous les jours, surtout quand je suis très stressée. De plus, ma colocataire adore le chocolat aussi et ce serait très dur de la regarder en manger si je ne pouvais plus en avoir moi-même.*

_____

_____

_____

_____

_____

© Cengage Learning

I. Je ne t'épouserai pas. Réfléchissez aux actes et aux paroles des deux personnages de l'extrait «Je t'épouse». Que fait la narratrice? Que fait Tamsir? Choisissez le verbe approprié et mettez-le au présent de l'indicatif.

MODÈLE: Pendant que sa belle-sœur parle, Tamsir (se taire / se débrouiller) *se tait.*

1. Tamsir (intéresser / s'intéresser) _____ à la veuve de son frère.

2. Tamsir n(e) (attendre / s'attendre) _____ que 40 jours après la mort de Modou avant de dire à sa belle-sœur qu'il l'épousera.

3. Si Tamsir pense que sa belle-sœur va l'épouser tout de suite, il (la tromper / se tromper) _____ ; elle n'a pas du tout l'intention de faire cela.

4. Lorsque la narratrice entend ce que Tamsir lui dit, elle (se moquer de / se fâcher) _____ contre lui.

5. Elle (mettre / se mettre) _____ à lui expliquer pourquoi elle ne veut pas l'épouser.

6. Apparemment, Tamsir ne (faire / s'en faire) _____ pas quand il pense que ses épouses doivent travailler pour gagner de l'argent.

7. Par contre, la narratrice (plaindre / se plaindre) _____ beaucoup ses belles-sœurs. Elle croit que Tamsir a tort de faire travailler ses épouses.

8. Il me semble que la narratrice ne (entendre / s'entendre) _____ pas bien avec Tamsir en général.

J. Un portrait détaillé. À partir de l'extrait du roman *Une si longue lettre* de Mariama Bâ que vous avez lu dans ce chapitre, faites le portrait de la narratrice. Comment est-elle? Quelles sont ses meilleures qualités et ses défauts? Comment est-ce que ce qu'elle *dit* vous aide à comprendre sa personnalité? En quoi semble-t-elle différente d'une femme américaine «typique»?

Exercices de laboratoire

Phonétique

Les sons [ɔ] et [o]   2–15

En général, on trouve le son [ɔ] dans une syllabe suivie d'une consonne: par exemple, p**o**rte. Il se rapproche du son dans le mot anglais *caught,* mais il est plus court et plus tendu en français. Le son [ɔ] s'écrit **o**. Écoutez et répétez les mots suivants:

g**o**sse	p**o**rter	magnét**o**scope	v**o**tre	Eur**o**pe
div**o**rcé	pil**o**te	mign**o**nne	b**o**nne	cot**o**n
sn**o**b	pr**o**pre	pr**o**chain	il se br**o**sse	

A. Pratiquez maintenant le son [ɔ] en répétant les phrases suivantes.

1. Le pilote snob veut son propre magnétoscope.

2. La mode offre des tonnes de robes.

3. Votre gosse mignonne a ouvert la porte.

On trouve le son [o] dans une syllabe ouverte à la fin d'un mot: par exemple, b**eau**; et dans une syllabe suivie du son [z]: par exemple, r**o**se. Il est quelque peu semblable au son dans le mot anglais *rose* mais plus bref et plus tendu. Il s'écrit: **o, ô, au** ou **eau**. Écoutez, puis répétez les mots suivants:

jum**eau**	h**ô**tel	le v**ô**tre	la n**ô**tre	m**au**vais
t**ô**t	tr**o**p	ch**o**se	dr**ô**le	ch**au**ve
f**au**x	p**au**vre	h**au**sser		

B. Écoutez et répétez les phrases suivantes.

1. Nos photos de l'hôtel et de l'opéra étaient mauvaises.

2. Les jumeaux font aussi trop de choses.

3. Claude a un drôle de vélo.

Le [ə] muet (suite)   2–16

Quand le son [ə] muet apparaît deux fois ou plus dans des syllabes successives et que ces [ə] muets ne sont séparés que par une seule consonne, on prononce le premier [ə] mais pas le second.

C. Écoutez et répétez.

1. Je n**e̸** dors pas bien.

2. Ce n**e̸** sera rien.

3. Il ne l**e̸** connaît pas?

4. Je l**e̸** ferai pour toi.

5. Elle se l**e̸** préparera.

6. Je te l¢ montrerai un jour.

7. Elle me l¢ donne.

8. Ne l¢ prends pas.

9. Si tu me l¢ demandes.

10. Ce n¢ sont pas mes amis.

D. Le [ə] muet a tendance à tomber en français en langage familier et rapide. Écoutez et répétez les phrases des deux colonnes suivantes. Notez les différences de prononciation.

Langage soigné	*Langage familier*
Je pense.	J¢ pense.
Je ne pense pas.	Je n¢ pense pas.
Je bois.	J¢ bois.
Je ne bois pas.	Je n¢ bois pas.
Ce n'est pas vrai.	C¢ n'est pas vrai.
Je n'ai pas le numéro.	J¢ n'ai pas le numéro.

E. La négation peut même tomber tout à fait dans un langage de style très relâché. Écoutez et répétez:

C'est pas vrai.	J'bois pas.
J'pense pas.	J'ai pas l'numéro.

Leçon 1
Conversation   2–17

A. Pour converser. Maintenant, écoutez la conversation (manuel, **chapitre 3**, leçon 1) en prêtant attention aux expressions pour engager, continuer et terminer une conversation.

B. L'intonation des phrases. Écoutez et répétez les phrases que vous entendrez. Imitez l'intonation de la phrase.

1. Ce n'est pas vrai!

2. C'est incroyable!

3. Je la trouve formidable, mais elle est différente de la vie en France.

4. C'est difficile à expliquer.

5. C'est une amie qui a pris les photos.

6. Elle est à toi cette Ford?

7. Oui, elle est à moi.

8. Enfin, elle est à nous, à ma femme et à moi.

9. C'est ta femme?

10. Oui, c'est elle.

C. Une réponse appropriée. Écoutez chaque phrase et choisissez entre les deux expressions données la réponse appropriée. Dites-la à haute voix.

1. C'est un IBM. / Oui, c'est mon ordinateur.

2. C'est le nouvel employé. / Il est à moi.

3. Elle est biologiste. / Il est biologiste.

4. C'est moi. / C'est à moi.

5. C'est un petit appareil photo. / C'est ma sœur cadette.

La grammaire à apprendre
C'est et *il/elle est*   2–18

D. À votre avis. Écoutez les phrases suivantes et regardez les dessins qui correspondent. Vous devrez indiquer VRAI ou FAUX pour chaque description. Répétez les phrases correctes et corrigez celles qui ne le sont pas.

MODÈLE: *Vous entendez:* C'est une voiture américaine. Elle est petite.

Vous encerclez: **FAUX**

Vous dites: **C'est faux. C'est une voiture américaine, mais elle est grande.**

MODÈLE: VRAI (FAUX)　　　　1. VRAI   FAUX　　　　2. VRAI   FAUX

3. VRAI   FAUX　　　　4. VRAI   FAUX　　　　5. VRAI   FAUX

E. Les descriptions. Antoine répond aux questions de son nouveau camarade de chambre. Interprétez le rôle d'Antoine et donnez ses réponses.

MODÈLE: *Vous lisez:* gros et lourd

          Vous entendez: Comment est ton chien?

          Vous répondez: **Il est gros et lourd.**

1. Dardun
2. voiture française
3. pilote
4. bons amis
5. célibataire endurci *(confirmed)*
6. petite mais agréable
7. ennuyeux
8. banlieue tranquille

Les pronoms possessifs   2–19

F. Bric-à-brac. Mme Lafarge est concierge à Paris. Elle aime rendre service aux locataires de son immeuble et garde souvent les choses les plus variées pour eux dans une petite pièce derrière sa loge. Écoutez ce dialogue attentivement et indiquez avec un tiret à qui appartient chaque objet. Puis répondez pour Mme Lafarge aux questions posées par Corinne. Suivez le modèle.

Mme Leduc   la boîte

L'instituteur   le vélo

Les enfants Chevalier   la chaîne stéréo

M. et Mme Lafarge   le parapluie

Corinne   la valise

                                                  le chien

                                                les cartes postales

MODÈLE: *Vous entendez:* Est-ce que ce parapluie appartient à Mme Leduc?

          Vous voyez: un tiret entre Mme Leduc et le parapluie

          Vous répondez: **Oui, c'est son parapluie. C'est le sien.**

(Items 1–6)

Nom _____ Date _____

Leçon 2

A. L'intonation des phrases. Écoutez et répétez les phrases que vous entendrez. Imitez l'intonation de la phrase.

1. Tu as vu ces cheveux?
2. Regarde ça! Il a plein de cheveux!
3. Je n'ai jamais vu de bébé comme ça!
4. Elle a un très beau sourire!
5. Martha, c'est un phénomène!
6. Elle est vraiment mignonne…
7. Cheveux ondulés, yeux bleus!
8. Et toujours agréable, de bonne humeur.

B. Une réponse appropriée. Écoutez chaque phrase et indiquez les descriptions qui ne sont pas correctes. Puis répondez à la question avec la description qui reste.

MODÈLE: *Vous lisez:* avoir les yeux marron / avoir les yeux bleus / avoir les yeux verts

Vous entendez: Thomas n'a ni les yeux bleus ni les yeux marron.

Vous barrez: avoir les yeux marron; avoir les yeux bleus

Vous entendez: Comment sont les yeux de Thomas?

Vous dites: **Il a les yeux verts.**

1. avoir les cheveux frisés _____ avoir les cheveux ondulés _____ avoir les cheveux raides _____

2. être de petite taille _____ être de taille moyenne _____ être grand _____

3. être large _____ être étroite _____ être lourde _____ être légère _____

4. être pointu _____ être carré _____ être rond

5. être marrant _____ être sympa _____ être timide

La grammaire à apprendre

L'adjectif qualificatif   3–3

C. Comparaisons. Depuis leur excursion au stade, Marc et Pascal sont devenus de bons amis. Marc a une sœur aînée et Pascal a un frère plus âgé que lui. Ils aimeraient bien qu'ils se rencontrent et essaient de leur trouver des points communs. Aidez-les à comparer leurs attributs en donnant la forme féminine des deux adjectifs que vous entendez.

MODÈLE: *Vous entendez:* Mon frère est grand et brun.

Vous répondez: **Ma sœur est grande et brune aussi.**

(Items 1–8)

La position des adjectifs   3–4

D. La conversation continue. Les deux copains complètent leur portrait, chacun à son tour. D'abord, vous jouez le rôle de Marc et répondez aux questions de Pascal en ajoutant les adjectifs ci-dessous. Faites attention à la place des adjectifs et faites tous les changements nécessaires. Ensuite, jouez le rôle de Pascal et répondez aux questions de Marc.

MODÈLE: *Vous lisez:* vieux, américain

Vous entendez: Est-ce que ta sœur possède beaucoup de disques?

Vous répondez: **Oui, elle possède beaucoup de vieux disques américains.**

1. joli, bon marché

2. vieux, délavé *(bleached)*

3. sympathique, respectable

4. nouveau, chic

5. beau, vieux, jaune citron

6. nouveau, japonais

7. sérieux, intéressant

8. long, policier

9. classique, contemporain

10. bon, étranger

Leçon 3

Conversation 3–5

A. La routine et la famille. Maintenant, écoutez la conversation (manuel, **chapitre 3**, leçon 3) en prêtant attention aux expressions pour décrire la routine quotidienne et les rapports familiaux.

B. L'intonation des phrases. Écoutez et répétez les phrases que vous entendrez. Imitez l'intonation de la phrase.

1. Et la vie de tous les jours, comment ça se passe pour vous, aux États-Unis?

2. C'est beaucoup trop «métro-boulot-dodo».

3. Et à la maison, comment est-ce que vous vous occupez du bébé?

4. Est-ce que tu taquines ta femme comme tu le faisais avec les filles à l'université?

5. On a des rapports très détendus.

6. Nous sommes de très bons amis.

7. On se traite en bons camarades, en fait, on est autant amis que mari et femme.

8. Nous nous disputons rarement.

9. C'est rare de bien s'entendre tout le temps.

10. Je les aime bien, mes beaux-parents, mais seulement à petite dose, et là, ils sont restés trois semaines.

C. Des synonymes. Quelle expression veut dire à peu près la même chose que celle que vous entendez? Dites-la à haute voix.

1. On s'entend bien. / On s'entend mal.

2. J'ai de bons rapports avec elle. / On s'entend mal.

3. Il y a un manque de communication. / Nous nous disputons souvent.

4. On ne se voit plus. / On se fréquente encore.

5. On se fréquente. / On se taquine.

La grammaire à apprendre

Les verbes pronominaux 3–6

D. La garde-bébé. Marie-Françoise a engagé *(hired)* quelqu'un pour l'aider à s'occuper de son bébé, car elle travaille pendant la journée. Avant de commencer son travail, la garde-bébé pose des questions à Marie-Françoise. Reconstituez les réponses de Marie-Françoise avec les mots qui vous sont donnés.

MODÈLE: *Vous lisez:* huit heures et demie.

Vous entendez: À quelle heure vous réveillez-vous le matin?

Vous répondez: **Je me réveille à huit heures et demie.**

1. six heures le soir

   _____

2. Non, vous

   _____

3. deux heures

   _____

4. D'habitude, bien

   _____

5. Oui, nous / couches-culottes *(disposable diapers)*

   _____

6. Oui / bientôt

   _____

7. Oui, sûrement

   _____

8. demain

   _____

E. L'éducation. Les parents du petit Jean essaient de trouver la meilleure façon d'élever leur fils de six ans. Que diriez-vous si vous étiez à leur place? Réagissez à ce que vous entendez et donnez des ordres à Jean en utilisant la forme affirmative ou négative, selon le cas.

MODÈLE: *Vous entendez:* Jean se lève tous les jours à cinq heures du matin.

Vous répondez: **Jean, ne te lève pas tous les jours à cinq heures du matin!**

(Items 1–6)

Dictée   3–7

F. Les petites annonces. Vous allez entendre une petite annonce matrimoniale *(marriage ad)*. Écoutez-la attentivement et mettez-en les phrases par écrit. D'abord, vous entendrez l'annonce en entier. Ensuite, chaque phrase sera lue deux fois. Enfin, toute l'annonce sera répétée pour que vous puissiez vérifier votre travail. Écoutez.

_____

_____

_____

_____

_____

_____

_____

_____

_____

_____

Compréhension

Mes très chers parents   3–8

G. Comprenez-moi. Voici le contenu de la lettre que Lucie adresse à ses parents pour les convaincre de la laisser épouser un jeune homme qu'elle connaît seulement depuis deux mois. Son père lit la lettre à sa femme. Essayez d'en comprendre les détails pour pouvoir répondre aux questions qui suivent. Vous pouvez écouter la lettre deux fois si nécessaire.

1. Quel âge Lucie a-t-elle?

    _____

2. Comment Lucie essaie-t-elle de montrer à ses parents qu'elle n'est plus une enfant?

    _____

3. Comment Lucie et Olivier se sont-ils rencontrés?

    _____

4. Se sont-ils plu *(liked each other)* tout de suite?

    _____

5. Comment est Olivier?

    _____

6. Si vous étiez à la place des parents de Lucie, qu'est-ce que vous feriez?

    _____

Les jeunes lycéens   3–9

Un groupe d'étudiants de seize à dix-sept ans répond à une enquête réalisée dans un lycée près de Paris. La première question concerne l'indépendance.

MOTS UTILES: empêcher *to prevent*   interdire *to forbid*
                   des facilités (*f pl*) *opportunities*   mal fréquenté *unsafe*
                   prévenir *to let (someone) know*   emmener *to take (someone) somewhere*
                   méfiant *distrustful*   rechercher *to pick (someone) up*

H. Sommaire. Résumez ce que disent ces jeunes en complétant les phrases suivantes.

1. Il y a certains jeunes qui sont entièrement _____. Par exemple,

    _____.

2. Les garçons ont _____.

3. La fille dont les parents sont immigrés n'a _____. Il faut qu'elle

    _____.

4. Beaucoup de parents veulent que leurs enfants laissent _____

    _____.

5. Certains parents interdisent aux jeunes filles de _____
   si elles habitent dans un quartier mal fréquenté.

6. Souvent leurs parents les _____ au concert et puis après ils

   _____.

7. Les parents ont confiance si _____.

Maintenant, l'enquêteur demande aux jeunes de parler de leur argent de poche *(pocket money)*. Écoutez ce qu'ils disent.

MOTS UTILES: faire du stop *to hitchhike*

transports *(m pl) transportation*

s'arranger (pour) *to manage (in order to)*

I. L'argent de poche. À quoi ces jeunes dépensent-ils leur argent de poche? Mettez un X devant chaque catégorie mentionnée.

_____ cinéma   _____ nourriture   _____ livres de classe

_____ transports   _____ vêtements   _____ activités sportives

_____ timbres   _____ boissons   _____ théâtre

Interview avec Annie Martin   CD3–10

Dans les conversations de ce chapitre, vous avez fait la connaissance de Philippe et de sa famille. Maintenant, c'est une jeune mère célibataire, Annie Martin, qui se décrit. Écoutez ce qu'elle dit.

MOTS UTILES: l'informatique *(f) computer science*

un logiciel *computer software*

J. Qui est-elle? Complétez la description de cette jeune femme en donnant les détails demandés ci-dessous.

1. nationalité: _____

2. où elle habite: _____

3. profession: _____

4. où elle travaille: _____

5. description du travail: _____

Maintenant, Annie vous parle d'une période de sa vie qui n'a pas été très heureuse.

MOTS UTILES: la disponibilité *availability*

emmener *to take (someone) somewhere*

la garderie *child-care facility*

K. Ses difficultés. Vérifiez si vous avez compris ce qu'Annie vous a dit en indiquant si les phrases suivantes sont vraies **(V)** ou fausses **(F).** Modifiez les phrases incorrectes.

_____ 1. Annie est mariée avec un enfant.

_____

_____ 2. Elle a travaillé sans succès comme médecin généraliste pendant un an.

_____

_____ 3. D'après Annie, il n'y a pas assez de médecins généralistes en France.

_____

_____ 4. Ses patients lui téléphonaient le plus souvent juste à l'heure où elle emmenait son enfant à l'école.

_____

_____ 5. Le mercredi, le jour de congé à l'école, Annie met son enfant à la garderie.

_____

Enfin, Annie vous parle de son travail et de sa vie d'aujourd'hui.

MOTS UTILES: le chômage *unemployment*　　　une équipe *team*

se plaire *to like, to please oneself*　　l'équilibre *(m) balance, stability, harmony*

L. Sa philosophie. Pourquoi Annie est-elle contente aujourd'hui?

1. Le stress dans le travail: Est-elle stressée ou non? Qu'est-ce qui l'a stressée beaucoup plus que le travail?

_____

2. Son appartement: L'aime-t-elle ou pas?

_____

3. Son travail: Comment sont ses collègues?

_____

4. Sa santé physique: Est-elle en forme ou pas?

_____

5. Sa santé mentale: Qu'est-ce qu'elle a trouvé dans son travail et dans sa vie privée?

_____

6. Son équilibre: D'après Annie, quels sont les trois aspects de l'équilibre parfait?

_____

Exercices écrits

ON NE CROIRA JAMAIS CE QUI M'EST ARRIVÉ...

4

La grammaire à réviser

Avant la première leçon

© Anger O./AgenceImages/Getty Images

A. Souvenirs de vacances. Dans cette lettre, Hélène décrit ses dernières vacances à son ami Jean-Claude. Choisissez le verbe correct et complétez ses phrases en utilisant le passé composé. N'oubliez pas que c'est une femme, Hélène, qui écrit la lettre et faites attention à l'accord du participe passé. (Après avoir fini l'exercice, regardez bien vos réponses. Cinq verbes sont conjugués avec **être**, et il faut ajouter **e**, **s**, ou **es** à 7 participes passés. Les avez-vous tous trouvés?)

MODÈLE: J(e) (penser / passer) *ai passé* mes dernières vacances à Royan.

1. Tu (s'étendre / entendre) _____ parler de Royan, n'est-ce pas?

2. J(e) (dire / choisir) _____ de louer *(rent)* une villa pas très loin de la plage avec mon amie Claire.

3. Nous y (rester / rentrer) _____ trois semaines.

4. Nous (la / beaucoup / [habiter / aimer]) _____, cette villa.

5. Nous (aller / téléphoner) _____ au restaurant plusieurs fois par semaine.

6. Une fois, des amis nous (appeler / inviter) _____ à dîner chez eux.

7. Malgré tout, nous _____ (ne pas / dormir / grossir).

8. En fait, j(e) (perdre / peser) _____ quelques kilos.

9. C'est parce que j(e) (étudier / se promener) _____ sur la plage pendant des heures tous les jours.

10. J(e) (rentrer / vivre) _____ à Paris le 31 juillet.

11. En fin de compte, ces vacances (ne pas / me / [passer / coûter]) _____

     _____ trop cher.

12. Martine et toi, vous (bien / [se reposer / se rappeler]) _____ pendant les vacances?

Avant la deuxième leçon

B. Souvenirs de famille. À une réunion de famille, une mère parle à sa fille. Elle évoque l'époque où son frère et elle étaient petits. Choisissez les verbes appropriés selon le contexte, puis mettez-les à l'imparfait. La première réponse est donnée à titre de modèle.

Ah, quand nous (téléphoner / habiter) *habitions* (1) à Cannes, nous (aller / vivre) _____

(2) souvent aux îles de Lérins, tu te rappelles? Dès qu'il (commencer / finir) _____

(3) à faire beau, j(e) (annuler / préparer) _____ (4) un pique-nique et on (manger /

travailler) _____ (5) sur la plage. Après le déjeuner, je (se reposer / se dépêcher)

_____ (6) en regardant les bateaux qui (filtrer / flotter) _____

(7) sur la mer. Ton frère et toi, vous (avoir / être) _____ (8) des bouées *(inflatable

water toys)* qui (ressembler / assembler) _____ (9) à des monstres marins *(sea

monsters)*. Vous (adorer / pouvoir) _____ (10) ces jouets! Toi, tu (prendre / faire)

_____ (11) aussi de magnifiques châteaux de sable très élaborés — de véritables

merveilles architecturales, quoi. En fait, à cette époque-là, tu (vouloir / venir) _____

(12) devenir architecte, tu t'en souviens?

Avant la troisième leçon

C. Les trois ours. Utilisez le passé composé et le plus-que-parfait (avec **déjà** [already] ou **pas encore** [not yet]) pour indiquer l'ordre chronologique correct pour chaque paire d'événements de cette histoire bien connue. (Après avoir fini l'exercice, regardez bien vos réponses. Il y a 7 verbes qui sont conjugués avec **être** et 7 participes passés auxquels il faut ajouter **e**, **es**, ou **s**. Les avez-vous tous trouvés?)

MODÈLES: le petit ourson / se réveiller, sa maman / préparer le petit déjeuner
Quand le petit ourson s'est réveillé, sa maman avait déjà préparé le petit déjeuner.

le petit ourson / descendre, sa maman / ne pas encore manger
Quand le petit ourson est descendu, sa maman n'avait pas encore mangé.

1. Boucles d'or / arriver chez les trois ours,   2. ils / quitter la maison pour faire une promenade

   Quand _____ .

3. elle / monter au premier étage de la maison,   4. Boucles d'or / casser la chaise du petit

   Quand _____ .

5. elle / se coucher,   6. elle / manger le petit déjeuner du petit ourson

   Quand _____ .

7. elle / s'allonger dans le lit du bébé,   8. elle / essayer les lits du papa et de la maman

   Quand _____ .

9. elle / s'endormir,   10. les trois ours / rentrer à la maison

   Quand _____ .

11. le bébé / remarquer son bol vide,   12. il / découvrir Boucles d'or dans son lit

   Quand _____ .

13. les trois ours / décidé d'appeler la police,   14. Boucles d'or / partir

   Quand _____ .

Leçon 1

Cap sur le vocabulaire!

A. Tu t'en souviens? Complétez les conversations suivantes en choisissant des réponses ou des questions logiques de la liste donnée. Attention! À qui est-ce qu'on parle? Dit-on **tu** ou **vous**? Parle-t-on de personnes ou d'objets masculins ou féminins?

MODÈLE: —*Je me souviens bien de notre voyage à Paris.*

—*Moi aussi. J'ai une belle photo de nous devant la tour Eiffel.*

1. — _____

    —D'accord, si tu veux! Bien sûr, j'étais assez nerveux, mais j'avais fait des recherches sur la compagnie…

2. — _____

    —Non, je ne me souviens pas très bien de lui.

3. — _____

    —Tu as raison. Et c'est ton frère qui m'avait invité à cette soirée.

4. —Vous deviez venir à la réunion hier soir, n'est-ce pas?

    _____

    a. Tu as oublié la date de l'anniversaire de maman!

    b. Voulez-vous que j'invite votre ancien professeur de mathématiques à la réception?

    c. Si je m'en souviens bien, tu as rencontré ta femme chez des amis.

    d. Raconte-moi le jour où tu as été engagé chez IBM.

    e. Vous souvenez-vous de Madame Careil et de ses cours de français?

    f. Oui, mais nous l'avons complètement oubliée. Nous sommes désolés.

    g. Étiez-vous anxieuse avant de commencer votre nouveau poste chez Peugeot?

B. Dialogues. Écrivez les deux premières phrases de chacun des scénarios suivants. Utilisez beaucoup d'expressions différentes pour demander à quelqu'un de raconter une histoire et pour commencer à raconter. Attention—s'agit-il d'une situation de communication formelle ou informelle?

MODÈLE: Thomas demande à son grand-père de lui raconter ses souvenirs du Viêt-Nam.

   —Papy, une fois, tu es allé au Viêt-Nam, hein?

   —Eh oui, mon petit, à cette époque-là, le Viêt-Nam était une colonie française, et…

1. Deux étudiants du professeur Faure lui demande de leur parler de l'époque où elle a écrit sa thèse de doctorat.

    _____

    _____

2. Un journaliste demande à une star du cinéma (une femme âgée) de raconter ses débuts dans la profession.

    _____

    _____

3. Un jeune homme québécois veut parler avec son ami de l'époque où ils étaient tous les deux membres de la même équipe sportive au lycée.

    _____

    _____

4. Un petit garçon veut que sa maman raconte le jour où il est né.

_____

_____

C. Des vacances désastreuses. Il y a plusieurs années, votre ami canadien, Marcel, a passé des vacances vraiment catastrophiques en France. Vos amis et vous, vous adorez parler de ça. Complétez chacune des phrases suivantes en utilisant chaque fois **au passé composé** des *Mots et expressions utiles* de la **Leçon 1.**

MODÈLE: Tu t'en souviens? Il *a plu* constamment! Marcel a détesté ça!

1. Hi, hi, tu te rappelles? À Lyon, Marcel

_____

qui lui a coûté très cher.

2. Et quand il était à Paris, il

_____

sur la rive droite.

3. Une fois, il

_____,

le pauvre!

4. Il paraît qu'il

_____

terribles le premier jour où il a conduit en France.

5. Oui, oui! Et à Aix-en-Provence, il _____ dans un hôtel qui était en très mauvais état.

6. À Avignon, il

_____

son train pour Paris.

7. Et le comble *(What topped it all off)*, c'était quand il

_____ à

25 km de la ville la plus proche!

Chapitre 4 Exercices écrits **91**

D. Soyons optimistes! Marcel (voir l'exercice C) a eu beaucoup de problèmes, mais il y a quand même certaines choses qui ne lui sont *pas* arrivées ou qu'il n'a *pas* faites. Nommez quatre de ces choses.

MODÈLE: *Il n'est pas tombé malade.*

1. _____

2. _____

3. _____

4. _____

E. C'est quel moyen de transport? Indiquez quel moyen de transport est évoqué dans chacune des phrases suivantes. Il y a quelquefois plus d'une réponse possible.

     V voiture   **T** train   **A** avion

MODÈLE: *V, T, A* Montez vite! On va partir!

_____ 1. Quand est-ce que nous allons atterrir à Rome?

_____ 2. Nous allons faire de l'auto-stop.

_____ 3. Oh là là! Cette circulation est épouvantable!

_____ 4. Ton sac est sur le porte-bagages?

_____ 5. Où va-t-on se garer?

_____ 6. Je t'attendrai sur le quai.

_____ 7. Tu as acheté un aller-retour?

_____ 8. Quelle belle soirée! Je te ramène?

_____ 9. Ton vol n'a pas été trop fatigant?

_____ 10. Zut! Nous l'avons manqué!

_____ 11. Auriez-vous un horaire pour Bruxelles au départ de la gare de l'est?

_____ 12. N'oublie pas de faire le plein.

F. Des cartes postales. Lisez les messages extraits de diverses cartes postales écrites par ces grands voyageurs célèbres et identifiez l'auteur de chacune d'elles.

1. _____ Na na na! Tu ne sais pas du tout où je suis! Tu peux essayer de me trouver, mais ce ne sera pas facile!!!

2. _____ Il n'y a personne ici, mais j'ai planté notre drapeau quand même. Un copain en a pris une photo. J'espère que tu auras la possibilité de la voir. Dommage que tu ne puisses pas faire cette promenade historique avec moi…

3. _____ Il n'y a aucun restaurant ici et le choix d'activités est très limité… Mais je viens de faire la connaissance d'un super copain que j'appelle Vendredi…

4. _____ J'espère que ma famille ne s'inquiète pas trop. J'essaie de leur téléphoner depuis plusieurs jours, mais j'ai à chaque fois des difficultés techniques…

5. _____ Je n'étais pas sûre que les sorcières existaient. Maintenant, malheureusement, je le sais. J'espère rentrer chez moi le plus tôt que possible — la ferme me manque!

6. _____ Après un long voyage, je viens d'arriver en Inde. Ce n'est pas exactement comme je l'imaginais. Je vais essayer de rapporter de l'or. F et I seront contents…

7. _____ Chaque jour une nouvelle aventure! Hier, nous avons presque été séduits par des femmes qui étaient en même temps très belles et très dangereuses. Si vous voyez ma femme, dites-lui de m'attendre…

8. _____ Quel choc culturel! Ou peut-être que j'hallucine… À certains moments, je me sens grande, et à d'autres, toute petite. J'ai déjà rencontré un lapin et un chat qui parlaient et… Mais ce n'était peut-être qu'un rêve…

a. Marco Polo

b. Ulysse

c. E.T. (l'extra-terrestre)

d. Dorothy

e. Waldo

f. Don Quichotte

g. Neil Armstrong

h. Robinson Crusoë

i. Christophe Colomb

j. Gulliver

k. Alice

La grammaire à apprendre

Le passé composé

G. Une semaine à Paris. Un couple américain a passé une semaine de vacances à Paris. Complétez la description de leur séjour parisien en mettant le verbe approprié au passé composé (la première réponse est donnée). Attention au choix de l'auxiliaire et aux accords du participe passé. Après avoir fini l'exercice, regardez bien vos réponses. Quatre verbes sont conjugués avec **être** et il faut ajouter **e, s,** ou **es** à 5 participes passés. Les avez-vous trouvés?

L'été dernier, les Campbell (prendre / passer) *ont passé* (1) une semaine formidable à Paris. Ils (faire /

prendre) _____ (2) un vol direct Chicago–Paris. Immédiatement après leur arrivée,

ils (lire / écrire) _____ (3) une carte postale à leur fille Joy, qui devait rester aux

États-Unis. Pendant leur séjour, ils (rendre visite / voir) _____ (4) la pyramide

du Louvre et ils (monter / montrer) _____ (5) à la tour Eiffel. Ils (descendre /

conduire) _____ (6) la Seine en bateau-mouche *(tourist excursion boat)*. Ils

(se lever / se coucher) _____ (7) tard tous les soirs! Un soir, Mlle Cartier, une amie

de Mme Campbell, les (recevoir / connaître) _____ (8) à dîner et elle les (courir /

conduire) _____ (9) dans plusieurs endroits de Paris. Elle leur (ouvrir / offrir)

_____ (10) deux bouteilles de champagne pour ramener aux États-Unis. Un jour, Mme

Campbell (vouloir / falloir) _____ (11) acheter des souvenirs français et des vêtements

pour sa fille et pour elle. Elle (faire / aller) _____ (12) du shopping à la Défense. La

robe qu'elle (choisir / amener) _____ (13) pour Joy était superbe! Pendant ce temps,

M. Campbell (s'asseoir / devoir) _____ (14) à la terrasse d'un café. Il (savoir / sortir)

_____ (15) un livre de poésie et il (boire / se détendre) _____

(16) un bon verre de vin rouge en lisant des poèmes français. Pendant leurs vacances, les Campbell

(ne jamais craindre / ne jamais avoir) _____ (17) le mal du pays et ils (s'asseoir /

se dire) _____ (18): «Ça (être / avoir) _____ (19) une très bonne

expérience!»

H. Un petit mot. Vous êtes M. et Mme Campbell. Écrivez une petite lettre à Mlle Cartier pour dire que vous êtes bien rentrés chez vous et pour la remercier de son accueil *(hospitality)* à Paris.

I. Il y a toujours une solution! Dites ce que les différentes personnes ont fait dans les circonstances suivantes. Utilisez le passé composé. (Il y a un verbe qui est conjugué avec **être** et n'oubliez pas d'ajouter **e**, **s**, ou **es** au participe passé si nécessaire.)

MODÈLE: Qu'est-ce que tu as fait quand tu as eu la contravention? (la payer)

Eh bien, je l'ai payée.

1. Qu'est-ce qu'ils ont fait quand ils se sont perdus? (demander leur chemin à un agent de police)

_____

2. Qu'est-ce que Caroline a fait quand elle a eu un pneu crevé? (le changer elle-même)

_____

3. Maman et papa, qu'est-ce que vous avez fait quand vous vous êtes trompés de train? (descendre au prochain arrêt)

_____

4. Qu'est-ce que tu as fait quand tu voulais des renseignements sur les musées à Amsterdam? (écrire au bureau de tourisme d'Amsterdam pour demander des brochures)

_____

5. Devine *(Guess)* ce que nous avons fait quand il n'y avait plus de place dans le terrain de camping? (dormir dans un cimetière)

_____

6.–7. Qu'est-ce que tu as fait quand tu es arrivé(e) à la gare en retard? (6. manquer le train et 7. attendre le prochain train)

_____

_____

J. Pauvre de moi! *(Poor me!)* Vous voulez que tout le monde vous plaigne *(feel sorry for you)* parce que vous êtes tellement occupé(e) et tellement stressé(e). Choisissez une journée récente dans votre vie et parlez de tout ce que vous avez fait pendant cette journée (utilisez le passé composé). Donnez beaucoup de détails et exagérez la quantité de travail et les problèmes que vous avez eus!

Leçon 2
Cap sur le vocabulaire!

A. Un contrebandier. Paul a vu quelque chose d'intéressant pendant son dernier voyage entre Rome et New York. Reconstituez son histoire en donnant la forme correcte du passé composé (p.c.) ou de l'imparfait (imp.), selon les indications dans le texte. Attention! Après avoir fini l'exercice, regardez bien vos réponses. Dans les phrases au passé composé, deux verbes sont conjugués avec **être** et il faut ajouter **e, s,** ou **es** à 2 participes passés. Avez-vous trouvé ces verbes?

MODÈLE: Avant d'embarquer à Rome, j(e) *ai remarqué* (remarquer / rechercher – p.c.) un jeune homme.

Il *avait* (être / avoir – imp.) l'air nerveux et il *surveillait* (porter / surveiller – imp.) bien ses bagages.

1. Tous les passagers _____ (embarquer / débarquer – p.c.) à New York pour se

   présenter à la douane et au contrôle des passeports. Il y _____ (avoir / faire – imp.)

   une foule *(crowd)* énorme!

2. J(e) _____ (monter / montrer – p.c.) mon passeport à l'agent, qui

   _____ (sembler / travailler – imp.) distrait *(distracted)*.

3. Nous _____ (passer / payer – p.c.) à la douane. Les gens _____

   (se présenter / se bousculer – imp.) et chacun _____ (oublier / essayer – imp.) de

   passer avant les autres.

4. Moi j(e) _____ (déclarer / fouiller – p.c.) mes achats et j(e)

   _____ (demander / payer – p.c.) les droits nécessaires.

5. Le jeune homme _____ (se présenter / quitter – p.c.) à la douane après moi. Il

_____ (transpirer *[to perspire]* / aspirer *[to inhale]* – imp.) un peu.

6. Les douaniers _____ (arracher / attraper – p.c.) les bagages de ses mains et ils les

_____ (fouiller / détruire – p.c.).

7. Ils _____ (confirmer / confisquer – p.c.) de la drogue, des bijoux et de faux

passeports. Ce jeune homme _____ (chercher / faire – imp.) de la contrebande!

B. Autrement dit... (*In other words . . .*) Trouvez un équivalent dans la colonne B pour chaque expression de la colonne A.

A

1. _____ D'abord
2. _____ Et puis
3. _____ Soudain
4. _____ Un peu plus tard
5. _____ En même temps
6. _____ Finalement

B

a. Quand + phrase au passé composé
b. Avant de + infinitif
c. Ensuite
d. À la fin
e. Au bout d'un moment
f. Tout d'un coup
g. Au début
h. Au même moment

C. Une carte postale. Une jeune Canadienne, Justine, écrit une carte postale de France à sa copine Caroline. Voici les phrases individuelles du texte de sa carte. Mettez-les dans le bon ordre pour créer un texte logique. Attention! Il y a une phrase qui ne va pas dans la carte!

1. _____ a. Et bons baisers!

2. _____ b. De plus, les plages sont magnifiques.

3. _____ c. Bonjour de France!

4. _____ d. Mais la plupart des femmes ne mettent pas le haut *(top)* de leur maillot de bain!

5. _____ e. Auriez-vous la gentillesse de montrer cette carte à ma mère?

6. _____ f. Bien sûr, il fait un temps splendide.

7. _____ g. Moi, je serais trop gênée *(embarrassed)* de faire ça.

8. _____ h. Me voilà à Nice depuis 3 jours.

9. _____ i. Et je profite bien du soleil.

10. _____ j. Si seulement tu étais là, nous pourrions bronzer *(tan)* ensemble! Allez, à bientôt!

k. Justine

La grammaire à apprendre

L'emploi du passé composé et de l'imparfait

D. Le passé composé et l'imparfait. Une bonne façon d'étudier la distinction entre le passé composé et l'imparfait est de lire un texte en anglais et d'imaginer quel temps de verbe vous choisiriez si vous alliez traduire ce texte en français. Lisez les trois premiers paragraphes du livre *The Noonday Friends* de Mary Stolz et indiquez s'il faudrait utiliser le passé composé (indiquez **p.c.**) ou l'imparfait (indiquez **imp.**).

> *Franny Davis is one of three children in a poor family living in New York City. She is sensitive about her shabby clothes and about using the free lunch passes issued to poor children by her school district. She's sometimes rather lonely, because the only time she can see her friends is at lunchtime; after school, she must care for her little brother, Marshall.*

Wishing it were cooler and wishing she weren't hungry, Franny Davis **(1)** *(stood)* in line at the school cafeteria door, fingering the lunch pass in her sweater pocket. It **(2)** *(was)* too warm today for her red sweater, but she **(3)** *(was wearing)* it anyway, and though it **(4)** *(was)* not really one of those wonderful bulky sweaters you **(5)** *(saw)* in the advertisements, it **(6)** *(looked like)* one. Sort of. Anyway, it **(7)** *(was)* the only piece of clothing she **(8)** *(owned)* that she **(9)** *(liked)*. Her skirt **(10)** *(was)* much mended and let down now as far as it **(11)** *(was going)* to go. Of course all the girls **(12)** *(were wearing)* short skirts these days, but there **(13)** *(was)* a difference between short skirts that **(14)** *(were bought)* that way—like the one Lila Wembleton **(15)** *(had on)*—and short skirts that had gotten that way. You wouldn't think the difference would show, but somehow it **(16)** *(did)*.

She **(17)** *(got)* inside the door, **(18)** *(showed)* her ticket to the teacher at the desk there, who **(19)** *(glanced)* at it, then **(20)** *(nodded)* and **(21)** *(smiled)* encouragingly at Franny.

As if to make up for something, Franny **(22)** *(thought)* touchily. Still, she **(23)** *(smiled)* back. Every day she **(24)** *(thought)* how nice it would be to say to that teacher, "Here, please give this to some child who needs it"—handing the ticket over with a gracious smile. "I find I am not in the least hungry today." Or "I find I won't be needing this anymore." But she never **(25)** *(did hand it over)* with a gracious smile, because by noontime she **(26)** *(was)* in the least hungry. Every noontime. […]

Mary Stolz, *The Noonday Friends*, New York, Evanston,
San Francisco, London: Harper & Row, 1965, pp. 1–2

1. _____	6. _____	11. _____	15. _____	19. _____	23. _____
2. _____	7. _____	12. _____	16. _____	20. _____	24. _____
3. _____	8. _____	13. _____	17. _____	21. _____	25. _____
4. _____	9. _____	14. _____	18. _____	22. _____	26. _____
5. _____	10. _____				

E. Des vacances à la Martinique. Sylvie Perrot décrit son voyage à la Martinique. Choisissez les verbes appropriés pour son récit et mettez-les à la forme correcte du passé. Attention! Faut-il utiliser le passé composé ou l'imparfait? Est-ce qu'il faut utiliser **avoir** ou **être** comme verbe auxiliaire? Faut-il faire l'accord du participe passé? (Après avoir fini l'exercice, regardez bien vos réponses. Cinq verbes sont conjugués avec **être** et il faut ajouter **e**, **s**, ou **es** à 6 participes passés. Les avez-vous trouvés?)

Je n'oublierai jamais la semaine que j(e) (passer / prendre) _____ **(1)** à la

Martinique avec mes parents l'année dernière — des vacances de rêve! Le jour où nous (partir / laisser)

_____ **(2)** de Chicago, il y (être / avoir) _____ **(3)** un vent froid et il

(neiger / nager) _____ **(4)** un peu. Quand nous (venir / voir) _____

(5) ça, nous (se féliciter / regretter) _____ **(6)** d'avoir choisi cette destination!

Dans l'avion, pendant que mes parents (dormir / danser) _____ **(7)**, j(e)

(oublier / sortir) _____ **(8)** mon manuel de français et j(e) (étudier / frapper)

_____ **(9)** mes verbes irréguliers. Après tout, maman et papa (tromper / compter)

_____ **(10)** sur moi pour être leur interprète!

Nous (descendre / attendre) _____ **(11)** dans un très bel hôtel à Fort-de-France.

Quand nous y (arriver / réaliser) _____ **(12)**, quelqu'un (montrer / monter)

_____ **(13)** nos valises dans nos chambres. Mais, malgré notre fatigue, nous (avoir /

savoir) _____ **(14)** que nous (ne pas vouloir / ne pas recevoir) _____

(15) nous reposer. Nous (vite faire / plaire) _____ **(16)** notre première visite de la ville.

Après une longue promenade, nous (s'inquiéter / s'installer) _____ **(17)** à la terrasse

d'un café et nous (prendre / construire) _____ **(18)** un jus de fruits. Devant nous, nous

(pouvoir / devoir) _____ **(19)** voir la baie et des gens qui (s'y prendre / s'y baigner)

_____ **(20)** et qui y (faire / acheter) _____ **(21)** du bateau. Quelle vue

magnifique!

Ça a été un voyage formidable, mais nous (ne pas pouvoir / ne pas valoir) _____ **(22)**

tout faire, ça va sans dire! Nous y retournerons bientôt — ça, c'est sûr!

Nom _____ Date _____

F. Des vacances désastreuses. Vous avez récemment fait un voyage organisé *(a group tour)*. Vous n'êtes pas du tout satisfait(e) de cette expérience et vous voulez que l'agence de voyage vous rembourse. Écrivez une lettre au directeur de l'agence et dites-lui ce qui s'est mal passé *(went wrong)* pendant ce voyage. Réfléchissez bien à l'emploi du passé composé et de l'imparfait.

Leçon 3
Cap sur le vocabulaire!

A. C'est vous, l'interprète! Vous arrivez dans un petit hôtel et vous trouvez un groupe de touristes américains et anglais à la réception. Puisqu'ils ne parlent pas très bien le français, ils vous demandent de les aider. Traduisez l'essentiel de ce qu'ils disent pour le réceptionniste (supprimez les détails que l'employé n'a pas besoin de savoir pour bien faire son travail).

MODÈLES: *On vous dit:* "I wonder if all the rooms are reserved. We didn't call ahead, so we hope there's something left—there is four of us."

Vous dites: ___i___

On vous dit: "We need some change, because we've got a lot of big bills. Do you think we could pay for the room now instead of tomorrow morning—and in cash?"

Vous dites: ___f___

1. *On vous dit:* "I'm trying to save money, so I'd really rather have a room without a bath. I don't mind walking down the hall to take a shower. I don't mind if the room isn't very large, either."

Vous dites: _____.

2. *On vous dit:* "I left my key here before going out as they asked me to, and now I don't remember what my room number is! My name is Christine Smith."

Vous dites: _____.

3. *On vous dit:* "We're feeling tired. Do you think we could have something to eat in the room tonight? I didn't ask whether they have room service here."

Vous dites: _____.

4. *On vous dit:* "We're the Blackthornes. We booked a room for tonight by phone."

Vous dites: _____.

5. *On vous dit:* "We want a room with a bath, but my husband can't stand bathtubs."

Vous dites: _____.

6. *On vous dit:* "I'm short of cash and I don't really have time to change any money. Do they accept any other means of payment here?"

Vous dites: _____.

7. *On vous dit:* "We'd like a second room for our two kids, but they simply can't sleep in the same bed. They'd keep each other awake."

   Vous dites: _____.

   a. Madame voudrait savoir si vous acceptez les cartes de crédit ou les chèques de voyage.

   b. Auriez-vous deux chambres doubles — dont une avec deux lits?

   c. Monsieur et Madame Blackthorne vous ont écrit pour réserver une chambre.

   d. Avez-vous le service à l'étage? Jusqu'à quelle heure, s'il vous plaît?

   e. Monsieur cherche une chambre très simple — sans salle de bains, par exemple.

   f. Monsieur et Madame voudraient régler la note tout de suite — et en espèces. C'est possible?

   g. Ce monsieur voudrait changer de l'argent.

   h. Mme Smith voudrait sa clé, s'il vous plaît.

   i. Monsieur et Madame voudraient trois chambres — une pour eux et une pour chacun de leurs enfants.

   j. Monsieur et Madame voudraient prendre le petit déjeuner dans leur chambre ce soir.

   k. Est-ce qu'il y a une chambre à un lit de libre pour ce soir?

   l. Monsieur et Madame voudraient une chambre avec douche.

   m. Monsieur et Madame ont téléphoné pour réserver une chambre.

La grammaire à apprendre

L'emploi du plus-que-parfait

B. L'entre-deux-guerres. L'arrière-grand-père de Nicole a écrit un livre sur sa vie pendant la Seconde Guerre mondiale. Dans son introduction, il décrit d'abord les difficultés qu'il avait connues juste **avant** cette époque-là, pendant la période de l'entre-deux-guerres *(period between the two world wars)*. Reconstruisez cette partie de son introduction en mettant le verbe approprié au plus-que-parfait.

Attention! Comprenez-vous pourquoi vous utilisez le plus-que-parfait ici? Le sujet du livre, c'est la Deuxième Guerre mondiale (1939–1945). Mais afin de faire comprendre cette période à ses lecteurs, l'arrière-grand-père doit faire un petit «flashback» pour établir le contexte de la période 39–45. Les événements du «flashback» sont exprimés au plus-que-parfait pour montrer qu'ils ont eu lieu *(took place)* entre 1918 et 1939, *avant* la période principale décrite dans le journal. Les descriptions, les allusions aux actions en cours, etc., restent à l'imparfait.

MODÈLE: La dernière année de la Première Guerre mondiale (être / avoir) *avait été* terrible. Cela signifie en anglais: [I'm about to tell you about World War II, but in order to understand it, you need to know that] the last year of World War I *had been* terrible . . .

La dernière année de la Première Guerre mondiale avait été terrible. Il (ne pas y avoir / ne pas y être)

_____ (1) grand-chose à manger. Le pain, le sucre et le beurre (venir / devenir)

_____ (2) très difficiles à trouver. Puis, pendant les mois qui avaient suivi

l'armistice, les gens du village (prendre / peindre) _____ (3) leur courage à deux

mains et (vouloir / trouver) _____ (4) reconstruire les maisons et les fermes qui

(construire / être) _____ (5) démolies par les boulets de canon. Beaucoup de

soldats (revenir/ saluer) _____ (6) du front, blessés et gazés (nerve-gassed). Il (dire /

falloir) _____ (7) me soigner pendant des mois, mais je (j') (refuser / trouver)

_____ (8) du travail dans la ville voisine. Je répétais souvent: «Si seulement la

guerre (ne pas détruire / ne pas devoir) _____ (9) notre ferme!» Plus tard, je (j')

(se disputer / se présenter) _____ (10) aux élections municipales et je (j') (se

faire / se plaire) _____ (11) élire maire (mayor) du village. Je (J') (attendre enfin /

pouvoir enfin) _____ (12) retourner à la terre que je (j') (avoir tant / aimer tant)

_____ (13) avant la guerre. Enfin, les choses commençaient à aller mieux pour moi.

Après avoir fini l'exercice, regardez bien vos réponses. Quatre verbes sont conjugués avec **être** et il faut ajouter **e**, **s**, ou **es** à 3 participes passés. Les avez-vous trouvés?

C. Le passé du passé. Nommez quatre choses que vous aviez déjà faites avant de commencer vos études au lycée (high school).

MODÈLE: Avant de commencer le lycée, *j'avais déjà étudié le karaté pendant 4 ans [I had already studied . . .]*.

1. _____

2. _____

3. _____

4. _____

D. Un voyage raté (les temps du passé). Dans cette lettre, Julia Henker écrit à son amie Bénédicte pour lui raconter quelque chose de décevant *(disappointing)* qui lui est arrivé récemment. Lisez sa lettre en faisant attention aux temps des verbes et aux détails afin de faire les trois activités ci-dessous.

Créteil, le 15 mai 2013

Chère Bénédicte,

Je suis **(1)** vraiment au bord du désespoir! C'est **(2)** vrai, ce sont **(3)** toujours les mêmes personnes qui ont **(4)** de la chance. Pourquoi Christelle et pas moi? Je te le demande **(5)**…

Est-ce que je t'ai déjà parlé **(6)** de nos amis qui habitent **(7)** au Sénégal? Huguette et ma mère sont **(8)** amies depuis longtemps. Elles travaillaient **(9)** ensemble à Paris quand elles étaient **(10)** jeunes (et je crois [11] qu'elles fréquentaient [12] les boîtes de nuit ensemble aussi!). Maintenant, Huguette est **(13)** éducatrice de rue *(teacher of street children)* à Dakar. Elle habite **(14)** là-bas avec son mari et leurs deux enfants (un garçon de mon âge et une fille noire de 15 ans qu'ils ont adoptés [15]). Eh bien, l'été dernier, Huguette nous a invités **(16)** à passer des vacances chez eux au Sénégal! Tu te rends **(17)** compte? Moi qui voulais **(18)** tellement aller en Afrique une fois dans ma vie! Je trouve **(19)** ce continent tellement formidable, avec ses cultures diverses et son excellent climat, à mon goût.

Alors, j'étais **(20)** tout à fait ravie de pouvoir passer les vacances de Pâques *(Easter)* au Sénégal. J'en avais déjà vu **(21)** des photos et j'avais été **(22)** complètement charmée par ce que j'avais vu **(23)**. Bien sûr, c'est **(24)** un pays très pauvre, mais les gens ont **(25)** l'air très accueillants *(welcoming)*. Et puis, les couleurs sont **(26)** très attirantes. Elles sont **(27)** très vives — ce qui change **(28)** un peu de la France, où on essaie **(29)** de passer inaperçus *(unnoticed)*, habillés en gris, blanc, beige, noir… J'étais **(30)** impatiente de découvrir les cultures sénégalaises, qui sont **(31)** tellement différentes des cultures européennes. Sans oublier tous les magnifiques bijoux, toutes les statuettes, les masques, les tissus aux couleurs de l'Afrique que j'allais **(32)** ramener. Je m'imaginais **(33)** déjà ma chambre, à mon retour, ressemblant plus à un musée qu'à une véritable chambre!

© Cengage Learning

Enfin, les dates du voyage _____ (être) **(34)** fixées, et j(e)

_____ (rêver) **(35)** de ce voyage depuis des semaines. Puis coup de

théâtre — mon père nous _____ (annoncer) **(36)**: Pas de Sénégal pour les

vacances! J(e) _____ (être) **(37)** très déçue *(disappointed)*! Adieu le soleil,

j(e) _____ (aller) **(38)** rester blanche comme un cachet d'aspirine, adieu

les bananiers et les fruits exotiques, adieu même les beaux Africains. À la place de tout ça, j(e)

(aller) _____ **(39)** passer mes vacances en Allemagne, chez mes grands-

parents. Les Allemands _____ (être) **(40)** très sympathiques, d'accord, et

les paysages allemands _____ (être) **(41)** très beaux. Mais, bon, même si

c' _____ (être) **(42)** très joli, ça n' _____ (avoir) **(43)** rien

à voir avec le Sénégal…

    Pour me consoler, j(e) _____ (décider) **(44)** de suivre des cours de

danse africaine. Mais le plus rageant *(infuriating)* pour moi _____ (se passer)

(45) la semaine dernière. Mon amie Christelle _____ (arriver)

(46) au cours toute contente; elle _____ (venir) **(47)** de passer les vacances

au Sénégal! Ce n' _____ (être) **(48)** pas juste! Si seulement mon père

ne/n' _____ (changer) **(49)** d'avis…

_____ (Écrire) **(50)**-moi vite. Je _____ (être) **(51)**

vraiment déprimée. En attendant de tes nouvelles, plein de bisous.

Julia

a. Complétez la dernière partie (page 2) de la lettre de Julia en utilisant le temps correct, passé composé, imparfait ou plus-que-parfait, pour chacun des verbes donnés.

b. Comptez tous les verbes au passé que vous trouvez dans la première partie de la lettre de Julia. Combien y a-t-il de verbes:

1. _____ au passé composé?   2. _____ à l'imparfait?   3. _____ au plus-que-parfait?

c. Trouvez (il y a souvent plus d'une réponse correcte) les choses suivantes dans la première partie de la lettre (où les temps verbaux sont donnés, c'est-à-dire jusqu'au verbe numéro 33).

MODÈLE: un verbe à l'imparfait dans une description *10*

1. un verbe à l'imparfait qui décrit une action habituelle ou répétée

   _____

2. un verbe à l'imparfait qui décrit une émotion ou un état d'esprit qui continue

   _____

3. un verbe à l'imparfait qui décrit une action en cours ou une action qui est interrompue par une autre action

   _____

4. un verbe au passé composé qui décrit une action terminée ou qui avance l'histoire

   _____

5. un verbe au plus-que-parfait qui décrit un «passé dans le passé»

   _____

E. Une carte postale. Christelle, l'amie de Julia (voir l'exercice D), a passé ses vacances de Pâques au Sénégal. Légèrement insensible *(insensitive)*, elle écrit une carte postale qui rend Julia folle de jalousie. Imaginez le texte de cette carte (écrivez 6 à 8 phrases). Utilisez au moins 2 verbes au passé composé, 2 verbes à l'imparfait et un verbe au plus-que-parfait.

F. Quel temps faut-il? *(What tense do we need here?)* Présent? futur? passé composé? imparfait? plus-que-parfait? conditionnel? passé du conditionnel? Pour chacune des phrases suivantes, choisissez la forme correcte du verbe pour bien compléter la phrase.

_____ 1. Quand nous sommes arrivés au cinéma, le film _____.

      a. commençait   **b.** commencerait   **c.** commencera

_____ 2. Le jour où j(e) _____ 18 ans, j'ai passé mon permis de conduire.

      a. avais   **b.** ai eu   **c.** aurais

_____ 3. J'ai fait une pause, puis j(e) _____ à travailler.

      a. continuais   **b.** ai continué   **c.** avais continué

_____ 4. J'ai offert de l'aider mais il _____ le travail.

      a. finirait déjà   **b.** a déjà fini   **c.** avait déjà fini

_____ 5. J(e) _____ le bus depuis une demi-heure quand il est enfin venu.

      a. ai attendu   **b.** attendais   **c.** attendrait

_____ 6. Quand j'ai vu son comportement, j(e) _____ très choquée.

      a. serais   **b.** ai été   **c.** étais

G. À vous, maintenant! Imaginez que vous avez visité un des châteaux de la Loire et que vous avez été enfermé(e) dans le château après la fermeture *(closing)*. Racontez la nuit que vous avez passée dans le château. Écrivez au moins 12 phrases et utilisez au moins 4 verbes au passé composé, 4 verbes à l'imparfait et 3 verbes au plus-que-parfait. Amusez-vous!

H. Quel drôle de dîner! Regardez la photo humoristique qui montre quelque chose de drôle qui a eu lieu pendant un dîner d'enfants. Utilisez votre imagination pour raconter une histoire à son sujet. Parlez de ce qui s'était passé *avant* ce moment, de ce qui se passait dans la photo et de ce qui s'est passé après. Utilisez au moins 6 verbes au passé composé, 6 verbes à l'imparfait et 4 verbes au plus-que-parfait.

© Comstock/Getty Images

Exercices de laboratoire

Phonétique

Les sons vocaliques [e] et [ɛ]   3–11

Pour prononcer la voyelle française [e], souriez en gardant vos lèvres tendues. Le son [e] rappelle le son dans le mot anglais *bait* mais plus bref et plus tendu. Il s'écrit **é, ez, et, er** ou **ai**. Écoutez et répétez ces mots:

et	ch**ez**	téléphon**er**
décourag**é**	Désir**é**	vol**é**

A. Pratiquez maintenant la prononciation de [e] avec des phrases complètes. Répétez.

1. Didier est allé téléphoner.

2. Mélanie et Cécile n'ont pas regardé la télé.

3. Écoutez, l'étranger est arrivé à Bagnolet en mai.

Il faut ouvrir la bouche un peu plus grand pour prononcer le [ɛ] français. Ce son vocalique est un peu plus tendu que le **e** dans le mot anglais *net*. Il s'écrit **è, ê, e, ei** ou **ai** dans une syllabe fermée. (Ajoutez à cela le mot **est**.) Écoutez et répétez:

fidèle	être	permettre	Lisette
verveine	Maine	elle	

B. Faites le même exercice avec les phrases qui suivent.

1. La fidèle Lisette aime la verveine *(verbena tea)* fraîche.

2. Elle n'accepte pas qu'on peine sa belle-mère.

3. Sept frères permettent de faire une sélection prospère.

C. Écoutez maintenant les sons [e] et [ɛ] dans le paragraphe suivant. Ensuite, lisez ce passage à haute voix.

Mon frère Dédé est allé à la mer l'année dernière. Son rêve était de rester près de l'eau, de regarder et d'écouter les oiseaux. Il s'est réalisé cet été-là. En fait, mon frère espère désormais passer le reste de ses étés loin des problèmes des grandes cités. Ce n'est pas la peine de travailler sans arrêt, dit-il. Même les ouvriers devraient mettre leurs rêves en premier.

Les sons [y] et [u]   3–12

Pour prononcer le [y] français (qui n'a pas d'équivalent en anglais), il faut d'abord sourire en étirant les lèvres, comme pour prononcer [i]. Arrondissez alors immédiatement les lèvres. Le [y] français s'écrit **u** et **û**. Écoutez et répétez soigneusement les mots suivants:

du	salut	étudier	curiosité
nature	sûr	Lucie	

D. Maintenant, écoutez et répétez le même son dans les phrases suivantes.

1. Gertrude a naturellement dû étudier.

2. Salut! Tu as entendu la superbe musique?

3. Naturellement, les adultes punissent les enfants têtus.

Le son vocalique [u] est semblable au son dans le mot anglais *soup*, mais il est plus bref et plus tendu. Il s'écrit **ou**, **où** et quelquefois aussi **oû**. Ce son est suivi par une consonne ou il termine le mot. (Quand **ou** est suivi d'une voyelle, il se prononce [w]: par exemple, **oui**.) Écoutez et répétez les mots qui suivent:

nous	où	goût	Jean-Loup
Toulouse	trouver	nouveau	

E. Écoutez et répétez les phrases suivantes.

1. Jean-Loup a trouvé un nouveau boulot à Toulouse.

2. Vous souvenez-vous avoir souvent joué aux boules?

3. Minou a oublié de se nourrir aujourd'hui et boude sous le tabouret.

F. Écoutez maintenant le paragraphe suivant. Ensuite, répétez-le à haute voix.

En août, les touristes vont presque tous dans le sud. La Côte d'Azur s'ouvre comme un ultime refuge pour vous soulager de la routine journalière. Pourquoi une telle unanimité? La cuisine y est sublime; goûtez la soupe au pistou à Fréjus ou la bouillabaisse à Toulon. Et bien sûr, la plage est toujours super!

Leçon 1

Conversation 3–13

En français, il y a plusieurs façons de demander à quelqu'un de raconter ses souvenirs. Il existe également beaucoup d'expressions pour dire qu'on se souvient ou qu'on ne se souvient pas de quelque chose. Écoutez la conversation (manuel, **chapitre 4, leçon 1**) en prêtant attention à ces expressions.

A. L'intonation des phrases. Maintenant, écoutez et répétez les phrases suivantes. Imitez l'intonation de la phrase en répétant les expressions qu'on utilise pour parler des souvenirs.

1. Qu'est-ce qui vous est arrivé?

2. Tu te souviens, Marc?

3. Tu te rappelles?

4. Oui, je ne l'oublierai jamais.

5. Ah, bon? Je ne me souviens pas de ça, moi, c'est marrant!

6. C'était quand?

7. On l'a cherché partout, tu ne te rappelles pas?

8. Ah, si, si! Je me souviens maintenant! Quelle horreur!

B. La bonne réponse. Écoutez les mini-conversations et dites s'il s'agit d'un bon souvenir ou d'un mauvais souvenir.

1. bon   mauvais   3. bon   mauvais

2. bon   mauvais   4. bon   mauvais

La grammaire à apprendre

Le passé composé   3–14

C. J'ai séché mes cours. Maude a manqué l'école hier: elle voulait faire toutes les choses qu'elle dit n'avoir jamais le temps de faire d'habitude. Décrivez les activités de Maude en regardant les dessins ci-dessous et en répondant avec le passé composé aux questions que vous entendez.

MODÈLE: *Vous entendez:* Est-ce que Maude s'est levée à huit heures hier?

Vous répondez: **Non, Maude s'est levée à midi.**

1.

2.

3.

4.

5.

6.

7.

D. Pardon, Maman! La mère de Maude vient d'apprendre que sa fille a séché ses cours hier. Elle lui pose des questions pour savoir exactement ce que Maude a fait. Jouez le rôle de Maude.

MODÈLE: *Vous lisez:* Non, nous… (une comédie)

Vous entendez: Vous avez vu un film violent?

Vous répondez: **Non, nous avons vu une comédie.**

1. Non,… (à midi).
2. Euh, non,… (me promener dans le parc)
3. Oui,…
4. Mais non!… (à la maison)
5. Mais non, Maman!… (de l'eau minérale)
6. Euh, non,…
7. Eh bien, oui,…
8. Oui, Maman!… (ne pas te mentir)

Leçon 2 3–15

A. La bonne réponse. Écoutez les extraits de conversation suivants et indiquez si on **a) prend la parole**, **b) cède la parole** ou **c) raconte une série d'événements.**

1. _____
2. _____
3. _____
4. _____
5. _____

La grammaire à apprendre

L'emploi de l'imparfait et du passé composé 3–16

B. C'est parce que… Jacques ne fait jamais ce qu'il faut et il trouve toujours des excuses. Jouez le rôle de Jacques et répondez aux questions de ses parents.

MODÈLE: *Vous lisez:* ne pas avoir faim

Vous entendez: Pourquoi est-ce que tu n'as rien mangé?

Vous répondez: **Je n'ai rien mangé parce que je n'avais pas faim.**

1. être malade
2. ne pas avoir le temps
3. ne pas pouvoir étudier tous les soirs
4. coûter trop cher
5. vouloir des disques de très bonne qualité
6. lire des magazines très intéressants

C. Raconte-moi tout! Frédérique a manqué la soirée de son amie Élise. Maintenant elle veut qu'Élise lui raconte tout ce qui s'est passé. Jouez le rôle d'Élise. Créez des phrases avec les éléments donnés et en employant un verbe à l'imparfait et un verbe au passé composé pour aider Frédérique à mieux imaginer les événements de la soirée.

MODÈLE: *Vous lisez:* tout le monde / parler de politique

   Vous entendez: Qu'est-ce qu'on faisait quand Yves est arrivé?

   Vous répondez: **Tout le monde parlait de politique quand Yves est arrivé.**

1. je / nettoyer la maison
2. Dominique / choisir des disques
3. nous / danser
4. Alain et Claire / s'embrasser
5. nous / manger
6. ils / regarder la télévision

Leçon 3
Conversation 4–2

Lorsqu'on parle français, il faut savoir encourager celui ou celle qui raconte une histoire et réagir de façon appropriée à l'histoire. Il faut aussi connaître des expressions pour gagner du temps quand on parle. Écoutez la conversation (manuel, **chapitre 4**, leçon 3) en prêtant attention à ces expressions.

A. L'intonation des phrases. Maintenant, écoutez et répétez les phrases suivantes. Imitez l'intonation de la phrase en répétant les expressions qu'on utilise pour gagner du temps ou pour celui ou celle qui raconte une histoire et pour réagir à son récit.

1. Mais, Laurence, avant ton voyage au Sénégal, tu étais allée à La Nouvelle-Orléans, n'est-ce pas?
2. C'est pas vrai!
3. Et alors? Qu'est-ce que vous avez fait après cet incident?
4. Tu sais, le guide a bien compris que nous avions tous peur, et il a fait demi-tour.
5. C'est même difficile à imaginer, tu sais.
6. À part ça, La Nouvelle-Orléans t'a plu? Qu'est-ce qu'il y avait d'intéressant à voir?
7. Bon, euh, il y avait le quartier français, euh, le Vieux Carré, qui était un quartier très diversifié.
8. L'architecture, les balcons, les maisons, enfin, tout était de style espagnol.

B. La bonne réponse. En français, il existe plusieurs façons différentes d'exprimer une réaction à ce qu'on vous dit. Écoutez ce qu'on dit et choisissez la phrase qui veut plus ou moins dire la même chose.

1. Vous voyez? / Ça alors!
2. Je comprends. / C'est vachement bizarre!
3. C'est tout? / Hein?
4. C'est pas vrai! / Ça ne m'étonne pas.

La grammaire à apprendre

L'emploi du plus-que-parfait   4–3

C. Dis, Papa! Jean-Charles voudrait en savoir plus sur l'époque où son père a rencontré sa mère. Alors, il pose beaucoup de questions à son père. Jouez le rôle du père et utilisez le plus-que-parfait pour répondre aux questions de Jean-Charles.

MODÈLE: *Vous lisez:* déjà / la connaître à Bordeaux

Vous entendez: Alors, tu as connu Maman à Paris?

Vous répondez: **Non, je l'avais déjà connue à Bordeaux.**

1. je / déjà / finir mes études

2. il / déjà / se marier

3. elle / déjà / commencer à travailler

4. elle / déjà / mourir

5. je / déjà / acheter un appartement

6. nous / déjà / faire d'autres voyages

Dictée   4–4

D. Un voyage mouvementé. Marguerite, étudiante française dans une université américaine, nous raconte un mauvais souvenir de vacances. Écoutez son histoire et transcrivez-la *(transcribe it)* aussi fidèlement que possible. D'abord, vous entendrez le passage en entier. Ensuite, chaque phrase sera lue deux fois. Enfin, tout le passage sera répété afin que vous puissiez corriger votre travail. Écoutez.

MOTS UTILES: enregistrer (des bagages) *to check in (luggage)*

retarder *to delay*

quand même *in spite of everything*

_____

_____

_____

_____

_____

_____

Compréhension

Les vacances et la circulation   4–5

Dans ce chapitre, vous avez appris à raconter une histoire et à décrire vos souvenirs. Vous avez beaucoup parlé de vacances et de moyens de transport. Maintenant, imaginez que nous sommes le 1er juillet. En France, la plupart des vacanciers *(vacationers)* partent en vacances le 1er et le 15 juillet et le 1er et le 15 août. Étudiez la carte et les **Mots utiles** ci-dessous, puis écoutez ce bulletin d'informations donné par la station de radio Europe 1.

MOTS UTILES: meurtrier *deadly*

blessés *injured people*

la route patinoire *road like an ice-skating rink*

un bouchon *traffic jam*

le Grand Prix de Formule 1 *[famous car race]*

encombrer *to congest, block*

une lame de fond *ground swell*

intervention *life-saving attempts*

la noyade *drowning*

une insolation *sunstroke*

E. Quelles vacances! Choisissez toutes les réponses qui sont correctes.

_____ 1. C'est aujourd'hui le 1er juillet. Un ami part en vacances. Vous lui conseillez de (d')…
  a. prendre l'avion.
  b. attendre jusqu'au 3 juillet.
  c. partir en voiture.

_____ 2. Le présentateur nous dit que c'est le début des vacances et qu'il y a déjà…
  a. beaucoup d'accidents.
  b. des morts.
  c. des heures d'attente dans les aéroports et des bouchons sur les autoroutes.

_____ 3. L'embouteillage du trafic aérien est dû…
  a. au week-end et au début de la période des vacances.
  b. à une course automobile qui a lieu au moment des départs en vacances.
  c. à une grève des aiguilleurs du ciel *(air traffic controllers)*.

_____ 4. Vous êtes en Languedoc-Roussillon. Vous…
  a. allez faire attention au vent.
  b. allez vous baigner après avoir pris le soleil.
  c. n'allez pas vous baigner pour le moment.

À l'aéroport   4–6

Vous rentrez aux États-Unis d'un voyage en Europe. Vous êtes dans une salle d'embarquement à l'aéroport international de Genève. Une demi-heure avant le départ, cette annonce est faite aux passagers.

MOT UTILE: un siège *seat*

F. Dans la salle d'embarquement. Vous expliquez en anglais à votre ami qui ne parle pas français l'annonce que vous venez d'entendre.

1. Ce qu'il faut faire avec la carte d'accès à bord:

   _____

   _____

2. Ce qu'il faut faire avec les bagages à main:

   _____

   _____

G. À bord de l'avion. Remplissez les renseignements ci-dessous selon l'annonce que vous venez d'entendre.

1. Ligne aérienne: _____

2. Destination du vol: _____

3. Correspondance pour New York — numéro du vol: _____

   ville de débarquement: _____

Agnès parle de son arrière-grand-père 4–7

Dans ce chapitre, vous vous êtes familiarisé(e) avec le récit d'événements passés. Étudiez les *Mots utiles* ci-dessous, puis écoutez l'histoire d'Agnès.

MOTS UTILES: une maquette *model*

une voile *sail*

l'arrière-grand-père *great-grandfather*

un canon *cannon*

déchiré *torn*

recoller *to reglue*

la cale *hold of a boat*

la coque *hull of a boat*

le gage *toke*

trahi *betrayed*

H. Oui ou non? Selon l'histoire racontée par Agnès, indiquez si **oui** ou **non** les faits suivants sont exacts.

_____ 1. L'arrière-grand-père a commencé à travailler dans la marine à l'âge de 35 ans.

_____ 2. Le bateau en question est une maquette d'un bateau de guerre.

_____ 3. À l'intérieur, on a trouvé la photo d'un ami de l'arrière-grand-père.

_____ 4. La famille a été surprise d'apprendre que l'arrière-grand-père n'avait pas construit ce bateau.

_____ 5. Cette histoire amuse la famille d'Agnès.

Exercices écrits

EXPRIMEZ-VOUS!

5

La grammaire à réviser

Avant la première leçon

Le subjonctif

A. La vie estudiantine: mode d'emploi *(directions for use)*. Professeurs, étudiants et parents ont été interviewés pour obtenir leur avis concernant ce qu'un(e) étudiant(e) doit faire pour réussir à la fac. Pour chaque personne interviewée, indiquez d'abord le conseil **illogique** que cette personne a donné. Puis, complétez les phrases donnant les trois conseils logiques en utilisant un verbe au subjonctif. Attention! Les verbes **dormir, offrir, se servir, sortir** et **souffrir** sont conjugués comme des verbes en **-er** au subjonctif.

© Odilon Dimier/Age Fotostock

1. FRANÇOISE D. (étudiante): Pour obtenir ton diplôme, il faut que tu...

   _____ (garder) _____*gardes*_____ une bonne moyenne *(GPA)*

   _____ (finir) _____ tous les cours obligatoires

   *illogique*_____ (connaître) _____ la présidente de l'université

   _____ (réussir) _____ aux examens

2. PAUL V. (professeur): Pour bien s'entendre avec son prof de français, il est important que les étudiants...

   _____ (assister) *(to attend)* _____ régulièrement aux cours

   _____ lui (offrir) _____ des fleurs

   _____ (répondre) _____ quand il leur pose une question

   _____ (se servir) _____ d'un dictionnaire pour faire leurs devoirs

3. MARTIN G. (étudiant): Pour rester en bonne forme physique, il est nécessaire que nous...

   _____ (choisir) _____ de manger équilibré

   _____ (dormir) _____ suffisamment

   _____ (lire) _____ des livres de philosophie

   _____ (pratiquer) _____ un sport trois fois par semaine

4. MARION T. (mère de famille): Pour maintenir le moral, il faut aussi que vous...

   _____ (bien s'entendre) _____ avec vos colocataires

   (roommates, housemates)

   _____ (regarder) _____ un bon film de temps en temps

   _____ (sortir) _____ au moins une fois par mois avec vos amis

   _____ (beaucoup souffrir) _____

5. HÉLÈNE B. (étudiante): Et pour rassurer mes parents, il est essentiel que je...

   _____ (dépenser) _____ beaucoup d'argent

   _____ (réfléchir) _____ à mon avenir

   _____ leur (rendre) _____ visite de temps en temps

   _____ leur (téléphoner) _____ régulièrement

B. Encore des conseils! Vous voulez aider votre cousin à bien réussir sa première année à la fac. Pour chacun des 5 éléments donnés, utilisez une des options ci-dessous pour créer cinq phrases qui formulent des conseils utiles pour votre cousin. Faites bien attention à la différence entre «**Il ne faut pas que**» *(you, one **must not**)* et «**Il n'est pas nécessaire que**» *(you don't **have** to, one doesn't **have** to = it's optional)*. Utilisez le subjonctif chaque fois et faites attention à la logique de vos phrases.

   Il ne faut pas que tu

   Il n'est pas nécessaire que tu

   Il faut que tu

1. rester au lit au lieu *(instead)* d'aller à tes cours

   _____

   _____

2. passer des nuits blanches *(to pull all-nighters)* si tu organises bien ton temps

   _____

   _____

3. profiter de cette opportunité de faire des études

   _____

   _____

4. tricher *(to cheat)* aux examens

_____

_____

5. dépenser beaucoup d'argent pour t'amuser

_____

_____

Leçon 1
Cap sur le vocabulaire!

A. Un questionnaire sur la télévision. Remplissez le questionnaire ci-dessous concernant vos habitudes et vos préférences en matière de télévision.

La télé et moi: Questionnaire

Quel rôle la télévision joue-t-elle dans votre vie? Passez ce petit test pour le savoir.

Précisions initiales:

1. Il y a _____ poste(s) de télé chez moi.

2. Je regarde la télé... (cochez *[check]* la réponse appropriée)

   ____ entre 0 et 5 heures par semaine.

   ____ entre 6 et 10 heures par semaine.

   ____ entre 10 et 20 heures par semaine.

   ____ plus de 20 heures par semaine.

Mes préférences / Mes goûts

Utilisez cette liste d'émissions pour répondre aux questions 3 et 4:

a. un feuilleton

b. un jeu télévisé

c. une série

d. le journal télévisé

e. une causerie

f. une émission de variétés

g. un reportage

h. un match

i. un film

j. un débat politique

k. un dessin animé *(cartoon)*

l. une rediffusion

3. J'allume la télé… (Cochez toutes les réponses appropriées.) et ça me donne envie de regarder ____.
   (précisez le type d'émission que vous avez envie de regarder dans ces circonstances)

   MODÈLE: J'allume la télé __√__ quand je suis fatigué(e); et ça me donne envie de regarder __1__

   (une rediffusion).

   J'allume la télé…

   _____ quand je me sens seul(e); et ça me donne envie de regarder _____.

   _____ quand j'ai besoin de me détendre; et ça me donne envie de regarder _____.

   _____ quand je n'ai pas envie de parler aux autres; et ça me donne envie de regarder _____.

   _____ quand j'ai envie d'apprendre quelque chose; et ça me donne envie de regarder _____.

   _____ quand je suis déprimé(e); et ça me donne envie de regarder _____.

4. J'aime (J'aimerais) avoir la télévision par câble afin de pouvoir… (Cochez les réponses appropriées.)

   _____ regarder des films étrangers.

   _____ regarder des émissions de sport.

   _____ avoir plus de chaînes.

   _____ regarder de nouveaux films.

   _____ regarder des émissions de satire politique.

   _____ autre.

5. Je préfère regarder les films étrangers en version originale…

   _____ *avec* sous-titres.

   _____ *sans* sous-titres.

   _____ Je n'aime pas les films étrangers.

La télé et mes relations avec les autres (situations hypothétiques)

6. Mes amis tiennent à ce que je sorte avec eux, mais mon émission préférée passe à la télé ce soir.
   (Cochez la réponse appropriée.)

   _____ Je sors quand même; les amis sont plus importants que la télé.

   _____ J'enregistre *(record)* l'émission. Je la regarderai demain.

   _____ Je reste à la maison. Je ne rate jamais cette émission.

7. Je suis en train de regarder la télé quand une amie arrive chez moi. (Cochez la réponse appropriée.)

   _____ J'éteins la télé pour parler avec elle. Il vaut mieux rater l'émission et préserver l'amitié.

   _____ Je baisse le son et je continue à regarder l'écran du coin de l'œil pendant que je lui parle.

   _____ J'augmente le son pour ne rien rater. J'espère qu'elle partira bientôt.

À propos de la télécommande...

8. _____ Elle est à moi—j'aime mieux que les autres n'y touchent pas!

   _____ Ça ne me gêne pas que quelqu'un d'autre la prenne.

9. Je m'en sers pour...

   _____ mettre les publicités en sourdine.

   _____ zapper *(to channel surf)* pendant les pubs.

   _____ ni l'un ni l'autre—j'adore les pubs!

Interprétez maintenant! Maintenant, analysez vos réponses et cochez les phrases qui décrivent le mieux votre «consommation» de la télé.

10. La télé joue...

    _____ un tout petit rôle

    _____ un rôle raisonnable

    _____ un rôle trop important

    dans ma vie.

11. Je regarde surtout...

    _____ des émissions sans valeur.

    _____ un mélange raisonnable d'émissions divertissantes et sérieuses.

    _____ des émissions de très bonne qualité.

12. La télé...

    _____ gâche *(spoils, harms)*

    _____ ne gâche pas

    mes relations avec mes amis.

© Cengage Learning

B. Qu'est-ce qu'on regarde? Saviez-vous que beaucoup d'émissions américaines passent à la télé française? Pour chaque série américaine dans la colonne de gauche, trouvez l'équivalent français dans la colonne de droite.

1. *Buffy contre les vampires* _____

2. *1, rue Sésame* _____

3. *Alerte à Malibu* _____

4. *Papa bricole* (putters around the house) _____

5. *Urgences* _____

6. *Bob l'éponge* _____

7. *Le clan des suricates* _____

8. *À la Maison Blanche* _____

9. *Portés disparus* _____

10. *Six pieds sous terre* _____

  a. *Without a Trace*

  b. *Sponge Bob Square Pants*

  c. *E.R.*

  d. *Meerkat Manor*

  e. *Baywatch*

  f. *Six Feet Under*

  g. *Home Improvement*

  h. *Buffy the Vampire Slayer*

  i. *The West Wing*

  j. *Sesame Street*

La grammaire à apprendre

Le subjonctif: formation irrégulière; la volonté

C. Mais, décidez-vous! Suzanne est stagiaire *(intern)* depuis deux mois dans les studios d'une chaîne de télévision, mais elle commence à être un peu frustrée. Elle a deux patrons et ils se contredisent *(contradict)* constamment. Complétez leur conversation et utilisez le subjonctif quand c'est nécessaire.

MODÈLE: M. LE GALL: Je préférerais que vous (finir) *finissiez* ce projet pour vendredi prochain.

    SUZANNE: Mais M. Delavigne exige que je le (finir) *finisse* pour demain!

1. M. LE GALL: J'aimerais bien que vous nous (tutoyer) _____.

    SUZANNE: Mais M. Delavigne insiste pour que je vous (vouvoyer) _____.

2. M. LE GALL: OK, mais je souhaite que vous (prendre) _____ le café avec nous.

    SUZANNE: Euh… M. Delavigne préfère que je le (prendre) _____ avec les autres stagiaires.

3. M. LE GALL: Bon, d'accord. Pourtant, j'exige que vous (venir) _____ à la réunion demain.

    SUZANNE: Eh bien, M. Delavigne ne veut pas que j'y (aller) _____.

4. M. LE GALL: Alors, j'aimerais que vous (aller) _____ à la bibliothèque universitaire pour faire ces recherches.

    SUZANNE: Écoutez, M. Delavigne désire que je les (faire) _____ sur Internet.

© Cengage Learning

5. M. Le Gall: Notre équipe a besoin de parler cet après-midi. J'aimerais bien que vous (être)

_____ là.

Suzanne: Mais, monsieur, M. Delavigne m'a dit que vous n'aviez pas besoin de moi. Il veut plutôt

que je (rendre) _____ ces dossiers au Service de documentation.

6. M. Le Gall: J'aimerais bien que vous (avoir) _____ plus de responsabilités
maintenant. Ça vous permettra de recevoir une formation professionnelle *(training)* plus
approfondie *(in-depth)*.

Suzanne: J'ai l'impression que M. Delavigne ne veut pas que je (recevoir) _____
cette formation pour le moment.

7. M. Le Gall: Suzanne, je souhaite que vous (appeler) _____ la directrice du
personnel cette semaine pour voir s'il y a un poste permanent pour vous.

Suzanne: Hmmm. M. Delavigne préfère que je la (voir) _____ dans quelques mois.

8. M. Le Gall: Ah bon? Écoutez, j'ai une petite suggestion pour vous. Je voudrais que vous (s'acheter)

_____ des tenues *(outfits)* plus professionnelles pour travailler ici.

Suzanne: Eh bien, alors, pour une fois, vous êtes d'accord sur quelque chose. M. Delavigne veut, lui

aussi, que je _____ (s'en acheter)!

D. Exigences et désirs. Un père de famille parle à sa fille pré-ado *(«tween»)* des différents aspects de la télévision aujourd'hui.
Ensuite, sa fille plus âgée (qui est étudiante) s'exprime sur le même sujet. Terminez chacune de leurs phrases en utilisant l'expression
donnée. Utilisez le temps correct—utilisez le subjonctif seulement si l'expression de volonté l'exige.

MODÈLE: Je souhaite que les journalistes nous _____ (dire) la vérité

Je souhaite que les journalistes *nous disent la vérité.*

C'est le père qui parle à sa fille cadette *(younger):*

1. Je ne veux pas que tu _____

(croire) tout ce que tu vois à la télé.

2. J'exige que les émissions que tu regardes ne _____

pas (être) trop controversées.

3. Je désire que tu ne _____

pas (choisir) des émissions trop violentes non plus.

4. Les bons parents espèrent que leurs enfants _____

(savoir) limiter le nombre d'heures qu'ils passent devant la télé.

5. Ta mère et moi, nous aimerions que les agences publicitaires *(advertising agencies)*

_____ (faire)

des spots publicitaires adaptés au public qui les regarde.

Maintenant, la fille aînée (older) exprime ses propres opinions:

6. Ma colocataire (housemate) et moi, nous préférerions que notre nouvel appartement

   _____ (avoir) la télévision par câble.

7. Ma copine Marie rêve d'être célèbre. Je souhaite qu'elle _____

   _____ (pouvoir) apparaître dans une émission de télé-réalité.

8. Maman est trop intellectuelle! Elle voudrait bien que j' _____

   _____ (apprendre) à apprécier les films étrangers.

9. Mes amis et moi, nous espérons que ce match de foot important _____

   _____ (passer) à la télé ce week-end.

E. Les désirs des autres. Qu'est-ce que les personnes suivantes exigent de vous? Complétez les phrases suivantes en utilisant le subjonctif de quatre verbes différents dans les propositions subordonnées.

MODÈLE: Mes amis _____.

   Mes amis souhaitent *que je les soutienne* (**support**).

1. Mon/Ma colocataire veut bien que _____.

2. Mes parents préféreraient que _____.

3. Mon professeur de français souhaite que _____.

4. Mon employeur (actuel ou futur) exige(ra) que _____.

F. Médias pour enfants. Les enfants ont des difficultés à distinguer entre la fantaisie et la réalité et ils sont facilement influencés. Que souhaitez-vous que les médias fassent pour créer des émissions qui soient adaptées aux enfants? Écrivez un petit paragraphe de 5–6 phrases.

Leçon 2
Cap sur le vocabulaire!

A. Psychiatrie pour débutants. Selon certaines écoles de psychiatrie, il faut laisser parler le patient/la patiente sans faire de commentaires. Jouez le rôle du psychiatre. Complétez les phrases afin de dire avec d'autres mots ce que disent vos patients pour montrer que vous les écoutez. Utilisez le vocabulaire de la **Leçon 2**.

MODÈLE: «Ça m'a beaucoup déçue.»

   —*Ah, vous avez été très déçue.*

1. «Je suis un peu inquiet.» —Ah, ça vous _____ un peu.

2. «Je suis très en colère.» —Ah, vous êtes très _____.

3. «Ça m'agace!» —Ah, cela vous _____.

4. «J'en ai marre!» —Ah, vous en _____.

5. «Je trouve ça formidable!» —Ah, vous trouvez ça _____.

6. «Ça me barbe!» —Ah, cela vous _____.

7. «Je ne suis pas heureux.» —Ah, vous n'êtes pas _____.

8. «Ça ne me dit rien de faire ça.» —Ah, vous n'avez _____ de faire ça.

B. Mais que disent les jeunes? Tous les Français comprennent les expressions présentées dans la **Leçon 2** de ce chapitre. Mais, naturellement, les lycéens et les étudiants ont leurs propres variations assez… «spéciales» de ces expressions! Pour chaque expression dans la colonne de gauche, essayer de trouver la version plus «cool» que les jeunes utilisent aujourd'hui.

____ 1. C'est parfait!		**a.** C'est énorme!
____ 2. Je suis fâchée!		**b.** Je suis trop contente que…
____ 3. Ce n'est pas passé loin!		**c.** On a eu du bol!
____ 4. C'est formidable!		**d.** C'est nickel!
____ 5. Il est nul!		**e.** Il est trop débile!
____ 6. Je suis heureuse que…		**f.** C'est trop prise de tête!
____ 7. C'est barbant!		**g.** Je suis trop sur les nerfs.
____ 8. Ouf! On a eu de la chance!		**h.** C'est saoulant.
____ 9. J'ai peur!		**i.** On a eu chaud!
____ 10. Je n'en peux plus!		**j.** Ça me fait trop flipper!

C. Un nouveau magazine. Écrivez la description d'un nouveau magazine que vous allez proposer à une maison d'édition. Comment s'appellera le magazine? De quoi parlera-t-il? Il paraîtra avec quelle fréquence? Combien coûtera-t-il? Qui le lira? Quelles sortes d'articles et de publicités contiendra-t-il? Quel genre de photos mettrez-vous sur la couverture? etc.

La grammaire à apprendre

Le subjonctif: l'émotion, l'opinion et le doute

D. La télévision et les enfants: Partie I. Une jeune mère a lu un article sur les enfants et la télévision et elle exprime son opinion sur ce qu'elle a appris. Terminez les phrases 1 à 5 en choisissant une des phrases de la liste ci-dessous. Faites les changements nécessaires.

   … Les enfants lisent très peu aujourd'hui.
   … Les enfants regarderont de plus en plus la télé.
   … Beaucoup d'enfants ont une télé dans leur chambre.
   … Les programmateurs de télévision choisissent des émissions éducatives pour les enfants.
   … Les chaînes de télévision interdisent *(prohibit)* les publicités pour les jouets et les fast-foods.

1. Il vaut mieux que _____.

2. Il est souhaitable que _____.

3. Il est honteux que _____.

4. Il est étonnant que _____.

5. À l'avenir *(In the future)*, il est probable que _____.

E. La télévision et les enfants: Partie II. Cette jeune femme continue à exprimer son opinion sur la télé. Imaginez ce qu'elle dit. Refaites les phrases suivantes en employant chaque fois une des expressions d'émotion données.

    Je suis déçue   Je suis désolée
    Je suis furieuse   Je suis ravie

1. … on ne peut pas s'amuser sans télé aujourd'hui.

   _____

2. … on perd son temps à regarder des émissions débiles.

   _____

3. … on ne va presque plus au musée ou au théâtre.

   _____

4. … mes enfants ne veulent pas toujours regarder la télé! Ça me console un peu!

   _____

F. Réactions, prédictions, suggestions. Il vaut mieux ne pas critiquer sans faire de suggestions utiles. Écrivez un petit paragraphe dans lequel vous réagissez à la qualité actuelle de la télé. Vous faites aussi des prédictions sur l'avenir de la télé et vous offrez des suggestions pour l'améliorer. Utilisez les expressions d'émotion, d'opinion et de doute de la **Leçon 2 (Je pense…, Je suis triste…, Je crains…, Il vaut mieux…,** etc.).

G. Des projets d'avenir. Anne, une étudiante canadienne qui se spécialise en journalisme, vous parle de ses projets d'avenir. Mettez les verbes entre parenthèses au mode et au temps appropriés (le futur de l'indicatif ou le présent du subjonctif).

MODÈLE: Je crois que je (vivre) *vivrai* mieux que mes parents.

1. Il est certain que je (recevoir) _____ mon diplôme avec un an d'avance *(a year early)*.

2. Je ne pense pas que le chômage *(unemployment)* (être) _____ un problème dans ma profession.

3. Quand même, il est possible que j'(avoir) _____ plus d'une carrière pendant ma vie.

4. Il se peut que je (vivre) _____ dans un pays étranger un jour.

5. Il est peu probable que je (vouloir) _____ me marier ou avoir des enfants.

H. Et vous? Comment voyez-vous votre avenir? Réagissez vous-même aux propos d'Anne (voir l'exercice G, **Des projets d'avenir**), en utilisant chaque fois une des expressions suivantes: **il est certain (sûr, possible, impossible, douteux, probable, peu probable); il n'est pas certain (sûr); il se peut; il semble; il est évident, je (ne) pense / crois (pas).** Ajoutez ensuite quelques commentaires personnels.

MODÈLE: (vivre mieux que mes parents)

    Je ne pense pas que je vive mieux qu'eux; notre économie n'est pas très bonne actuellement. Mais je pense que je gagnerai assez d'argent pour être satisfait(e). Il vaut mieux apprendre à vivre simplement.

1. (recevoir mon diplôme en avance)

   _____

   _____

2. (le chômage me pose problème)

_____

_____

3. (avoir plus d'une carrière)

_____

_____

4. (vivre dans un pays étranger)

_____

_____

5. (vouloir me marier ou avoir des enfants)

_____

_____

L'infinitif pour éviter le subjonctif

I. Conversations. Complétez les extraits de conversations suivants avec le subjonctif ou l'infinitif des verbes entre parenthèses. Faites attention aux sujets donnés. Ajoutez **que** ou (si nécessaire) **de**, selon le cas.

MODÈLES: Je suis content (je / avoir) _____ un ordinateur. Je suis content *d'avoir* un ordinateur.

Je suis contente (tu / avoir) _____ un ordinateur. Je suis contente *que tu aies* un ordinateur.

—Martine, tu veux (tu / emprunter) _____ **(1)** mon dernier numéro de *L'Express*?

—Non... Tu es gentille, mais je préfère (je / lire) _____ **(2)** les hebdos féminins comme *Femme actuelle*.

—Je sais, mais j'aimerais bien (tu / lire) _____ **(3)** cet article de *L'Express* sur le salaire

des femmes. Il n'est pas normal (les femmes / gagner) _____ **(4)** moins d'argent que les hommes.

—Ah oui, alors, c'est révoltant! À travail égal, salaire égal! J'emprunte ton magazine, mais je ne suis pas

sûre (je / pouvoir) _____ **(5)** le lire cette semaine.

—Le prof d'anglais veut (nous / regarder) _____ **(6)** un DVD sur la publicité américaine. C'est super, hein?

—J'ai peur (je / ne rien comprendre) _____ **(7)**. Les Américains parlent si vite.

—Moi, je suis ravie (je / voir) _____ **(8)** de «vraies» publicités américaines «made

in America» pour les Américains. Le prof désire (nous / analyser) _____ **(9)** les techniques psychologiques et les éléments culturels. C'est vachement intéressant, je trouve.

—Oui, c'est vrai que ce sera intéressant de comparer des publicités des deux cultures. Tu sais, il se peut

(je / aller) _____ **(10)** aux États-Unis l'été prochain.

—Oh, tu as de la chance! J'aimerais tant (je / pouvoir) _____ **(11)** y aller!

J. Famille et télé. On n'est pas toujours d'accord chez les Dupré! Traduisez les phrases suivantes en français.

1. Marc wants to watch an American series on TF1.

2. But his sister Hélène would prefer to watch a game show on France 3.

3. Their parents are tired of **(en [avoir] marre de)** hearing their arguments **(disputes [f])**.

4. They want Marc and Hélène to go study in their rooms.

5. In the end **(Finalement)**, everyone watches the news and a broadcast on **(sur le)** Japan.

6. They're happy they're all spending time **(du temps)** together.

K. La télé et nous. Comparez la situation de la famille Dupré et la vôtre. Est-ce que vous vous disputez souvent avec des membres de votre famille ou vos colocataires en ce qui concerne la télé? Au sujet de quoi? Du choix des émissions que vous allez regarder? du nombre d'heures par jour où la télé est allumée? de la télécommande? Comment se terminent ces disputes: qui finit par avoir gain de cause *(ends up winning)*? Pourquoi? Écrivez un petit paragraphe de 5 à 6 phrases sur la «télécompatibilité» de votre «tribu» *(tribe)*.

L. Portrait d'une publication. Prenez un numéro *(issue)* d'un journal ou d'un magazine américain et faites-en le «portrait» pour le présenter à un public français qui ne le connaît pas.

1. Comment s'appelle cette publication?

   _____

2. Est-ce ____ un quotidien, ____ un hebdomadaire, ___ un mensuel, ____ un bimensuel, ____ autre
   (précisez: _____)

3. Le magazine / journal a un tirage de combien d'exemplaires?

   _____

4. Êtes-vous abonné(e) à ce journal / magazine? Pourquoi (pas)?

   _____

5. Combien coûte un abonnement?

   _____

6. Qui sont les lecteurs (lectrices) de ce journal / magazine? (Précisez leur âge approximatif, sexe, groupe socio-économique, intérêts, orientation politique, etc.)

   _____

   _____

7. Décrivez le contenu de ce journal / magazine. (Par exemple, y a-t-il des reportages, des bandes dessinées *[cartoon]*), des lettres écrites par des lecteurs, des petites annonces, des articles sur le sport, des recettes *[recipes]*, etc.?) Pour donner une idée du contenu, du ton et du style, citez quelques rubriques qu'on trouve dans le journal / la revue.

   _____

   _____

8. Analysez les publicités que contient le journal / magazine. Qu'est-ce qu'elles révèlent sur ses rédacteurs *(editors)* et/ou ses lecteurs?

   _____

   _____

Leçon 3

Cap sur le vocabulaire!

A. Relations professionnelles. Complétez l'histoire de cette dispute entre collègues en utilisant les mots et expressions utiles de la liste suivante.

aboutir à un compromis	dispute	prendre une décision
changé d'avis	efforcé	renoncer
convaincre	l'esprit ouvert	des remords
décidé	indécis	têtu
défendre	le point de vue	

M. Desondes et M. Sansfil gèrent *(manage)* ensemble une station de radio. Un jour, leur patron leur a

demandé de _____ (1) importante: la station allait-elle _____ (2) aux disc jockeys

de diffuser des chansons avec des paroles sexuelles, violentes ou vulgaires? Depuis le début, M. Desondes

était convaincu qu'il fallait qu'on interdise ces chansons et il n'a jamais _____ (3). Voyant des

justifications pour deux points de vue différents, M. Sansfil était _____ (4). Il n'avait jamais

aimé ce genre de chansons, mais il s'était _____ (5) à garder _____ (6). Il a fini par

conclure qu'il était contre la censure *(censorship)*. Il comprenait _____ (7) de M. Desondes, mais

il s'est quand même _____ (8) de le persuader de _____ (9) à sa position—ou au

moins de la modérer un peu. Mais M. Desondes est resté _____ (10). Les deux hommes n'ont

jamais pu _____ (11). Chaque discussion qu'ils ont eue a fini en _____ (12). Leur

patron se demandait: «Qu'est-ce qu'il faut leur dire pour les _____ (13) de mieux s'entendre?»

Découragé, leur patron a dû résoudre le problème pour eux. Les deux hommes ne sont toujours pas

d'accord, mais chacun a _____ (14) parce qu'ils travaillent moins bien ensemble maintenant.

Quel dommage!

La grammaire à apprendre

Le subjonctif: la nécessité et l'obligation

B. Projets et obligations. Kevin passe en revue *(reviews)* ses obligations actuelles et réfléchit à son avenir. Complétez ses phrases en utilisant les éléments donnés et en faisant attention au choix entre le subjonctif et l'infinitif.

MODÈLES: La santé: (perdre du poids *[to lose weight]*) Je devrais **perdre du poids.**

(dormir huit heures chaque nuit) Il faut que **je dorme huit heures chaque nuit.**

Les études:

1. (choisir ma spécialisation tout de suite) Il n'est pas nécessaire que je _____.

2. (suivre deux cours l'été prochain) Je dois _____.

3. (avoir B de moyenne) Il suffit que j' _____.

Les cours de français:

4. (aller voir des films français) Il est obligatoire d' _____.

5. (écrire des rédactions en français) Le prof insiste pour que nous _____.

6. (faire bien attention en classe) Nous devrions _____.

L'argent:

7. (trouver du travail) Il est essentiel que je _____.

8. (devenir riche) Il n'est pas nécessaire que je _____.

9. (s'endetter) Il ne faut pas que je _____.

La personne idéale avec laquelle partager sa vie:

10. (avoir de l'humour) Il est indispensable que cette personne _____.

11. (aimer les voyages) Cette personne doit _____.

12. (être très riche) Je ne demande pas que cette personne _____.

Le passé du subjonctif

C. Réactions. Pour réagir à quelque chose qui s'est passé, on utilise souvent le passé du subjonctif. Indiquez qui a prononcé chacune des phrases suivantes et notez bien l'emploi du passé du subjonctif.

_____ 1. Je suis content que Fiona ne se soit pas mariée avec Farquaad.

_____ 2. J'ai été touché que Obi-Wan et Darth Vador se soient sacrifiés héroïquement tous les deux.

_____ 3. Ted, c'est génial que tu aies enfin largué *(dumped)* Karen!

_____ 4. C'est vraiment dommage que Meredith et Derek aient souvent eu des problèmes dans leur couple.

_____ 5. Nous étions un peu surpris que Neytiri soit tombée amoureuse de Jake.

_____ 6. J'étais furieux que mes deux meilleurs amis ne m'aient rien révélé à propos de l'Ordre du Phénix!

_____ 7. Nous avons eu peur que notre ami ait dû risquer sa vie pour rejoindre Mordor. Si seulement l'anneau avait été détruit…

_____ 8. Je doute fort qu'Hannibal ait été réhabilité.

a. Clarice *(Le Silence des agneaux [Silence of the Lambs])*

b. Marshall et Lily *(How I Met Your Mother)*

c. les Na'vi

d. les compagnons de Frodon *(Le Seigneur des anneaux: le retour du Roi)*

e. Harry Potter

f. les téléspectateurs (téléspectatrices) de *Grey's Anatomy*

g. Shrek

h. Luke Skywalker

D. Quelle histoire! Vous connaissez M. Sansfil (voir l'exercice A, **Relations professionnelles**, p. 127). Après avoir entendu son histoire, vous lui donnez vos réactions. Combinez les phrases en utilisant le passé du subjonctif.

MODÈLE: Je suis content(e). Vous avez essayé de voir le point de vue de M. Desondes.

Je suis content(e) que vous ayez essayé de voir le point de vue de M. Desondes.

1. Je suis impressionné(e). Votre patron vous a demandé de prendre cette décision.

   _____

   _____

2. Je regrette. M. Desondes n'a jamais changé d'avis.

   _____

   _____

3. Je suis ravi(e). Vous vous êtes décidé à garder l'esprit ouvert.

   _____

   _____

4. Ce n'est pas bien. Chaque discussion est devenue une dispute.

   _____

   _____

5. C'est dommage. Vous n'avez jamais pu aboutir à un compromis.

   _____

   _____

6. Je suis soulagé(e). Votre patron s'est efforcé de trouver une solution.

   _____

   _____

7. Je suis désolé(e). Vous n'êtes pas restés amis.

   _____

   _____

E. La rencontre. Imaginez que Paul Lacroix (voir la **Lecture** dans l'**Intermède culturel,** dans votre livre) rencontre Victor Hugo par hasard *(by chance)* après avoir reçu sa lettre, et qu'il lui répond. Imaginez ce qu'il lui dit, en complétant les phrases suivantes, d'après *(according to)* ce que Hugo dit dans sa lettre. Attention! Faut-il utiliser l'indicatif, le subjonctif ou un infinitif? (Parfois, il y a plusieurs possibilités.) Écrivez au moins une de vos phrases au passé du subjonctif.

MODÈLE: Cher ami, j'aurais voulu _____.

  Cher ami, j'aurais voulu être présent.

1. Je regrette _____.

2. J'avais peur _____.

3. Je suis enchanté _____.

4. Il est probable _____.

5. Je crains _____.

6. Je pense _____?

7. Il suffira _____.

8. Je suis sûr _____.

9. Je serai si heureux _____.

10. J'espère _____.

F. Suite de la conversation. Maintenant, écrivez un petit paragraphe dans lequel vous décrivez la réaction de Victor Hugo à ce que dit Paul Lacroix. Est-ce qu'Hugo est content de ce que lui dit son ami?

G. Problèmes interpersonnels. Décrivez une dispute ou un malentendu que vous avez eu(e) avec quelqu'un. Qu'est-ce qui a causé ce problème? Comment avez-vous essayé de résoudre la situation? Avez-vous réussi? Utilisez le vocabulaire de la **Leçon 3** pour raconter cette histoire.

Exercices de laboratoire

Phonétique

Révision des chapitres 1 à 4   4–8

A. Écoutez et répétez les mots suivants en faisant attention à l'accentuation.

latitude	opportunité	caractère	natation	infirmité
ordinateur	sélection	impressionnisme	habituellement	démocratie

B. Écoutez et répétez les phrases suivantes en faisant attention à l'intonation montante ou descendante de chaque groupe de mots.

1. Après avoir payé la facture, tu as été au supermarché où tu as acheté des provisions pour la semaine prochaine.

2. Nous avons gagné.

3. Quand je la recevrai, je lirai cette lettre et puis j'écrirai ma réponse.

4. Monique est très belle.

5. Monique est très belle, mais elle n'est pas gentille.

C. Écoutez et répétez les questions suivantes.

1. Combien de côtelettes est-ce que tu veux?

2. Tu te souviens de cette histoire?

3. Quelle était sa réaction?

4. Où allons-nous?

5. Faut-il que tu ailles en classe ce soir?

D. Écoutez et répétez les phrases suivantes. Indiquez les sons [ə] qui ne sont pas prononcés.

1. Je ne vais que rarement dans cette grande boucherie.

2. Mercredi prochain, il se lèvera tôt et emmènera sa cousine en Allemagne.

3. Le Chemin Vert est une ruelle entre le marchand de journaux et l'appartement d'Évelyne.

4. Demain, elle ira chez le dentiste pour se faire extraire une dent de sagesse.

5. Même si on me le demande, je n'ai pas le temps de travailler en ce moment.

E. Écoutez et répétez les phrases suivantes.

1. Je n'ose pas dire que cette photo de Maurice n'est pas bonne.

2. Notre-Dame est trop loin de l'Opéra pour y aller sans auto.

3. La chose la plus drôle, c'est quand vos gosses répondent au téléphone.

F. Écoutez et répétez les phrases suivantes.

1. Félicité était un être fidèle à sa maîtresse.

2. Les sept frères de Michelle buvaient du thé, mais elle préférait la bière.

3. Elle a été élevée dans une vieille maison dans le Maine.

G. Vous allez entendre des mots qui contiennent le son [y] ou le son [u]. Pour chaque mot, indiquez le son que vous identifiez. Ensuite, répétez ce mot.

MODÈLE: *Vous entendez:* pousser

Vous indiquez: [u]

Vous répétez: **pousser**

	[y]	[u]
1. puce	_____	_____
2. dégoût	_____	_____
3. surveiller	_____	_____
4. secousse	_____	_____
5. éperdu	_____	_____

H. Écoutez et répétez ce paragraphe, un peu absurde, qui contient tous les sons que vous avez pratiqués dans les **chapitres 1** à **4.**

À quel sport est-ce que tu vas jouer aujourd'hui? Vraiment, je pense que tu ne t'intéresses qu'à cela! Et il y a tellement d'autres choses à faire! Tu devrais rechercher les autres opportunités qu'offre la vie. Tu ne regardes pas autour de toi? On trouve de tout.

Leçon 1

Conversation   4–9

En français, il existe beaucoup d'expressions pour dire ce que l'on veut ou ce que l'on préfère. Écoutez la conversation (manuel, **chapitre 5**, leçon 1) en prêtant attention à ces expressions.

Nom _____ Date _____

A. L'intonation des phrases. Maintenant, écoutez et répétez les phrases suivantes. Imitez l'intonation de la phrase et les expressions qu'on utilise pour dire ce que l'on veut ou ce que l'on préfère.

1. J'aimerais bien voir l'émission *Nouvelle Star*.

2. Il vaut mieux monter dans ta chambre maintenant et refaire quelques problèmes.

3. J'ai l'intention de faire des exercices qui ressemblent à ceux du livre.

4. Eh bien justement, il faut en refaire quelques-uns maintenant, un par chapitre, je dirais.

5. Je ne voudrais pas rater *Nouvelle Star*.

B. La bonne réponse. Il existe en français plus d'une façon de dire la même chose. Écoutez les phrases suivantes et choisissez la phrase qui exprime plus ou moins la même idée.

____ 1. **a.** Il vaut mieux aller à ce concert.
     b. Je compte aller à ce concert.
     c. Je veux vraiment aller à ce concert.
____ 2. **a.** J'ai l'intention de finir ce travail demain.
     b. Il vaut mieux finir ce travail demain.
     c. J'ai envie de finir ce travail demain.
____ 3. **a.** Je préfère lire un bon livre.
     b. J'espère lire un bon livre.
     c. Je voudrais bien lire un bon livre.

La grammaire à apprendre

Le subjonctif: formation irrégulière 4–10

C. Un égoïste. Philippe est très égoïste: il ne pense jamais qu'à lui. Son ami Jacques doit sans cesse lui rappeler que les autres, ses amis en particulier, existent aussi. Jouez le rôle de Jacques. Mettez à la première personne du pluriel (**nous**) les phrases que Philippe prononce à la première personne du singulier (**je**). Faites tout autre changement nécessaire.

MODÈLE: *Vous entendez:* Il faut que je prenne soin de ma santé.

    Vous dites: **Il faut que nous prenions soin de notre santé.**

(Items 1–5)

D. Les élections. La candidate Julie Froissard participe à un débat électoral à la télévision. Jouez son rôle et modifiez les phrases que vous entendez en utilisant les expressions données.

MODÈLE: *Vous lisez:* On ne croit pas…

    Vous entendez: Nous avons de la chance d'être français.

    Vous dites: **On ne croit pas que nous ayons de la chance d'être français.**

1. Il est temps…   3. Je veux…   5. Il est essentiel…

2. Il est important…   4. Exigez…

Le subjonctif: la volonté   4–11

E. Les nouvelles. Pierre, étudiant à l'université de Caen, lit les nouvelles dans le journal universitaire. Son amie fait des remarques sur ce qu'il lit. Jouez le rôle de son amie en utilisant les phrases que vous entendez et les expressions données. Le présent du subjonctif va remplacer le futur ou le présent de l'indicatif dans chacune de vos phrases.

MODÈLE: *Vous lisez:* Je ne veux pas que…

Vous entendez: L'université va être fermée pour la visite du président de la République.

Vous dites: **Je ne veux pas que l'université soit fermée pour la visite du président de la République.**

1. J'aime bien que…

2. Son père ne désire pas que…

3. Leurs parents préfèrent que…

4. Je souhaite que…

5. J'aimerais que…

Leçon 2   4–12

A. La bonne réponse. Écoutez ce que disent les personnes suivantes et choisissez la réponse appropriée.

____ 1. a. C'est très beau.
   b. Ouf! On a eu chaud!
   c. C'est parfait.

____ 2. a. Ça ne me dit rien.
   b. J'en ai assez de ces histoires.
   c. Ça m'a beaucoup déçu.

____ 3. a. Heureusement.
   b. Ça me barbe.
   c. Ça m'inquiète.

La grammaire à apprendre

Le subjonctif: l'émotion, l'opinion et le doute   4–13

B. Une opinion sur tout. Christine Ferrand n'hésite jamais à exprimer ses opinions. Jouez son rôle en utilisant les expressions données.

MODÈLE: *Vous lisez:* J'ai peur que…

Vous entendez: Croyez-vous que la pollution soit un problème grave?

Vous répondez: **J'ai peur que la pollution soit un problème grave.**

1. Je crains que… / ne… pas
2. Je serais heureuse que…
3. Je regrette que… / ne… pas
4. Je suis sûre que nous…
5. Je suis étonnée que nous…

L'infinitif pour éviter le subjonctif 4–14

C. Tout à fait d'accord. Vous entrez à l'université dans quelques jours et votre mère vous fait part de ses sentiments. Vous approuvez tout ce qu'elle dit et vous reprenez ses commentaires selon le modèle.

MODÈLE: *Vous lisez:* Moi, aussi…

Vous entendez: Je suis contente que tu commences l'université la semaine prochaine.

Vous répondez: **Moi aussi, je suis content(e) de commencer l'université la semaine prochaine.**

(Items 1–5)

Leçon 3
Conversation 4–15

En français, il existe beaucoup d'expressions pour persuader, donner des ordres ou exprimer la nécessité ou l'obligation. Écoutez la conversation (manuel, **chapitre 5**, leçon 3) en prêtant attention à ces expressions.

A. L'intonation des phrases. Maintenant, écoutez et répétez les phrases suivantes. Imitez l'intonation de la phrase et les expressions qu'on utilise pour persuader, donner des ordres ou exprimer la nécessité ou l'obligation.

1. Ça ne vous tente pas?
2. Passe-moi le programme, s'il te plaît.
3. Ça ne te dit rien de regarder le match de foot?
4. Allez, sois sympa, je t'en prie, et regarde le match avec nous, quoi.
5. Bon, eh bien, je vous propose un compromis.
6. Qu'est-ce vous diriez d'une partie de Scrabble®?
7. Eh bien, puisque tu nous imposes ton choix, c'est toi qui vas chercher le jeu dans le placard de ma chambre.

La grammaire à apprendre

Le subjonctif: la nécessité et l'obligation 4–16

B. La discipline. Vous devez partir d'urgence pour une autre ville où on vous a offert un fabuleux travail. Vous ne pouvez pas emmener vos deux enfants avec vous et vous allez les laisser pour une semaine chez votre voisine. C'est une personne sévère qui ne plaisante pas avec la discipline. Elle accepte de garder vos enfants sous certaines conditions. Formulez ses exigences en utilisant les expressions et les verbes donnés.

MODÈLE: *Vous lisez:* Il faut que… (se coucher)

Vous entendez: Les enfants doivent se coucher à dix heures.

Vous dites: **Il faut que les enfants se couchent à dix heures.**

1. Il est essentiel que… (se taire)
2. J'insiste pour que… (faire)
3. Il est nécessaire que… (obéir)
4. Je demande que… (regarder)
5. J'empêche que… (sortir)
6. Il est essentiel que… (revenir)

Le passé du subjonctif 4–17

C. À l'étranger. Paul et Marie-Christine vivent en Suisse depuis un mois. Ils ont eu le temps de s'habituer un peu à leur nouvelle vie. Paul téléphone à des amis pour leur donner de leurs nouvelles. À chacune des affirmations de Paul, ses amis expriment leur approbation *(approval)*. Jouez leur rôle en suivant le modèle.

MODÈLE: *Vous lisez:* Nous sommes heureux que…

Vous entendez: Nous avons trouvé un appartement splendide.

Vous répondez: **Nous sommes heureux que vous ayez trouvé un appartement splendide.**

1. Nous sommes contents que…
2. Nous sommes ravis que…
3. Nous sommes enchantés que…
4. Nous sommes heureux que…
5. Nous sommes rassurés que…

Dictée 4–18

D. À suivre. La speakerine va vous donner un condensé *(summary)* des programmes de ce soir sur France 2. Transcrivez les phrases qui le composent. Notez que *Le commissaire Maigret* est un feuilleton policier français adapté des romans de Georges Simenon. D'abord, écoutez le passage en entier. Ensuite, chaque phrase sera lue deux fois. Enfin, le passage entier sera répété pour que vous puissiez vérifier votre travail. Écoutez.

_____

_____

_____

_____

_____

_____

_____

_____

Compréhension

Le chauffeur de taxi 4–19

Dans ce chapitre, vous avez appris à exprimer vos émotions. Un chauffeur de taxi a failli entrer en collision avec une autre personne qui se dit *(claims)* être commissaire de police. Vous entendez d'abord quelques échanges désagréables entre les conducteurs. Ensuite, le chauffeur de taxi parle avec sa passagère de l'accident dont ils ont failli être victimes quelques minutes auparavant. Écoutez.

MOTS UTILES: un farfelu *eccentric*   brûler un feu rouge *to run a red light*

le feu *traffic light*   minable *hopeless, pathetic*

E. Descriptions. Complétez les phrases suivantes en indiquant les réponses qui conviennent.

_____ 1. Le chauffeur de taxi est…

    a. peureux.

    b. fâché.

    c. heureux.

_____ 2. La passagère est…

    a. étrangère.

    b. farfelue.

    c. parisienne.

_____ 3. Le chauffeur de taxi se plaint parce que (qu')…

    a. la passagère l'a insulté, le traitant de minable.

    b. il a eu une contravention.

    c. un automobiliste a brûlé le feu rouge.

_____ 4. D'après le chauffeur de taxi, la circulation à Paris…

    a. est réglée par des commissaires de police.

    b. est un véritable cauchemar.

    c. ne pose généralement pas de problèmes.

F. Une lettre. Imaginez que la passagère écrit une carte à son amie Julie, et qu'elle raconte son expérience dans le taxi. Complétez la carte ci-dessous, d'après le passage que vous avez entendu. Écoutez à nouveau le passage si nécessaire.

_____ (1), le 25 juillet

Chère Julie,

Tout va bien. J'ai eu une petite expérience qui m'a fait _____ (2).

J'étais dans _____ (3) pour aller rejoindre mes amis au restaurant.

Tout d'un coup, une voiture a failli entrer en collision avec nous. Mon chauffeur n'était

pas du tout _____ (4). Il a proclamé que l'autre personne n'était pas

_____ (5) comme il le prétendait. Il insistait que l'autre personne avait

brûlé _____ (6). J'étais sûre et certaine qu'ils allaient se battre dans

_____ (7). Je voulais continuer à pied mais j'ai décidé de rester. Quelle

ville intéressante, mais pleine de conducteurs _____ (8)! Je te verrai

dans trois semaines, j'espère!

Je t'embrasse,

Sylvie

Les annonces   4–20

Vous partez en vacances à la plage. Vous allez faire des achats avant de partir. Considérez les produits suivants. Écoutez les annonces.

MOTS UTILES: désaltérant(e) *thirst-quenching*

les circuits touristiques *tours*

un coup de soleil *sunburn*

un événement *event*

le prêt-à-photographier *ready-to-photograph*

équipé(e) de *equipped with*

un objectif *lens*

à peine *hardly, scarcely*

une pellicule *film*

un appareil *here, camera*

G. Les produits. Maintenant, complétez le résumé de chaque produit.

1. Blanca: C'est _____ qui est _____.

2. *Le Parisien:* C'est _____. Pendant les mois de juillet et août, il y

   aura _____. On trouvera diverses rubriques pour

   l'été, par exemple _____.

3. Quick-Snap Fuji Color: C'est un appareil photo. L'avantage du Quick-Snap Fuji Color, c'est

   _____. Vous pouvez mettre le Quick-Snap

   Fuji Color dans _____.

4. Les deux produits qui seraient les plus utiles à la plage: _____

5. Le produit qui coûte probablement le plus cher *(costs the most):* _____

Faites attention!   4–21

Dans ce chapitre, vous avez appris à donner des ordres et à exprimer la nécessité. Le reportage suivant présente le problème des noyades *(drownings)* en France et propose quelques conseils préventifs.

MOTS UTILES: imparable *unstoppable*

un gamin *kid*

une clôture *fence*

H. Complétez. Choisissez toutes les réponses qui sont correctes selon le reportage.

_____ 1. En France, les morts par noyade sont…

    a. la deuxième cause de morts accidentelles chez les enfants.

    b. de plus en plus rares.

    c. un type de morts accidentelles qui frappe beaucoup les enfants.

_____ 2. Les noyades risquent de devenir plus fréquentes parce que (qu')…

    a. on installe plus de piscines privées.

    b. plus de parents travaillent en dehors de la maison.

    c. il y a un nombre croissant de jeunes en France.

_____ 3. Si on installait _____, il y aurait moins d'accidents de noyades.

    a. des barrières

    b. une alarme sonore

    c. un chien de garde

_____ 4. Ce sont surtout les enfants de _____ qui sont exposés à la noyade.

    a. cinq à six ans

    b. deux à trois ans

    c. un à quatre ans

Exercices écrits

À MON AVIS...

6

La grammaire à réviser
Avant la première leçon
Les pronoms objets directs et indirects

A. Faisons quelque chose de nouveau. Éric cherche un nouveau travail. Identifiez la fonction des mots en italique en indiquant **D** s'il s'agit d'un objet direct ou **I** si c'est un objet indirect, puis reformulez les phrases en remplaçant ces mots par le pronom qui convient (**le, la, l', les, lui, leur**).

MODÈLE: *D* Éric n'aime pas son travail d'employé de bureau. Il trouve *son travail* débile.

   Il le trouve débile.

_____ 1. Le patron embête les employés. Il ne laisse aucune initiative *aux employés* non plus.

_____

_____ 2. L'ambiance du bureau est complètement insupportable. Elle ne plaît pas du tout *à Éric.*

_____

_____ 3. Il est difficile pour lui de supporter ses collègues. Il trouve *ses collègues* très ennuyeux.

_____

_____ 4. Éric en a marre, alors il prend une décision à propos de son travail. Il est nécessaire qu'il quitte *son travail.*

_____

_____ 5. Sa sœur Mélanie travaille pour la chaîne de télévision France 2. Il téléphone *à Mélanie* pour lui demander conseil.

_____

_____ 6. Mélanie dit *à son frère* qu'à France 2 on cherche un nouvel envoyé spécial pour faire des reportages sur l'Inde.

_____

_____ 7. Comme Éric parle hindi et anglais et connaît bien l'Inde, sa sœur convainc *Éric* d'envoyer son curriculum vitae à la directrice.

_____

_____ 8. Ce job est parfait pour lui. Il démontre clairement dans une lettre très bien écrite *que ce job est parfait pour lui.*

_____

_____ 9. Il attend la réponse avec impatience. Quel soulagement quand il reçoit *la réponse!*

_____

_____ 10. Il vient de commencer son nouveau travail et il trouve *ce travail* génial!

_____

_____ 11. Il est ravi de pouvoir travailler pour ses nouveaux patrons et il est déjà évident qu'il plaît *à ses patrons.*

_____

Avant la deuxième leçon

La position des pronoms objets

B. Un douanier impatient. Deux diplomates russes arrivent à Roissy, un des trois aéroports de Paris. Reformulez les réponses indiquées en remplaçant les mots en italique par les pronoms objets directs ou indirects correspondants **(le, la, l', les, lui, leur)**. Attention aux accords nécessaires du participe passé.

MODÈLE: Le douanier: Avez-vous déjà montré votre passeport à l'agent de l'Office d'immigration?

Le diplomate: Oui, bien sûr que j'ai déjà montré mon passeport *à l'agent de l'Office d'immigration.*
Oui, bien sûr que je lui ai déjà montré mon passeport.

1. Le douanier: Complétez cette déclaration de douane. Vous n'avez pas rempli la dernière partie.

Le diplomate: Ah bon, je n'ai pas rempli *la dernière partie?*

_____

2. Le douanier: Un instant, s'il vous plaît, je dois téléphoner immédiatement à mon assistant pour qu'il m'aide à inspecter tous vos bagages.

Le diplomate: Eh bien, allez-y. Téléphonez *à votre assistant.*

_____

3. Le douanier: Je voudrais inspecter toutes les valises.

Le diplomate: Je vous en prie. Inspectez toutes *les valises.*

_____

4. Le douanier: Ouvrez cette grosse malle.

Le diplomate: Mais je ne peux pas ouvrir *cette grosse malle.*

_____

5. LE DOUANIER: Comment? Vous n'avez pas votre clé?

LE DIPLOMATE: Non, je ne peux pas trouver *ma clé*.

_____

6. LE DOUANIER: Ne laissez pas tous ces sacs sur la table.

LE DIPLOMATE: Alors, où est-ce que je mets *ces sacs*?

_____

7. LE DOUANIER: Monsieur, je vous demande de vider vos poches de manteau tout de suite.

LE DIPLOMATE: Très bien, je vais vider *mes poches*.

_____

8. LE DOUANIER: Avez-vous acheté cette bouteille de vodka en Russie?

LE DIPLOMATE: Avons-nous acheté *cette bouteille de vodka* en Russie?! Bien sûr!

_____

9. LE DOUANIER: Bon d'accord, on a terminé ici. Vous pouvez commencer à ranger toutes vos affaires.

LE DIPLOMATE: Je peux ranger *mes affaires*? Enfin!

_____

Attention! L'accord doit être fait pour deux participes passés. Avez-vous trouvé ces deux éléments?

Leçon 1
Cap sur le vocabulaire!

A. Un dîner d'anniversaire. En faisant des courses en ville, Marc rencontre Christine, la meilleure amie de sa femme Cécile. Il lui parle de ses projets pour célébrer l'anniversaire de Cécile et lui demande son avis. Complétez leur conversation en choisissant une expression ou une phrase appropriée dans la liste ci-dessous.

à mon avis	~~dis donc, Christine, tu sais que~~
allez, au revoir	eh bien
au fait	excuse-moi
excusez-moi de vous déranger mais	je suis obligée de m'en aller
je m'en aille	je voulais te demander
je n'ai pas bien compris	justement

MODÈLE: MARC: *Dis donc, Christine, tu sais que* l'anniversaire de Cécile, c'est vendredi prochain...

CHRISTINE: Ah, oui, c'est vrai! J'avais complètement oublié. Merci de me l'avoir rappelé!

MARC: Ben, je pensais inviter quelques amis chez nous ce soir-là pour dîner.

_____ (1), _____ (2) si tu ne pouvais pas m'aider à

planifier le tout.

CHRISTINE: Écoute, Marc, un dîner chez vous serait agréable, mais _____ (3), Cécile

préférerait peut-être sortir au restaurant.

MARC: _____ (4), tu as raison! Quel restaurant est-ce que tu me suggères?

CHRISTINE: Peut-être Le Fil doré, tout près de chez vous. Cécile a toujours apprécié sa carte diverse.

MARC: Très bien, c'est décidé alors. Tu seras des nôtres vendredi soir?

CHRISTINE: Bien sûr que oui! Bon alors, _____ (5), il faut que

_____ (6). On se téléphone?

MARC: Oui. _____ (7).

CHRISTINE: À bientôt, Marc.

B. Le journal télévisé. Vous travaillez pour une chaîne de télé. C'est à vous de trouver les titres des différents reportages de ce soir. Ces titres (énumérés ci-dessous) apparaîtront sur l'écran. Associez chaque titre au reportage approprié.

Une paix éventuelle	Lutte contre la drogue
Pourparlers en cours	Mort de plusieurs soldats
125 morts	Attentats contre les étrangers
Campagne électorale	Otages libérés

MODÈLE: *Lutte contre la drogue:* Les membres de l'Union européenne continuent leurs discussions afin de créer une politique commune à l'égard de l'interdiction des stupéfiants.

1. _____: Les candidats à la présidence continuent leur lutte pour l'Élysée. Ce soir, un débat télévisé sur notre chaîne à partir de 20h00.

2. _____: Cinq membres de l'armée américaine sont tombés dans une embuscade près de Bagdad; tous sont morts.

3. _____: Le gouvernement et les rebelles ont accepté un cessez-le-feu dans l'espoir de mettre fin à la longue guerre civile qui les oppose.

4. _____: Une voiture a explosé à Bagdad ce matin; cent vingt-cinq personnes au- raient été tuées.

5. _____: À Kabul ce matin: Deux touristes occidentaux ont été blessés. Et à Bagdad: Une nouvelle explosion devant le bâtiment où travaillent les représentants du Croissant-rouge.

6. _____: Deux hommes d'affaires japonais qui avaient été pris en otage la semaine dernière par des extrémistes à Jakarta ont retrouvé la liberté cet après-midi.

C. Explique-le-moi! Un étudiant français vous pose des questions au sujet du système politique américain. Répondez-lui de votre mieux.

1. L'ÉTUDIANT FRANÇAIS: En France, l'âge minimum des électeurs et de 18 ans. Et aux États-Unis, à quel âge est-ce qu'on peut se faire inscrire?

   Vous: _____

2. L'ÉTUDIANT FRANÇAIS: À quel âge est-ce que tu t'es fait inscrire?

   Vous: _____

3. L'ÉTUDIANT FRANÇAIS: Quel candidat est-ce que tu as soutenu aux dernières élections présidentielles? Est-ce que c'était le même candidat que tes parents soutenaient?

   Vous: _____

4. L'ÉTUDIANT FRANÇAIS: Est-ce que les Américains s'intéressent plus à la politique intérieure ou à la politique étrangère d'un candidat présidentiel et pourquoi?

   Vous: _____

5. L'ÉTUDIANT FRANÇAIS: En France, des fois jusqu'à 75% des électeurs votent, surtout dans une élection présidentielle. J'ai entendu dire que beaucoup d'électeurs américains ne votent pas souvent ou même pas du tout. À ton avis, pourquoi est-ce qu'ils ne votent pas?

   Vous: _____

6. L'ÉTUDIANT FRANÇAIS: En France, le mandat présidentiel est de 5 ans. Quelle est la durée du mandat présidentiel américain?

   Vous: _____

7. L'ÉTUDIANT FRANÇAIS: Penses-tu que ce mandat-là soit trop long ou trop court?

   Vous: _____

8. L'ÉTUDIANT FRANÇAIS: À ton avis, est-ce que les électeurs américains éliront bientôt une femme à la présidence? Pourquoi ou pourquoi pas?

   Vous: _____

La grammaire à apprendre

Les pronoms *y* et *en*

D. Une campagne électorale. M. Parlebien est candidat à des élections régionales. Il est interviewé par un journaliste. Donnez les réponses de M. Parlebien, un homme de peu de mots, aux questions du journaliste en remplaçant les mots en italique par le pronom **y** ou **en.**

MODÈLE: JOURNALISTE: Alors, vous avez décidé de vous présenter *aux élections régionales...*

CANDIDAT: Oui, *j'ai décidé de m'y présenter.*

1. JOURNALISTE: Vous connaissez bien la région puisque vous êtes né *en Bretagne,* n'est-ce pas?

   CANDIDAT: Oui, _____.

2. JOURNALISTE: Avez-vous beaucoup *d'expérience pour négocier avec les indépendantistes bretons?*

   CANDIDAT: Non, j'avoue *(admit)* que _____.

3. JOURNALISTE: Allez-vous nous parler *de votre programme électoral* ce soir?

   CANDIDAT: Oui, _____.

4. JOURNALISTE: Répondrez-vous franchement *aux questions des électeurs?*

   CANDIDAT: Oui, _____.

5. JOURNALISTE: Avez-vous réfléchi sérieusement *au problème du chômage dans la région?*

   CANDIDAT: Non, franchement, _____.

6. JOURNALISTE: Vous avez déjà dit que vous avez l'intention de visiter une quinzaine *d'entreprises régionales,* n'est-ce pas?

   CANDIDAT: Oui, _____.

7. JOURNALISTE: Les organisateurs de votre campagne électorale ont-ils recruté plusieurs *étudiants* pour distribuer et afficher des tracts électoraux?

   CANDIDAT: Non, _____.

E. À vous! Après avoir fait l'exercice D ci-dessus, dites quelles deux réponses de Monsieur Parlebien vous aident le plus à déterminer s'il est un bon candidat? Quelle est votre opinion? Que pensez-vous de lui? Pourquoi?

_____

_____

F. Des questions supplémentaires. Vous n'êtes pas satisfait(e) des réponses du candidat. Préparez d'autres questions que vous allez lui poser. Rédigez-les en vous servant des expressions ci-dessous et du pronom **y** ou **en.** Suivez le modèle. Variez les expressions que vous utilisez.

avoir besoin de	s'intéresser à	réfléchir à
avoir peur de	parler de	répondre à
céder à *(to give in to)*	penser à *(to think about)*	renoncer à *(to give up)*
discuter de	penser de *(to have an opinion of)*	rêver de *(to dream of)*
s'inquiéter de *(to worry about)*	réagir à *(to react to)*	tenir à *(to value, to insist [on])*

MODÈLE: La réforme de la Sécurité sociale, *qu'en pensez-vous?*

1. Vous n'avez pas parlé de l'immigration. _____

2. Aspirez-vous à la présidence de la République? C'est-à-dire, _____

3. Je trouve que la pollution est un problème grave. Et vous, _____

4. À propos du problème des sans-abri, _____

5. Certains proposent une Bretagne indépendante. _____

6. Je voudrais vous entendre parler de la lutte contre la toxicomanie *(drug addiction).* _____

   _____

7. En ce qui concerne les attentats terroristes, _____

8. (Ajoutez une autre question.) _____

G. Le nouveau candidat aux élections. François Leblanc veut être élu maire aux prochaines élections municipales. Il répond aux questions des électeurs et essaie de les convaincre de voter pour lui. Complétez les phrases avec un pronom direct (**le, la, l', les**), indirect (**lui, leur**), **y** ou **en.** Les référents appropriés des pronoms, qui se trouvent chaque fois dans la phrase précédente, sont soulignés.

Rappel — Les verbes suivants sont suivis de la préposition **à:** permettre (à quelqu'un), promettre (à quelqu'un), s'intéresser (à quelque chose), réfléchir (à quelque chose), demander (à quelqu'un).

MODÈLE: —Nous aimerions que vous répondiez <u>à nos questions.</u>

       —Je suis heureux *d'y* répondre.

—Pourquoi avez-vous décidé de vous présenter? Croyez-vous <u>que vous serez un maire efficace pour cette ville?</u>

—Oui, je (j') _____ (1) crois. Je pense que <u>les habitants de cette ville</u> demandent les

réformes que je propose. Il est grand temps de _____ (2) permettre de réaliser leurs vœux.

—Vous êtes très ambitieux; j'ai entendu dire que vous aviez <u>de nombreux projets de construction!</u>

—Oui, c'est vrai, je (j') _____ (3) ai plusieurs. Je m'intéresse surtout <u>à la construction d'une nouvelle autoroute</u> pour diminuer les embouteillages en ville.

—Pourquoi vous _____ (4) intéressez-vous? Cette nouvelle autoroute, croyez-vous que

nous _____ (5) ayons vraiment besoin?

—Oui, les embouteillages sont un très gros problème.

—Et vous voulez faire agrandir <u>le lycée technique</u>?

—C'est exact, je veux _____ (6) faire agrandir. <u>Le directeur</u> se plaint qu'il n'y a pas

assez de salles de classe pour tous les élèves. Je (J') _____ (7) ai promis de réunir les

fonds nécessaires pour commencer les travaux aussitôt que je serai élu.

—Mais <u>combien d'élèves</u> aurons-nous l'année prochaine?

—Nous _____ (8) aurons environ deux mille.

—Avez-vous réfléchi <u>à tout l'argent</u> qu'il vous faudra pour payer ces frais?

—Oui, je (j') _____ (9) ai bien réfléchi et j'espère avoir la collaboration active des gens
de la ville.

—Alors, vous allez demander <u>aux citadins</u> *(city residents)* de payer plus d'impôts?

—Non, je ne (n') _____ (10) demanderai pas de payer plus d'impôts. Tant que je serai
maire, je vous promets de ne jamais les augmenter.

H. Des promesses de campagne électorale. Vous êtes candidat(e) à des élections. Écrivez un petit discours *(speech)* dans lequel vous présentez votre programme électoral aux électeurs. Incorporez au moins six pronoms (**le, la, l', les, lui, leur, y, en, me, te, nous, vous**).

MODÈLE: *Je crois vivement à la liberté individuelle. Je vous promets d'essayer de la préserver pour tous nos citoyens. J'y tiens et je n'y renoncerai pas…*

_____

_____

_____

Leçon 2
Cap sur le vocabulaire!

A. Si vous voulez le savoir. Karine a des opinions fortes sur la politique et lorsqu'elle en parle, elle utilise toujours les mêmes expressions. Aidez-la à varier ce qu'elle dit en choisissant une phrase équivalente dans la liste ci-dessous.

À mon avis	C'est juste
En outre	Pas du tout
J'ai l'impression que	Quel est votre avis?
Je trouve que	Tout à fait
Je pense que non	Tout cela est sans importance

MODÈLE: *Pour moi,* les campagnes électorales durent trop longtemps.

À mon avis, les campagnes électorales durent trop longtemps.

1. *De plus,* tous les politiciens sont malhonnêtes!

   _____, tous les politiciens sont malhonnêtes!

2. *Il me semble que* les politiciens pensent plus à eux-mêmes qu'aux autres.

   _____ les politiciens pensent plus à eux-mêmes qu'aux autres.

3. *Je crois que* les médias prêtent trop attention à l'apparence physique des candidats et de leurs familles.

   _____ les médias prêtent trop attention à l'apparence physique des candidats et

   de leurs familles.

4. Et vous, *qu'est-ce que vous pensez de ça?*

   Et vous, _____?

5. Oui, je sais que les politiciens font beaucoup de promesses. *Ça m'est tout à fait égal.*

   _____.

6. Est-ce que j'aime critiquer les politiciens? *Absolument!*

   _____!

7. Comment? Vous savez que mon grand-père était sénateur? Oui, *c'est exact.*

   Oui, _____.

8. Et vous dites que je serai une bonne candidate politique? *Je ne le crois pas.*

   _____.

9. Est-ce que je m'intéresse à une carrière politique? *Absolument pas!*

   _____!

B. Phénomènes culturels: qu'en pensez-vous? Répondez aux questions en donnant votre opinion personnelle. Les mots et expressions dans la liste ci-dessous peuvent vous être utiles.

chouette	honteux(-euse)	moche	remarquable
ennuyeux(-euse)	insupportable	passionnant(e)	scandaleux(-euse)
génial(e)	laid(e)	réussi(e)	spectactulaire
Je ne sais pas quoi dire.	super		
Au fond, je ne sais pas très bien.			
Bof!			

MODÈLE: Selon vous, comment est la comédie musicale *Le Fantôme de l'Opéra?*

Elle est spectaculaire! / Je la trouve absolument géniale.

1. Qu'est-ce que vous pensez des tableaux de Vincent Van Gogh?

   _____

2. Que pensez-vous de la tour Eiffel?

   _____

3. Comment trouvez-vous les films de la série *Spiderman*?

   _____

4. Selon vous, comment est le ballet *Casse-noisettes (The Nutcracker)*?

   _____

5. Qu'est-ce que vous pensez de la musique de Lady Gaga?

   _____

6. Est-ce que les peintures cubistes vous attirent? Pourquoi ou pourquoi pas?

   _____

7. Comment trouvez-vous la neuvième symphonie de Beethoven?

   _____

8. Selon vous, comment sont les romans de la série *Harry Potter*?

   _____

9. Que pensez-vous des films avec Adam Sandler?

   _____

10. D'après-vous, quel bâtiment est-ce qu'il faut rénover sur votre campus? Comment est-ce qu'il est?

   _____

La grammaire à apprendre

La position des pronoms objets multiples

C. Une visite au Louvre. Vous servez de guide à un groupe de touristes québécois à Paris qui va visiter le musée du Louvre. Répondez à leurs questions en remplaçant les mots soulignés par des pronoms objets (**le, la, l', les, lui, leur, me, te, nous, vous, y, en**).

MODÈLE: Pourrons-nous trouver <u>des œuvres</u>
<u>impressionnistes</u> au Louvre?

Non, *vous ne pourrez pas y en trouver.*

1. Vous <u>nous</u> donnerez <u>nos billets</u> quand nous arriverons au musée?

   Oui, _____.

2. Est-il nécessaire d'apporter <u>de l'argent</u> pour entrer <u>au musée</u>?

   Non, _____.

3. À la fin de la visite, est-ce que nous devons <u>nous</u> retrouver <u>près de la sortie</u>?

   Oui, _____.

4. Le gardien <u>nous</u> permettra-t-il <u>de toucher les statues</u>?

   Non, _____.

5. Pourrons-nous poser <u>des questions</u> <u>aux employés du musée</u>?

   Oui, _____.

6. Faut-il laisser <u>nos sacs à dos</u> <u>à la dame du vestiaire</u> (*checkroom attendant*)?

   Oui, _____.

7. Est-il possible de prendre <u>des photos</u> <u>à l'intérieur du musée</u>?

   Oui, _____.

8. Aurons-nous le temps de <u>nous</u> acheter <u>des cartes postales</u>?

   Oui, _____.

Les pronoms disjoints

D. La pyramide. Trois des touristes québécois se détendent dans un café après leur visite guidée du Louvre. Ils discutent de la pyramide en verre qui se trouve à l'entrée du musée. Indiquez la forme correcte du pronom. Attention: Il y a des pronoms sujets, des pronoms objets et des pronoms disjoints!

MODÈLE: Cet appareil photo est à **te /(toi)/ tu**?

CÉCILE: **(1) Moi / Je / Me**, j'aime beaucoup l'entrée du Louvre. La pyramide en verre est vraiment

spectaculaire. Et **(2) vous / tu / toi**, qu'est-ce que vous en pensez?

ALAIN: **(3) Moi / Je / Me**, je **(4) la / elle / lui** trouve très laide.

CHRISTINE: **(5) Moi / Je / Me** suis d'accord avec **(6) toi / tu / te**, Alain. **(7) Il / La / Elle** est moche, cette

pyramide!

CÉCILE: **(8) Toi / Tu / Te** m'étonnes, Christine! Normalement, c'est **(9) toi / tu / te** qui aimes les bâti-

ments modernes.

CHRISTINE: Ça, c'est vrai. Mais cette fois-ci, il me semble que la pyramide gâche la beauté classique de

l'extérieur du Louvre.

ALAIN: Qui a eu l'idée de faire construire la pyramide?

CHRISTINE: L'ancien président François Mitterrand. C'était **(10) le / lui / il** qui voulait un nouveau monument à Paris. Pas mal de Français étaient moins enthousiastes que **(11) le / lui / il.**

CÉCILE: Bien sûr, Monsieur le Président n'a pas créé la pyramide **(12) eux / lui / il**-même. Ce sont les architectes, **(13) eux / ils / les**, qui **(14) l' / lui / elle** ont dessinée.

CHRISTINE: Écoutez, **(15) moi / je / me** vais aller acheter des cartes postales. Qui veut venir avec **(16) moi / je / me?**

CÉCILE: Pas **(17) moi / je / me.**

ALAIN: **(18) Moi / Je / Me** non plus. Mais vas-y. Cécile et **(19) moi / je / toi**, nous allons rester ici regarder les gens.

CHRISTINE: D'accord, à tout à l'heure...

E. Une situation tendue. Des terroristes ont pris en otage un groupe de diplomates étrangers. Pendant cette crise, le Président, qui s'occupe des négociations, donne des ordres à ses ministres. Il se répète pour mieux se faire comprendre. Complétez sa répétition à l'impératif en employant des pronoms objets multiples ou disjoints pour remplacer les mots soulignés.

MODÈLE: Amenez-moi <u>leur chef</u>!

J'ai dit: *Amenez-le-moi!*

1. M. Duval, passez-moi <u>la communication avec les terroristes.</u>

   C'est urgent, _____!

2. Mme Chevalier, montrez <u>les photos de l'ambassade</u> <u>au général</u>.

   S'il vous plaît, _____!

3. Mme Lepain, informez-vous <u>de la santé des otages.</u>

   Vous m'avez entendu? _____!

4. M. Parlehaut, occupez-vous <u>des journalistes.</u>

   Encore une fois, _____!

5. M. Robert, ne vous préoccupez pas <u>de votre femme.</u>

   Je répète, _____!

6. Notre maire est inefficace en temps de crise. Alors, ne faites pas attention <u>au maire.</u>

   D'accord? _____!

7. Tout le monde, écoutez! Ne cédons pas beaucoup <u>de choses</u> <u>aux terroristes.</u>

   Entendu? _____!

8. Ne permettez pas <u>aux terroristes</u> de passer <u>la frontière</u>.

   Vous avez compris? _____!

9. M. Forêt, donnez-moi <u>de l'aspirine</u>.

   S'il vous plaît, _____!

F. Reportage. Vous êtes journaliste. Rédigez un petit reportage sur la situation décrite dans l'exercice E. Vous pouvez inventer d'autres détails pour décrire la situation plus complètement. Incorporez des pronoms objets et des pronoms disjoints dans votre paragraphe.

MODÈLE: *Aujourd'hui un groupe de terroristes a pris en otage un groupe de diplomates étrangers. Parmi eux, il y a deux diplomates britanniques…*

_____

_____

_____

Leçon 3
Cap sur le vocabulaire!

A. *Hugo le terrible:* un livre de Maryse Condé. (Voir la **Lecture** dans l'**Intermède culturel,** dans votre livre.) Le narrateur et Frédéric se parlent après leur rencontre avec les métropolitains. Décrivez ce que sont probablement leurs sentiments *(feelings)* et leurs opinions. Aidez-vous des expressions typiques dans votre livre, p. 243.

MODÈLE: *Il est probable que le narrateur ne soit pas content de cette rencontre.*

_____

_____

_____

_____

_____

_____

_____

_____

_____

_____

B. Êtes-vous optimiste, pessimiste ou indifférent(e)? Faites ce test pour déterminer si vous êtes optimiste, pessimiste ou indifférent(e)/indécis(e). Indiquez la phrase qui exprime le mieux votre opinion.

_____ 1. **a.** Je pense qu'il y aura de plus en plus de catastrophes naturelles.

      b. J'ai l'impression qu'il y a moins de catastrophes naturelles.

      c. Au fond, je ne sais pas.

_____ 2. **a.** Il ne me semble pas que les différences entre les pays riches et les pays pauvres s'accroissent.

      b. Sans aucun doute, les différences entre les pays riches et les pays pauvres vont s'accroître.

      c. Ça m'est plutôt égal.

_____ 3. **a.** Je crois qu'il y aura moins d'attentats terroristes.

      b. Il est probable qu'il y aura plus de terrorisme.

      c. On verra.

_____ 4. **a.** Je suis sûr(e) qu'un jour on libérera tous les otages dans le monde.

      b. Cela me semble peu probable.

      c. On verra bien.

_____ 5. **a.** Il me semble qu'on aura enfin la paix dans le monde dans les années à venir.

      b. Il est douteux qu'on ait la paix dans le monde dans les années à venir.

      c. Je ne suis pas sûr(e).

_____ 6. **a.** Il est peu probable que le chômage empire.

      b. Il est bien probable que le chômage s'aggravera.

      c. Tout cela est sans importance pour moi.

_____ 7. **a.** J'ai l'impression qu'on arrêtera la destruction de la couche d'ozone.

      b. Il est improbable qu'on l'arrête.

      c. L'environnement? Bof! Ça ne m'intéresse pas trop.

_____ 8. **a.** Avec le président américain actuel, les impôts diminueront sans aucun doute.

      b. Cela me semble peu probable.

      c. Je n'ai vraiment pas d'opinion.

_____ 9. **a.** Je crois qu'on arrivera à un compromis au sujet de l'avortement aux États-Unis.

      b. Il est peu probable qu'on arrive à un compromis sur cette question.

      c. Ça ne me concerne pas.

_____ **10.** a. Il est bien probable qu'on trouvera un vaccin contre le sida.

　　　　 b. Il est douteux qu'on trouve un vaccin contre cette maladie.

　　　　 c. Au fond, je ne sais pas très bien. C'est possible, je suppose…

Résultats: *Comptez les réponses «A», les réponses «B» et les réponses «C». Si la majorité de vos réponses sont «A», vous êtes optimiste. Si la majorité de vos réponses sont «B», vous êtes terriblement pessimiste. Une majorité de réponses «C» indique une personne plutôt indécise ou indifférente.*

C. Votre attitude envers les problèmes mondiaux. Expliquez! Êtes-vous d'accord avec les résultats de votre test dans l'exercice B? Comment vous décrivez-vous? Quelle est votre attitude envers les problèmes mondiaux? Pourquoi?

MODÈLE: *Les résultats de mon test indiquent que je suis plutôt pessimiste, ce qui est vrai malheureusement.*

　　　　　 Les problèmes du monde me rendent très triste et je n'y vois pas de solution.

_____

_____

_____

La grammaire à apprendre

Le verbe *devoir*

D. Au voleur! (*Stop the thief!*) Le musée des Beaux-Arts a été cambriolé (*robbed*). Le conservateur (*curator*) du musée parle à son assistant peu après la découverte du cambriolage. Remplissez les blancs avec la forme correcte du verbe **devoir**.

ASSISTANT: Alors, qu'est-ce qu'on (*must*) _____ (1) faire?

CONSERVATEUR: Vous (*should*) _____ (2) prendre contact avec la presse et je (*will have to*) _____ (3) appeler la police.

ASSISTANT: Nous (*should have*) _____ (4) téléphoner à la police tout de suite!

CONSERVATEUR: C'est de ma faute. Je (*was probably*) _____ (5) être trop distrait!

ASSISTANT: Le gardien (*must not have*) _____ (6) appeler la police non plus parce que les policiers ne sont pas encore arrivés.

E. Vous êtes l'inspecteur. Quand vous arrivez sur les lieux du crime (*at the scene of the crime*), vous regardez la salle et vous faites des hypothèses au sujet de la motivation et des actions des cambrioleurs (*robbers*). Terminez chaque phrase à l'aide de la forme appropriée de **devoir** (tout en gardant le sens donné en anglais des mots soulignés).

1. Hypothesize about what <u>must have happened</u>.

   MODÈLE: Pour moi, *les cambrioleurs ont dû entrer par cette fenêtre-là.*

   a. J'ai l'impression que _____.

   b. D'après moi, _____.

2. Now tell the curator what the museum employees <u>should have done</u> differently.

   a. Je pense que _____.

   b. Sans doute que _____.

3. Next, tell him what he <u>will have to do</u> in the future to prevent another theft.

   a. À mon avis, _____.

   b. Il me semble que _____.

4. Then explain what he <u>should do</u> now.

   a. Je crois que _____.

   b. _____ vous ne trouvez pas?

5. Finally, tell him what <u>you must do</u> to solve the crime (**pour élucider le crime**).

   a. Moi, je _____.

   b. À mon avis, _____.

Les adjectifs et les pronoms indéfinis

F. Le Louvre. Vous regardez un dépliant publicitaire du musée pour vous renseigner. Complétez les phrases avec un des adjectifs indéfinis suivants: **chaque, quelques, plusieurs, tout, toute, tous, toutes.**

1. Le musée est ouvert _____ les jours, sauf le mardi.

2. Le jeudi, il y a _____ groupes scolaires qui suivent des visites guidées.

3. _____ année, des milliers de visiteurs viennent au Louvre.

4. _____ le monde tient à voir la *Joconde* au moins une fois.

5. Le musée est immense. Il faut compter _____ jours si on veut voir

    _____ les salles principales.

6. _____ visiteurs veulent toucher les tableaux, mais c'est absolument interdit.

7. _____ touristes choisissent de se promener dans le musée avec les «Guides audio» portatifs qu'ils ont loués.

G. Qui est-ce? Choisissez une personne bien connue. Créez une description que vous pourriez partager avec un(e) partenaire pour lui faire deviner quelle personne vous avez choisie. Employez une expression indéfinie dans chacune de vos phrases!

Par exemple:

C'est quelqu'un de…   Chaque…

Tout le monde dit que…   Chacun(e) de…

Quelques…   Il/Elle a fait quelque chose de…

Quelques-un(e)s de…   Plusieurs…

Tout(e)(s) / Tous…   Il y en a qui disent que…

MODÈLE: **(Barack Obama)** *C'est quelqu'un de très intelligent. Il y en a qui disent qu'il a les solutions nécessaires pour résoudre les problèmes économiques de notre pays mais il y en a d'autres qui disent qu'il ne va rien faire d'extraordinaire. Cette personne a deux filles qui sont toutes les deux mignonnes.*

_____

_____

_____

H. Tout le monde n'est pas pareil. Composez des phrases pour mieux expliquer votre propre opinion sur les sujets indiqués. D'abord, choisissez l'expression qui correspond le mieux à votre opinion (la première expression de chaque paire suggère que vous êtes d'accord avec l'opinion donnée tandis que la seconde indique que vous n'êtes pas d'accord). Ensuite, créez deux phrases qui qualifient la phrase d'origine. Utilisez un adjectif indéfini (**chaque, quelques, plusieurs, tout, tous, toute, toutes**) dans la première phrase et le pronom indéfini correspondant (**chacun[e], quelques-un[e]s, quelqu'un, plusieurs, tout, tous, toutes**) dans la deuxième. Suivez le modèle.

MODÈLE: Le public s'intéresse aux questions sociales.

> *Absolument, / ~~En fait,~~ le public s'intéresse à quelques questions sociales.*
> *Le public s'intéresse à quelques-unes de ces questions.*

1. Les chômeurs sont paresseux.

   Exactement, / En fait, _____

   _____

2. Les immigrés habitent des quartiers sensibles.

   C'est exact. / Ce n'est pas vrai. _____

   _____

3. Les hommes politiques sont honnêtes.

   Tout à fait. / En réalité, _____

   _____

4. L'électeur individuel est important.

   C'est juste. / Je ne le crois pas. _____

   _____

5. La guerre est bête et jamais justifiable.

   Je suis d'accord. / Pas du tout. _____

   _____

6. Les œuvres d'art des impressionnistes sont spectaculaires.

   Absolument. / Pas du tout. _____

   _____

7. Les musées sont ennuyeux.

   C'est possible. / Sans doute. _____

   _____

I. On ne partage pas tous les mêmes idées. Choisissez un des deux thèmes ci-dessous. Puis, rédigez un paragraphe dans lequel vous expliquez les différentes opinions de vos amis, de vos copains de classe ou de vos concitoyens *(fellow citizens)*. Utilisez des adjectifs et des pronoms indéfinis (**tout, toute, tous, toutes, chaque, chacun[e], quelqu'un [de], quelque chose [de], plusieurs**) et le verbe **devoir**.

THÈMES AU CHOIX: Notre pays devrait continuer à accueillir des immigrants. OU

Notre pays devrait lutter encore plus contre le terrorisme.

MODÈLE: *Quelques-uns de mes copains de classe pensent qu'on devrait accueillir tous les immigrants qui viennent ici parce que nous sommes un pays d'immigrés, mais plusieurs personnes pensent que nous devrions établir des limites…*

_____

_____

_____

Exercices de laboratoire

Phonétique

Les semi-voyelles [j], [w] et [ɥ]   5–2

Dès que les voyelles **i, y, ou** et **u** sont suivies d'une autre voyelle, leur prononciation change et elles deviennent ce qu'on appelle des *semi-voyelles.*

La semi-voyelle [j] rappelle le son de la lettre *y* dans le mot anglais *yes*, mais le son est plus tendu en français qu'en anglais. La semi-voyelle [j] est représentée par les lettres **i** ou **y** suivies d'une voyelle. Les lettres **il** et **ill** représentent aussi le son [j]. Écoutez et répétez les mots suivants:

papier	étudiant	**fille**	crayon
avion	pare**il**	nettoyer	

Exceptions:

mille	ville	tranquille	Lille

A. Écoutez les phrases suivantes et identifiez les mots qui contiennent le son [j].

1. La gentille étudiante a renversé sa bière sur le panier.

2. Il faut bien nettoyer les traits de crayon.

3. Ce premier voyage en avion a inquiété la vieille femme.

B. Maintenant, répétez les mêmes phrases pour pratiquer le son [j].

1. La gentille étudiante a renversé sa bière sur le panier.

2. Il faut bien nettoyer les traits de crayon.

3. Ce premier voyage en avion a inquiété la vieille femme.

La semi-voyelle [w] est proche du *w* anglais, mais les lèvres sont plus tendues en français. Le son [w] est représenté par les lettres **ou** suivies d'une voyelle. Les combinaisons **oi** et **oin** représentent aussi le son [w]. Écoutez et répétez les mots suivants.

Louis	boire	bes**oin**	moi
oui	loyer	loin	mademoiselle

C. Écoutez les phrases suivantes et identifiez les mots qui contiennent le son [w].

1. Louis a besoin de boire beaucoup d'eau chaque mois.

2. Voici Mademoiselle Dubois, troisième concurrente de la soirée.

3. Oui, je crois que le voyage de la semaine prochaine sera moins long.

D. Maintenant, répétez les mêmes phrases pour pratiquer le son [w].

1. Louis a besoin de boire beaucoup d'eau chaque mois.

2. Voici Mademoiselle Dubois, troisième concurrente de la soirée.

3. Oui, je crois que le voyage de la semaine prochaine sera moins long.

La semi-voyelle [ɥ] n'a pas vraiment d'équivalent en anglais. Pour reproduire ce son, essayez de prononcer [y] très rapidement avant la voyelle qui suit. L'orthographe du son [ɥ] est **u** suivi d'une voyelle. Écoutez et répétez les mots suivants:

aujourd'**hui**   j**u**illet   c**u**illère   je s**u**is   l**u**i   n**u**it

E. Écoutez les phrases suivantes et identifiez les mots qui contiennent le son [ɥ].

1. Aujourd'hui, c'est le huit juillet.

2. Je suis rentrée à minuit, puis j'ai parlé avec lui.

3. La poursuite a ensuite continué tard dans la nuit.

F. Maintenant, répétez les mêmes phrases pour pratiquer le son [ɥ].

1. Aujourd'hui, c'est le huit juillet.

2. Je suis rentrée à minuit, puis j'ai parlé avec lui.

3. La poursuite a ensuite continué tard dans la nuit.

Leçon 1
Conversation   5–3

A. Les expressions pour faire la conversation. Maintenant, écoutez la conversation (manuel, **chapitre 6**, leçon 1) en prêtant attention aux expressions pour engager, continuer et terminer une conversation.

B. L'intonation des phrases. Écoutez et répétez les phrases que vous entendrez. Imitez l'intonation de la phrase.

1. Dis donc, Fabien, qu'est-ce que tu m'as dit à propos de Paul… ?

2. Pardon, messieurs-dames, excusez-moi de vous interrompre.

3. On peut en savoir un peu plus?

4. Je pense que c'est une très bonne cause.

5. Au revoir, excusez-moi de vous avoir interrompus.

6. Bon, il faut que je m'en aille.

7. Bon, alors, à tout de suite.

C. Une réponse appropriée. Écoutez chaque phrase et choisissez entre les deux expressions données la réponse appropriée. Dites-la à haute voix.

1. Justement… / Il faut que je m'en aille.
2. Alors, on se téléphone? / Oui. On vous écoute.
3. Mais pas du tout! Qu'est-ce qu'il y a? / À la prochaine.
4. Bon, allez, au revoir. / Tout à fait.
5. J'ai besoin de te parler. / Oui, mais pas trop quand même.

La grammaire à apprendre

Les pronoms *y* et *en*   5–4

D. J'en ai, des soucis, moi! Souvent en français parlé, on utilise un pronom aussi bien que le nom correspondant. Le nom est placé au début de la phrase ou à la fin (comme dans l'exemple ci-dessous). On fait alors une petite pause entre le nom et le reste de la phrase. Répondez aux questions en suivant le modèle.

MODÈLE: *Vous entendez:* Tu as des soucis?

Vous répondez: **J'en ai, des soucis, moi!**

(Items 1–7)

E. Au fait… Deux amis attendent le commencement de leur cours de mathématiques. Entre-temps *(In the meantime)*, Jean-David essaie d'intéresser son amie Claire à un article de journal qu'il vient de lire. Jouez le rôle de Claire et répondez aux questions de Jean-David en utilisant le pronom **y** ou **en** et les indications données.

MODÈLE: *Vous lisez:* Non, je… pas beaucoup

Vous entendez: Tu as beaucoup de pages à lire avant la classe?

Vous répondez: **Non, je n'en ai pas beaucoup.**

1. Oui, je… un peu
2. Oui, je…
3. Non, je ne… pas
4. Non, mais je sais que… plusieurs
5. Oui, ils…

Leçon 2   5–5

A. Une réponse appropriée. Écoutez chaque phrase et choisissez entre les deux expressions données la réponse appropriée. Dites-la à haute voix.

1. Ça, c'est vrai. / Je crois qu'on devrait y aller.
2. Je le trouve assez moche. / C'est possible.
3. Tout cela est sans importance. / Vous trouvez?
4. Ce n'est pas vrai. / Moi non plus.
5. Je pense que oui. / Je suis d'accord avec toi: il est assez laid.

La grammaire à apprendre

La position des pronoms objets multiples   5–6

B. Vraiment? Pascal, qui adore lire le journal le matin, résume les événements du jour à sa femme, Marie, pendant qu'ils prennent le petit déjeuner. Jouez le rôle de Marie, qui reprend ce que dit Pascal sous forme d'une question exclamative. Faites attention à l'ordre des pronoms.

MODÈLE: *Vous lisez:* Tu veux rire? Elle…

   Vous entendez: L'équipe de football de Toulon a perdu le dernier match dans son propre stade.

   Vous répondez: **Tu veux rire? Elle l'y a perdu?**

1. Vraiment? Il…

2. Sérieusement? Il…

3. Sans blague? On…

4. Sans plaisanter? Il…

5. Non! Il…

Les pronoms disjoints   5–7

C. Qu'en pense-t-on? Parlez au nom des personnes mentionnées et donnez leur avis sur l'art impressionniste. Pour souligner *(emphasize)* à qui est l'opinion, utilisez le pronom disjoint qui correspond au nom. Suivez le modèle.

MODÈLE: *Vous lisez:* fabuleux

   Vous entendez: Comment est-ce que tu trouves l'art impressionniste?

   Vous répondez: **Moi, je le trouve fabuleux.**

   Vous entendez la confirmation: Moi, je le trouve fabuleux.

1. très beau

2. super

3. chouette

4. passionnant

Leçon 3

Conversation   5–8

A. La probabilité. Maintenant, écoutez la conversation (manuel, **chapitre 6**, leçon 3) en prêtant attention aux expressions pour exprimer la probabilité et l'improbabilité.

B. Pratiquez les expressions. Répétez les expressions pour exprimer la probabilité trouvées dans la conversation.

1. Oui, mais il ne me semble pas qu'il y ait autant de problèmes ici qu'ailleurs.

2. Il est possible que ces difficultés empirent, au moins pendant quelques temps.

3. On va probablement voir baisser le taux de chômage.

4. Je parie que les choses s'arrangeront.

C. Autrement dit. Refaites les phrases que vous entendrez avec une expression similaire.

MODÈLE: *Vous lisez:* Ils devraient arriver bientôt. / Il est douteux qu'ils arrivent bientôt.

Vous entendez: Sans doute qu'ils arriveront bientôt.

Vous dites: **Ils devraient arriver bientôt.**

1. Ils ont dû parler de la prise des otages. / Il est improbable qu'ils aient parlé de la prise des otages.

2. Il ne me semble pas que les immigrés doivent s'assimiler. / Il est probable que les immigrés devront s'assimiler.

3. Il est peu probable que la crise se répande. / La crise a dû se répandre.

4. Il est bien probable qu'ils aimeront cette peinture. / Il est peu probable qu'ils aiment cette peinture.

La grammaire à apprendre

Le verbe *devoir*   5–9

D. Pour une vie meilleure. Répondez à la question avec la forme appropriée du verbe **devoir**. Attention au temps des verbes!

MODÈLE: *Vous lisez:* éliminer les impôts

Vous entendez: Qu'est-ce que notre gouvernement devrait faire?

Vous répondez: **Il devrait éliminer les impôts.**

Pour une vie meilleure…

1. aider nos voisins
2. travailler dur
3. obtenir mon diplôme
4. chercher un emploi

Pour un monde meilleur…

5. recycler
6. protéger l'environnement
7. faire plus attention à la pollution

Les adjectifs et les pronoms indéfinis   5–10

E. Une école expérimentale. La voisine de Mme Lechartier lui pose des questions sur l'école bilingue où elle envoie ses enfants. Jouez le rôle de Mme Lechartier et répondez aux questions de sa voisine en utilisant les mots donnés. Faites tous les changements nécessaires.

MODÈLE: *Vous lisez:* quelqu'un

Vous entendez: Qui vous a appris l'existence de ce programme?

Vous répondez: **Quelqu'un m'a appris l'existence de ce programme.**

1. chacun
2. ils / en / plusieurs
3. je / les / tous
4. ils / les / toutes
5. chacun

Dictée   5–11

F. Une permission. Isabelle a une permission à demander à son père. Elle lui téléphone à son bureau et, comme il est absent, elle laisse un long message sur son répondeur automatique *(answering machine)*. Transcrivez son message. D'abord, écoutez le message en entier. Ensuite, chaque phrase sera lue deux fois. Enfin, tout le message sera répété pour que vous puissiez vérifier votre travail. Écoutez.

_____

_____

_____

_____

_____

_____

_____

Compréhension

Un bulletin d'informations *(A newsbrief)*   5–12

Vous allez entendre les informations de huit heures de la station de radio Europe 1. D'abord, écoutez-en les titres *(headlines)*.

MOTS UTILES: à nouveau *again*

se battre *to fight, battle*

un séisme *earthquake*

le train fou *runaway train*

le freinage *braking system*

une salle *here, movie theater*

G. Qu'est-ce qui se passe dans le monde? Dans le bulletin d'informations que vous avez entendu, le journaliste commence par donner un résumé des reportages présentés dans ce bulletin.

Identifiez les sujets qu'il mentionne.

la politique _____	une catastrophe ferroviaire *(railroad)* _____
le cinéma _____	un scandale politique _____
le football _____	la fabrication des missiles _____
le tennis _____	trois séismes _____
la religion _____	le vol d'une œuvre d'art _____

La politique intérieure   5–13

Maintenant, écoutez le reportage sur le discours *(speech)* du nouveau Premier ministre.

MOTS UTILES: dessiner   *to draw, lay out*

moindre   *less, lower*

autrement   *differently*

H. Les rêves du politicien. Quels sont les rêves de ce politicien? Choisissez la meilleure réponse pour compléter chaque phrase.

_____ 1. Il rêve de villes où il y a…

    a. moins de tensions.

    b. moins de pollution.

    c. plus d'habitants.

_____ 2. Il rêve d'une politique où…

    a. son parti est au pouvoir.

    b. tous les électeurs participent aux élections.

    c. ce qui est dit est plus important que celui qui le dit.

_____ 3. Il rêve d'un pays où…

    a. tout le monde a assez à manger.

    b. les gens communiquent entre eux.

    c. il n'y a plus de racisme.

_____ 4. Il rêve de liberté…

    a. pour tous.

    b. qui existe toujours.

    c. (*a* et *b*)

Voici maintenant un autre reportage sur la politique française.

MOTS UTILES: s'apprêter   *to be about to*   une hausse   *increase, rise*

               d'ailleurs   *besides*   repousser   *to postpone*

I. Une rumeur persistante. Complétez chaque phrase en choisissant la bonne réponse.

_____ 1. Dans ce reportage, il s'agit d'une augmentation proposée des prix…

    a. du gaz et de l'eau.

    b. des timbres et des cartes postales.

    c. du gaz et de l'électricité.

_____ 2. Quel est le pourcentage de hausse proposé?

    a. 12

    b. 10

    c. 2,5

_____ **3.** Cette augmentation avait été repoussée à l'été à cause…

    a. des élections présidentielles.

    b. du climat d'été plus favorable.

    c. des manifestations.

Coup de téléphone   5–14

Dans ce chapitre, vous avez appris comment engager, continuer et terminer une conversation. Ici, Sabine est rentrée, le soir, avant Patrick, et elle reçoit un coup de téléphone de son amie. Écoutez leur conversation.

J. Prenons des notes. Sabine veut écrire quelques notes après sa conversation avec son amie afin de se souvenir d'en parler avec Patrick. Qu'écrirait-elle? Remplissez les blancs.

1. qui a téléphoné

2. où elle veut aller

3. le jour

4. l'heure

5. quand elle va rappeler

© Cengage Learning

Exercices écrits

QUI VIVRA VERRA

7

La grammaire à réviser
Avant la première leçon
Le futur

A. Un horoscope. Vous recevez ce message publicitaire qui vous offre un horoscope gratuit *(free)*. Complétez le message en choisissant un des verbes entre parenthèses. Mettez tous les verbes au futur.

C'est votre semaine de chance! Notre ordinateur a choisi votre nom, parmi des centaines, pour recevoir cet horoscope gratuit pour la semaine prochaine.

Amour: Une rencontre pleine de promesses! Vous (faire / rencontrer)

_____ **(1)** la connaissance d'une personne intéressante. Cette personne

(connaître / savoir) _____ **(2)** vous comprendre et vous aimer. Il

y (avoir / être) _____ **(3)** peut-être même des projets d'avenir à deux.

Amitié: Souvenirs! Vous (envoyer / voir) _____ **(4)** quelqu'un que

vous n'avez pas vu depuis longtemps. De plus, d'autres anciens amis (savoir / se souvenir)

_____ **(5)** de vous et ils vous (avoir / envoyer) _____ **(6)**

un mél ou ils vous (appeler / téléphoner) _____ **(7)** au téléphone.

Santé: Attention! Il (falloir / valoir) _____ **(8)** être prudent(e). Vous

(courir / faire) _____ **(9)** le risque de maux de gorge *(sore throat)*. Buvez

beaucoup d'eau, faites du sport et tout (aller / voir) _____ **(10)** bien.

Argent: Patience! Vous (avoir / devoir) _____ (11) faire attention aux achats impulsifs. Contrôlez vos désirs et votre carte de crédit, ça (pouvoir / valoir) _____ (12) mieux.

Travail: Dommage. Vous (trouver / perdre) _____ (13) votre poste, mais ne vous en faites pas trop; vous n(e) (aller / être) _____ (14) pas longtemps au chômage. Il faudra vous dire «Tant mieux! J'en (dire / profiter) _____ (15) pour le moment» et puis «je (être / trouver) _____ (16) un autre emploi».

Offre exceptionnelle! Pour le prix tout à fait exceptionnel de 15€, vous _____ (pouvoir / vouloir) (17) découvrir ce que l'avenir vous réserve pour les douze prochains mois. Avec votre horoscope complet, vous (écrire / recevoir) _____ (18) aussi une étude détaillée de votre caractère. Il suffit que vous envoyiez un chèque de 15€ à SOS Astral, BP 13, 33333 Futura.

Leçon 1
Cap sur le vocabulaire!

A. La vie et le travail. Salima est une jeune femme ambitieuse. Elle nous parle de son avenir dans le monde du travail. Complétez le texte suivant avec les mots ou expressions proposés. Faites tous les changements nécessaires.

un équilibre	avenir	les offres d'emploi
des entretiens	certainement	on ne m'y prendra pas
curriculum vitae (C.V.)	trouver du travail	retraite
sûrement	changer de métier	en profiter

Dans la vie, il faut trouver _____ (1). Il est _____ (2) nécessaire de travailler dur, mais il est également indispensable de (d') _____ (3) et de s'amuser. Je suis très optimiste au sujet de mon _____ (4). Je vais _____ (5) devoir _____ (6) plusieurs fois pendant ma carrière parce que le monde du travail évolue constamment. Je sais exactement quoi faire pour _____ (7). Je regarderai _____ (8) dans le journal et je répondrai aux annonces qui m'intéressent. J'enverrai mon _____ (9). Si tout va bien, j'aurai _____ (10). Être au chômage, _____ (11)!

B. Question d'interprétation. Pourquoi, à votre avis, les gens changent-ils plus souvent de métier aujourd'hui? Rédigez quelques phrases pour expliquer votre interprétation de ce phénomène.

_____

_____

C. Le meilleur métier? Quel est le meilleur métier et quel est le pire? Donnez votre opinion sur les divers métiers mentionnés ci-dessous en indiquant, dans chaque cas, si c'est **le plus** ou **le moins** + un adjectif de la liste suivante.

bien payé	ennuyeux	fatigant	mal payé	prestigieux
dangereux	facile	ingrat	malsain	stimulant
difficile	fascinant	intéressant	passionnant	stressant

MODÈLE: Le travail dans le commerce est (le plus / le moins) *le plus ingrat.*

1. Le travail dans l'industrie est (le plus / le moins) _____.

2. Le travail d'un(e) secrétaire est (le plus / le moins) _____.

3. Le travail dans l'enseignement est (le plus / le moins) _____.

4. Le travail d'un infirmier/d'une infirmière est (le plus / le moins) _____.

5. Le travail d'un ingénieur est (le plus / le moins) _____.

6. Le travail d'un(e) avocat(e) est (le plus / le moins) _____.

7. Le travail d'un cadre est (le plus / le moins) _____.

8. Le travail d'un(e) militaire est (le plus / le moins) _____.

9. Le travail d'un boucher/d'une bouchère est (le plus / le moins) _____.

10. Le travail d'un ouvrier/d'une ouvrière est (le plus / le moins) _____.

D. J'aimerais bien faire ça. Réfléchissez aux divers métiers possibles et répondez aux questions suivantes.

1. En somme, quel métier préféreriez-vous avoir? Pourquoi? _____

_____

2. Quel métier préféreriez-vous éviter à tout prix *(avoid at all cost)*? Pourquoi? _____

_____

E. Et dans ma famille... Citez trois ou quatre membres de votre famille. Dites quel travail ils font et ce qu'ils en pensent.

MODÈLE: *Mon cousin est avocat. Il dit que c'est un travail bien payé, mais très stressant.*

_____

_____

_____

La grammaire à apprendre

L'usage du futur

F. Les métiers. Mettez les verbes entre parenthèses au temps qui convient (présent ou futur) et devinez, d'après le contexte, la future profession de ces jeunes.

MODÈLE: Chantal apprend l'anatomie, la biologie, la chimie.

Si elle (finir) _____ ses études, elle (devenir) _____.

Si elle *finit* ses études, elle *deviendra médecin.*

1. Marc est passionné par les ordinateurs.

   Si Marc (obtenir) _____ son BTS (Brevet de technicien supérieur), il (trouver)

   _____ sans difficulté un poste de (d') _____.

2. Michèle est à la faculté de droit.

   Lorsqu'elle (avoir) _____ son diplôme, elle (commencer)

   _____ une carrière de (d') _____.

3. Myriam adore les enfants.

   Si elle (réussir) _____ au concours de l'I.U.F.M. (Institut Universitaire

   de Formation des Maîtres), elle (occuper) _____ un poste de (d')

   _____.

4. Le jeune François est fasciné par les uniformes de police.

   Quand il (être) _____ grand, il (vouloir) _____ peut-être

   devenir _____.

5. Isabelle apprend la dactylo *(typing)* et l'administration des entreprises.

   Aussitôt qu'elle (pouvoir) _____, elle (chercher) _____ un

   travail de (d') _____.

6. Alain adore les chiffres, les tables de multiplication, les prévisions financières.

   S'il (étudier) _____ sérieusement, il (faire) _____ une carrière de

   _____.

G. Une visite du patron. Puisque le directeur du personnel est assez satisfait du C.V. d'un candidat, il l'embauche *(hire)*. Le nouvel employé est envoyé chez son nouveau patron qui veut mieux le connaître. Le patron lui pose donc des questions pour savoir ce qu'il fera dans les situations suivantes. Imaginez les réponses que l'employé donnera pour faire bonne impression. Attention au temps du verbe (futur ou présent de l'indicatif).

MODÈLE: PATRON: Si je vous demande de déjeuner avec un client important, que ferez-vous?

        EMPLOYÉ: *Je l'emmènerai dans un bon restaurant.*

1. PATRON: Et si on vous donne beaucoup de responsabilités?

    EMPLOYÉ: Je (J') _____.

2. PATRON: Si c'est vendredi soir et si vous avez encore beaucoup de travail, que ferez-vous?

    EMPLOYÉ: Je (J') _____.

3. PATRON: Vous resterez travailler tard au bureau?

    EMPLOYÉ: Oui, si (s') _____.

4. PATRON: Et si jamais vous découvrez un moyen de tricher sur les comptes *(to cheat on the accounts)*?

    EMPLOYÉ: Je (J') _____.

    Maintenant, c'est à l'employé de poser des questions.

5. EMPLOYÉ: Je recevrai régulièrement des promotions?

    PATRON: Oui, bien sûr, si (s') _____.

6. EMPLOYÉ: Et si jamais je suis malade? Je ne serai pas obligé de travailler quand même, j'espère.

    PATRON: Non, vous _____.

7. EMPLOYÉ: Est-ce que je pourrai prendre des jours de congé quand je voudrai?

    PATRON: Non, sauf si (s') _____.

8. EMPLOYÉ: On m'encouragera à continuer ma formation professionnelle?

    PATRON: Oui, si (s') _____.

C'est votre tour. *(It's your turn.)* Rédigez une question importante que vous auriez envie de poser à ce patron.

_____

_____

H. Une recette pour un désastre. Votre cousin va peut-être être embauché *(hired)* dans une nouvelle entreprise. Vous l'avez toujours trouvé paresseux et un peu bête. Vous êtes sûr(e) qu'il ne réussira pas. Rédigez au moins 5 phrases avec **quand** et **si** pour décrire l'avenir que vous lui prédisez.

MODÈLE: *Si on l'embauche, il ne travaillera pas dur parce qu'il sera toujours paresseux.*
          Il dormira souvent au bureau.

_____

_____

_____

_____

Le futur antérieur

I. Je le ferai plus tard! Jean-Paul est un enfant difficile qui n'a jamais envie de faire ce que les autres lui demandent de faire. Il dit toujours qu'il le fera lorsque quelqu'un d'autre dans sa famille l'aura fait aussi. Mettez le verbe approprié au futur antérieur.

MODÈLE: LA MÈRE DE JEAN-PAUL: Mange tes légumes!

                      JEAN-PAUL: Je n'ai pas envie. Bon, d'accord, je les mangerai aussitôt que tu *auras mangé* les tiens.

1. LA MÈRE DE JEAN-PAUL: Jean-Paul, range ta chambre s'il te plaît!

       JEAN-PAUL: Je la rangerai quand Michel et Anne _____ les leurs.

2. LE PÈRE DE JEAN-PAUL: Il est l'heure d'aller à l'école.

       JEAN-PAUL: J'ai encore le temps. Je partirai après que Michel et Anne

       _____.

3. LE PÈRE DE JEAN-PAUL: Fais tes devoirs tout de suite.

       JEAN-PAUL: Je les ferai lorsque Michel _____ les siens.

4. LE FRÈRE DE JEAN-PAUL: Promets-moi que tu ne parleras pas de notre accident à Papa!

       JEAN-PAUL: Je te le promettrai dès que tu m(e) _____ la même chose.

5. LA MÈRE DE JEAN-PAUL: Tu devrais prendre une douche.

       JEAN-PAUL: D'accord, d'accord. J'en prendrai une après que Michel en

       _____ une.

6. LA MÈRE DE JEAN-PAUL: Il est tard. Va te coucher…

       JEAN-PAUL: Mais je ne suis pas fatigué! Je me coucherai dès que toi et Papa, vous

       _____.

J. Toujours des excuses. Lorsqu'on vous demande quand vous ferez quelque chose, vous trouvez souvent une réponse créative. Rédigez une réponse que vous pourriez utiliser dans chacune des situations suivantes. Utilisez le futur et le futur antérieur.

MODÈLE: Un(e) ami(e) vous a prêté de l'argent et il/elle veut savoir quand vous allez le lui rendre.

Je te rendrai l'argent quand j'aurai gagné à la loterie nationale.

1. Un(e) ami(e) vous a prêté de l'argent et il/elle veut savoir quand vous allez le lui rendre.

_____

_____

2. Le propriétaire de votre appartement veut savoir quand vous allez payer le loyer *(rent)*.

_____

3. Votre frère (sœur) veut savoir quand vous allez lui rendre les CD que vous lui avez empruntés.

_____

4. Votre père veut savoir quand vous allez trouver un emploi.

_____

K. Une chose puis une autre. Indiquez les rapports temporels entre les deux situations ou événements par votre choix du futur ou du futur antérieur. Ensuite, réfléchissez à votre propre vie. Indiquez si c'est quelque chose que vous diriez vous-même ou non en sélectionnant «probable» ou «peu probable» pour chaque phrase.

MODÈLE: Après que je (j') (obtenir) *aurai obtenu* mon diplôme, je (j') *voyagerai* autour du monde.

_____ probable __✓__ peu probable

1. Quand je (j') (terminer) _____ mes études, je (j') (payer)

_____ au total $50 000 en frais de scolarité.

_____ probable   _____ peu probable

2. Aussitôt que mes amis et moi (quitter) _____ l'université, nous (obtenir)

_____ un poste qui nous intéresse.

___ probable   _____ peu probable

3. Dès que je (j') (trouver) _____ la personne de mes rêves, je (j') (se ranger

[to settle down]) _____.

_____ probable   _____ peu probable

4. Après que mes parents (prendre) _____ leur retraite, ils (avoir)

_____ plus de temps libre.

_____ probable   _____ peu probable

5. Après qu'on (gagner) _____ à la loterie, notre vie (s'améliorer)

_____.

___ probable   _____ peu probable

6. Lorsque je (s'installer) _____ dans mon propre appartement, je (se sentir)

_____ moins stressé(e).

_____ probable   _____ peu probable

L. Quelle journée! Une personne célèbre essaie d'organiser mentalement sa journée de demain. Dites ce qui aura lieu ou aura déjà eu lieu lorsqu'elle fera ou aura fait certaines choses. Utilisez le futur ou le futur antérieur pour compléter les phrases logiquement.

Personnes célèbres: la reine Élizabeth; Bill Gates; Martha Stewart; Denzel Washington; Lebron James; Barack Obama; Kim Kardashian

MODÈLE: (la reine Élizabeth) Je devrai me lever aussitôt que *j'aurai pris mon petit déjeuner au lit.*

1. Après que je me serai levé(e), _____.

2. Le matin, je partirai aussitôt que _____.

3. Je déjeunerai quand _____.

4. Je ferai des courses après que _____.

5. Lorsque je rentrerai chez moi _____.

6. Je dînerai après que _____.

7. Je pourrai regarder mon émission préférée quand _____.

8. Le soir, je me coucherai dès que _____.

M. D'ici... ans. (*. . . years from now.*) Vous aurez bientôt terminé vos études et vous et vos amis avez décidé de faire une liste de prédictions pour l'avenir que vous relirez ensemble quand vous serez beaucoup plus âgés. Vous verrez ainsi si votre vie s'est déroulée comme prévue. Notez vos prédictions personnelles pour les périodes de temps indiquées; qu'est-ce qui (ne) se sera (pas) passé avant la fin de chaque période? Utilisez le futur antérieur.

Choisissez dans la liste suivante:

acheter une maison
aller à l'étranger
changer de métier
commencer à porter des lunettes
écrire un roman
devenir chauve
devenir président(e)
me faire beaucoup d'amis
me marier
réussir dans la vie
trouver l'homme/la femme de ma vie
divorcer
être candidat(e) à un jeu télévisé
recevoir le Prix Nobel

© Cengage Learning

MODÈLES: D'ici 5 ans: *Je ne serai pas encore allé(e) à l'étranger.*

  D'ici 20 ans: *J'aurai acheté une maison.*

1. D'ici 3 ans: _____

2. D'ici 5 ans: _____

3. D'ici 10 ans: _____

4. D'ici 15 ans: _____

5. D'ici 20 ans: _____

6. D'ici 25 ans: _____

7. D'ici 40 ans: _____

8. D'ici 50 ans: _____

N. Emploi de rêve. Qu'est-ce que vous aurez fait avant de décrocher *(land)* l'emploi de vos rêves? Rédigez un petit paragraphe; utilisez le futur antérieur.

MODÈLE: *Avant de décrocher l'emploi de mes rêves, j'aurai déjà travaillé très dur parce que je voudrais être avocat(e) et faire des études de droit n'est pas facile.*

_____

_____

Leçon 2
Cap sur le vocabulaire!

A. Le Crédit Lyonnais. Voici une série de publicités pour le Crédit Lyonnais qu'on peut voir dans leur vitrine. En vous servant du vocabulaire suivant, remplissez les blancs avec les termes appropriés. Faites tous les changements nécessaires.

le carnet de chèques	l'intérêt
la carte électronique	le livret d'épargne
changer de l'argent	ouvrir un compte
le compte chèques	le prêt
un compte en banque	prêter
emprunter	retirer de l'argent
encaisser un chèque	le taux d'intérêt

1.

Notre _____

_____

est à 7%.

Laissez votre argent travailler

pour VOUS!

2.

_____

un compte

au Crédit Lyonnais

AUJOURD'HUI!

3.

Dollars américains – dollars
canadiens – yen.

Ici, on

_____

_____

4.

Une nouvelle maison?

Une voiture neuve?

Nos _____

sont à 11%.

5.

Ouvrez un _____

_____

pour votre enfant

dès aujourd'hui!

6.

Avec une carte

_____

vous pouvez

_____

de l'argent 24 heures sur 24.

B. Toujours des conseils. Même si vous êtes aujourd'hui un(e) adulte, votre mère et votre père continuent à vous donner des conseils, à vous faire des suggestions et des recommandations. Répondez à ce qu'ils vous disent en utilisant une expression de la liste suivante.

Tiens! C'est une bonne idée.

Pourquoi pas?

C'est une excellente suggestion.

Non, ce n'est pas une bonne idée.

Non, je ne veux pas.

D'accord, d'accord.

Merci de ton conseil, mais je ne suis pas
 d'accord.

Oui, c'est sûr.

D'accord, je ferai attention.

MODÈLE: VOTRE MÈRE: Tu as pensé à prendre un appartement pour l'année prochaine?
 VOUS: *Tiens! C'est une bonne idée.*

1. VOTRE PÈRE: Tu ferais mieux de continuer à habiter à la cité-U.

 VOUS: _____

2. VOTRE MÈRE: Il vaut mieux encaisser ce chèque tout de suite.

   VOUS: _____

3. VOTRE PÈRE: Je te conseille d'attendre encore quelques années avant de t'acheter une voiture. Tu peux toujours prendre le bus.

   VOUS: _____

4. VOTRE MÈRE: Fais gaffe! Si tu achètes trop à crédit, tu auras des ennuis!

   VOUS: _____

5. VOTRE MÈRE: Je te signale qu'il n'est pas facile de travailler et de faire des études en même temps.

   VOUS: _____

C. À ta place, je ferais... En vous servant des *Expressions typiques* pour conseiller et suggérer et des *Mots et expressions utiles* pour parler du logement et de la banque (manuel, **chapitre 7**, leçon 2), donnez à vos amis des conseils basés sur ce qu'ils vous disent.

MODÈLE: VOTRE AMI(E): Je n'ai pas beaucoup d'argent. Toutefois *(However)*, je ne veux pas habiter dans une résidence universitaire.

   VOUS: *Moi, à ta place, je prendrais un studio.*

Pour la première partie, imaginez que vous échangez des emails avec un(e) ami(e) et que vous parlez du logement. Rédigez vos conseils pour cet(te) ami(e).

1. VOTRE AMI(E): Je n'ai plus envie d'habiter chez mes parents et je pense chercher un appartement. Tu peux me dire quelles caractéristiques sont souhaitables dans un appartement?

   VOUS: _____

2. VOTRE AMI(E): Je préférerais habiter un vieil appartement, mais qui a tout le confort d'un logement assez moderne quand même.

   VOUS: _____

3. VOTRE AMI(E): Je déteste faire le ménage!

   VOUS: _____

4. VOTRE AMI(E): J'ai horreur d'habiter dans un quartier bruyant!

   VOUS: _____

5. VOTRE AMI(E): Quelle sorte de quartier est-ce que je devrais éviter?

   VOUS: _____

6. VOTRE AMI(E): Je ne sais pas quelles sont les charges pour cet appartement-là. À qui est-ce que je devrais en parler?

   VOUS: _____

7. VOTRE AMI(E): Je n'ai pas assez d'argent pour louer un grand appartement. Y a-t-il une autre solution?

   VOUS: _____

Pour la deuxième partie, imaginez que vous sortez en ville avec un(e) autre ami(e) qui vous demande conseil sur des questions d'argent. Rédigez vos conseils pour cet(te) ami(e).

8. VOTRE AMI(E): Zut! Je n'ai pas assez d'argent pour aller au ciné ce soir et toutes les banques sont fermées!

VOUS: _____

9. VOTRE AMI(E): Je viens de vendre ma voiture et on m'a payé(e) en espèces.

VOUS: _____

10. VOTRE AMI(E): Mon frère veut m'emprunter de l'argent. J'hésite…

VOUS: _____

11. VOTRE AMI(E): Je dois aller au supermarché mais je n'ai pas assez de liquide *(cash)* sur moi.

VOUS: _____

La grammaire à apprendre

Les phrases conditionnelles

D. La loterie. Si vous gagniez 10 millions de dollars à la loterie, en quoi votre vie changerait-elle et en quoi ne changerait-elle pas? Choisissez le verbe logique et mettez-le au conditionnel.

1. Moi, je n(e) _____ (déposer / emprunter) pas tout l'argent à la banque.

2. Mes amis _____ (sortir / venir) souvent faire la fête chez moi.

3. Mes parents _____ (avoir / vouloir) partager l'argent.

4. Des organisations bénévoles _____ (me changer / me demander) de l'argent.

5. Moi, j(e) _____ (m'acheter / vendre) une voiture neuve.

6. Mon frère/Ma sœur _____ (m'emprunter / me prêter) beaucoup d'argent.

7. Ma famille et moi, nous _____ (avoir / faire) un yacht privé.

8. Moi, j(e) _____ (avoir / rester) humble.

© Cengage Learning

E. Rien ne serait comme avant. Si vous gagniez à la loterie, quels seraient les trois plus grands changements dans votre vie? Pourquoi feriez-vous ces changements? Pourquoi seraient-ils si importants?

_____

_____

_____

F. Normalement, je… / À l'avenir je… / Si c'était le cas, je… Expliquez votre point de vue par rapport à votre vie active *(your work life)* actuelle, future et hypothétique. Selon le sens de la phrase et le temps du verbe donné, dites ce que vous faites normalement dans les situations suivantes (mettez le verbe au présent de l'indicatif), ce que vous ferez à l'avenir (mettez le verbe au futur) ou ce que vous feriez éventuellement *(might do)* (mettez le verbe au conditionnel). Choisissez un des verbes proposés. Vous pouvez mettre la phrase à la forme négative si vous voulez.

MODÈLE: Si je travaillais plus… (gagner plus d'argent / être tout le temps fatigué(e) / avoir du temps pour sortir avec mes amis)

Je gagnerais plus d'argent.

1. Si je travaille bien à l'université,… (apprendre beaucoup / avoir un bel avenir / gagner beaucoup d'argent)

   _____

   _____

2. Si je n'avais pas de travail après l'université,… (m'enfermer chez moi / en profiter / remplir beaucoup de demandes d'emploi)

   _____

   _____

3. Quand je cherche du travail, si je vois une offre d'emploi qui m'intéresse,… (téléphoner tout de suite pour poser ma candidature / leur envoyer mon C.V. / aller voir le directeur ou la directrice du personnel)

   _____

   _____

4. En général, si je n'aime pas mon travail,… (changer de métier / souffrir en silence / le dire à tout le monde)

   _____

   _____

5. Si mon traitement mensuel n'était pas suffisant,… (demander une promotion à mon patron / trouver un autre emploi / ne rien dire à mon patron)

   _____

   _____

6. Si j'étais au chômage,… (chercher du travail / partir en vacances / faire un stage de formation professionnelle)

_____

_____

G. Les conditions de vie. Parlez de votre vie par rapport à vos finances et à votre logement. D'abord, mettez le verbe entre parenthèses au temps nécessaire (au présent de l'indicatif, au futur, à l'imparfait ou au conditionnel) et puis complétez la phrase pour vous expliquer.

1. En général, si je n'ai pas assez d'argent pour acheter quelque chose que je veux, j(e) (en emprunter / ne pas en emprunter) _____ à mes parents parce que _____

_____.

2. Je paie par carte de crédit même si j(e) (avoir / ne pas avoir) _____ assez de liquide *(cash)* parce que _____.

3. Si je voyais une voiture que je voulais, je (l'acheter / ne pas l'acheter) _____ parce que _____.

4. Si je (gagner / ne pas gagner) _____ plus d'argent l'année prochaine, je (ne) ferai (pas) un beau voyage parce que _____.

5. Si je n'aime pas mon nouveau propriétaire, je (changer / ne pas changer) _____ d'appartement parce que _____.

6. Si je (refuser / ne pas refuser) _____ de payer le loyer, mon propriétaire me mettrait à la porte parce que _____.

H. Si j'allais acheter une maison… Expliquez ce que vous feriez si vous alliez acheter une maison. (Si vous êtes déjà propriétaire d'une maison, expliquez ce que vous feriez si vous vouliez acheter une maison différente.) D'abord, décrivez la maison hypothétique et puis les démarches *(steps)* nécessaires pour la trouver et l'acheter. Utilisez le conditionnel et écrivez au moins six phrases.

MODÈLE: *Si je pouvais acheter une nouvelle maison, je regarderais les petites annonces dans le journal pour avoir une idée des maisons disponibles et de leurs prix. Je voudrais acheter une belle maison moderne donc je ne visiterais pas de vieilles maisons. La maison aurait une piscine et un Jacuzzi…*

Leçon 3

Cap sur le vocabulaire!

A. Les conditions de travail. Qu'est-ce qui est le plus important à votre avis? Regardez la liste suivante et classez chaque élément de 1 (pour indiquer le plus important) à 10 (pour indiquer le moins important).

_____ avoir une bonne assurance-maladie   _____ avoir un horaire flexible

_____ recevoir des augmentations de salaire   _____ avoir des collègues motivés

_____ avoir un joli bureau   _____ avoir une bonne pension de retraite

_____ avoir un(e) patron(ne) compétent(e)   _____ avoir un bon salaire

_____ avoir beaucoup de congés payés   _____ avoir la sécurité de l'emploi

B. À vous! Choisissez maintenant trois des éléments de l'exercice A et dites pourquoi chaque élément est important ou ne l'est pas pour vous. Variez les expressions de nécessité que vous utilisez (voir la leçon 3 du **chapitre 5**).

MODÈLE: recevoir des augmentations de salaire

Je voudrais gagner beaucoup d'argent. Il est donc important que je continue à recevoir des augmentations de salaire.

_____

_____

_____

C. Faire des concessions. Choisissez le mot ou l'expression approprié(e) pour chaque blanc. Faites attention au sens des expressions aussi bien qu'à la structure grammaticale de la phrase.

____ 1. _____, ce poste avait beaucoup d'avantages. Ce n'est que plus tard que Paul s'est rendu compte des énormes inconvénients.

     a. Cependant   **b.** À première vue   **c.** Tout de même

____ 2. L'économie allait de mal en pis. _____, le Président restait optimiste.

     a. Néanmoins   **b.** En fin de compte   **c.** Quoique

____ 3. _____ l'aide de la Sécurité sociale, Michel a quand même dû payer une partie de ses frais médicaux.

     a. En dépit de   **b.** Pourtant   **c.** Avec

____ 4. Personne n'aime payer des impôts. _____, il faut le faire.

     a. À première vue   **b.** Bien que   **c.** Tout de même

____ 5. Les conditions de travail se sont beaucoup améliorées pour la plupart des Français depuis 50 ans. Mais, _____, les ouvriers d'aujourd'hui se plaignent toujours et font la grève assez souvent.

     a. quoique   **b.** bien que   **c.** malgré cela

____ 6. Dans notre ville, ils ont ouvert un restaurant du cœur. _____, beaucoup de personnes ici n'ont toujours pas assez à manger.

     a. En dépit de   **b.** Pourtant   **c.** En fin de compte

La grammaire à apprendre

Le subjonctif après les conjonctions

D. Ma vie professionnelle. Marie-Jeanne travaille dans un magasin de vêtements. Elle parle de son travail à son mari. Voici des extraits de leur conversation. Mettez le verbe entre parenthèses au subjonctif, à l'indicatif ou à l'infinitif.

MODÈLE: Je pourrai changer mon horaire pourvu que j'en (parler) *parle* à mon chef à l'avance.

1. J'aime beaucoup mon travail bien que l'horaire (être) _____ fatigant.

2. J'ai de bons rapports avec mes collègues quoiqu'il y (avoir) _____ de petites jalousies de temps en temps.

3. Mon chef me donnera une augmentation de salaire à condition qu'on (faire)

   _____ un bon chiffre d'affaires.

4. Je travaillerai dur parce que je (vouloir) _____ avoir une promotion.

5. On a dû baisser les prix de crainte que la concurrence ne nous (prendre) _____ des clients. Ce n'était pas une décision facile.

6. Tous les jeudis, on organise des défilés de mode pour (attirer) _____ la clientèle. J'aime beaucoup ça!

7. Dès que les soldes (commencer) _____, je serai obligée de travailler plus tard le soir.

8. Je dois prendre mes vacances avant que ma collègue Anne n'(avoir) _____ son bébé.

9. J'aimerais prendre des vacances en juin à moins que tu ne (pouvoir) _____ pas partir aux mêmes dates que moi. Quand seras-tu libre?

10. J'aimerais suivre des cours du soir afin de (devenir) _____ acheteuse dans un grand magasin. Qu'en penses-tu?

E. Les petites annonces. En lisant les petites annonces, cinq jeunes Français trouvent une offre d'emploi qui les intéresse. Dites ce qu'ils pensent en reliant les phrases avec la conjonction donnée entre crochets qui convient le mieux.

Bénédicte:

Pour Salon Paris du 12 au 16 février, Claude Valérie recrute mannequins professionnels. Taille 38 femmes. Tel. pour R.V. 04.94.27.34.42.

© Cengage Learning

MODÈLE: Ce serait amusant d'être mannequin. On ne me fait pas porter des ensembles moches. [sans que, pourvu que, en attendant que]

Ce serait amusant d'être mannequin pourvu qu'on ne me fasse pas porter d'ensembles moches.

1. Je vais prendre rendez-vous. Je ne suis pas vraiment une professionnelle. **[à condition que, bien que, de peur que]**

    _____

    _____

2. Pour le rendez-vous, je m'habillerai de façon très chic et je me maquillerai avec soin. La personne qui recrute sera favorablement impressionnée. **[pour que, pourvu que, quoique]**

    _____

    _____

Marc:

Pâtissier pour Libreville
(Gabon), références exigées.
Tél. 04.93.65.04.77
ou écrire 112, avenue des
Alouettes, 06410 Biot.

© Cengage Learning

3. J'irais bien travailler au Gabon. Le salaire en vaut la peine. **[à condition que, à moins que, pourvu que]**

    _____

    _____

4. Je vais écrire à mes employeurs précédents. Ils envoient des références de travail. **[afin que, de peur que, quoique]**

    _____

    _____

Benoît:

URGENT

Recherchons aide-comptable
confirmé(e), mi-temps.
Poste Cagnes-sur-Mer.
Tél. 04.93.20.70.76, pour rendez-vous.

© Cengage Learning

5. Un emploi d'aide-comptable à mi-temps serait idéal. J'obtiens mon diplôme d'expert-comptable. **[afin que, en attendant que, de peur que]**

    _____

    _____

6. Je vais téléphoner immédiatement. Quelqu'un d'autre prend rendez-vous avant moi. **[avant que, jusqu'à ce que, pour que]**

    _____

    _____

Isabelle:

RANDSTAD TRAVAIL
TEMPORAIRE RECRUTE
STÉNO-DACTYLO BILINGUE.

Se présenter avec certificats de
travail
33, rue Hôtel-des-Postes, Nice.

© Cengage Learning

7. J'ai de bonnes chances d'obtenir ce poste. L'employeur exige un niveau d'anglais très élevé. **[à moins que, afin que, bien que]**

_____

_____

8. Je ferai du travail temporaire. Je trouve un emploi permanent. **[de peur que, jusqu'à ce que, sans que]**

_____

_____

F. Dans un monde du travail fantaisiste. Dans le monde du travail du futur, rien ne sera logique ni sérieux. Comment sera ce monde fantaisiste? Soyez créatif(-ive)! Terminez les phrases suivantes selon la structure de la phrase donnée. (Faut-il utiliser un verbe au subjonctif ou à l'infinitif? C'est-à-dire, est-ce que la phrase a un sujet ou deux sujets différents?)

MODÈLES: Je ne travaillerai que 10 heures par semaine afin de *pouvoir passer plus de temps avec mon chien et mes poissons rouges.*

Je ne travaillerai que 10 heures par semaine afin que *mon chien ne passe pas trop de temps seul à la maison.*

1. Je ne paierai pas d'impôts à moins que _____.

2. Le directeur me donnera une augmentation de salaire toutes les semaines de crainte que

_____.

3. J'aurai 10 semaines de congés payés pour _____.

4. Je m'installerai dans le bureau de mon chef sans que _____.

5. Je serai nommé(e) «employé(e) de l'année» à condition de _____.

6. Je voyagerai tout le temps avant de _____.

7. Je déjeunerai avec tous les clients les plus importants quoique _____.

8. Je serai bien payé(e) jusqu'à ce que _____.

G. Des études à l'étranger. Vous aimeriez faire des études à l'étranger, mais seulement sous certaines conditions. Développez un bon paragraphe dans lequel vous décrivez ces conditions. Exprimez vos souhaits pour votre séjour à l'étranger et dites comment vous l'organiseriez. Incorporez dans votre composition au moins 5 de ces expressions: **tout de même, néanmoins, pourtant, cependant, malgré, en dépit de, si, bien que, quoique, à moins (que/de), sans (que), pourvu que, à condition (que/de), pour (que), afin (que/de), de peur (que/de), de crainte (que/de), avant (que/de), jusqu'à ce que, en attendant (que/de).**

MODÈLE: *J'aimerais passer six mois en France à condition que mon université me donne des unités de valeur* (credits) *pour les cours que je suivrai là-bas.*

Exercices de laboratoire

Phonétique

Le [r] français   5–15

Le [r] français se prononce très en arrière de la bouche, pratiquement dans la gorge.

A. Écoutez les mots suivants en vous concentrant sur la prononciation du [r] dans les différentes positions d'un mot; puis répétez-les à votre tour.

au début du mot:

   retraite   réussite   remplir   rénové   retirer

à la fin du mot:

   avenir   employeur   infirmière   horaire   salaire

après une consonne:

   prendre   promotion   malgré   crédit   emprunter

entre deux voyelles:

   irai   aurait   seront   sauras   ferais

B. Maintenant, écoutez les phrases suivantes avant de les répéter.

1. Je viendrai mardi soir, c'est promis!

2. Vous pourriez en parler à la locataire.

3. Croyez-moi! Cette infirmière aura un autre horaire la semaine prochaine!

4. Lorsque tu arriveras, tous les autres seront déjà partis.

Les liaisons interdites   5–16

La liaison doit absolument être évitée entre certains mots. Examinez les cas présentés ci-dessous. (Voir la suite au **chapitre 8.**)
On ne fait pas la liaison entre:

- un nom propre + un mot commençant par un son vocalique:
  Exemples: Bertrand / est grand.   Denis / et Virginie

- la conjonction **et** + un mot commençant par un son vocalique:
  Exemples: Jacques et / Alice   un frère et / une sœur

- un nom se terminant par une consonne + un mot commençant par un son vocalique:
  Exemple: Ce garçon / aime manger.

  Notez particulièrement un nom pluriel + un verbe commençant par un son vocalique:
  Exemples: Mes sœurs / habitent seules. Mes parents / ont peur pour elles.

C. Écoutez les groupes de mots suivants. Répétez-les en prenant soin de ne pas faire de liaison interdite.

un monsieur agréable	Georges et Annie
deux chevaux énervés	un croissant et un café
Charles a peur.	Les portes ouvrent mal.

D. Maintenant, écoutez et répétez les phrases suivantes.

1. Albert a pris un croissant et un lait au miel.

2. Bertrand et Georges habitent chez leurs amis.

3. Les animaux approchent et ils leur donnent à manger.

4. Un étudiant intelligent apprendra et inventera plus.

5. Ces gens ont appris que leurs amis avaient attendu longtemps.

6. Marc et Éric arrivent avec des valises assurées.

Leçon 1
Conversation   5–17

A. Dire ce qu'on va faire. Maintenant, écoutez la conversation (manuel, **chapitre 7**, leçon 1) en prêtant attention aux expressions pour parler de ce qu'on va faire.

B. Répétez les phrases. Écoutez et répétez ces phrases tirées de la conversation.

1. Lorsque je terminerai ma formation, j'aurai fait sept années d'études.

2. Il me semble que j'aurai plus de temps libre, surtout si je ne travaille pas en clinique.

3. Enfin, je verrai…

4. Eh bien, ce sera à moi de te téléphoner et de t'inviter pour te sortir de tes livres!

5. À propos, nous allons au cinéma ce soir.

C. Une réponse appropriée. Écoutez chaque mini-conversation et choisissez, entre les deux expressions données, la réponse appropriée. Dites-la à haute voix.

1. On ne m'empêchera pas d'y aller. / On ne m'y prendra pas!

2. Je vais certainement y aller. / Je ne suis pas sûr(e).

3. On ne m'empêchera pas d'y aller. / Je n'ai vraiment pas envie d'y aller.

4. Ça m'étonnerait que je change d'appartement. / Je vais certainement changer d'appartement.

5. J'aimerais aller au bord de la mer. / J'espère rester ici ce week-end.

La grammaire à apprendre

L'usage du futur   5–18

D. Quand tu auras 18 ans. Vous êtes majeur(e) *(of age)* mais votre frère ou sœur ne l'est pas. Vous lui racontez ce que vous pouvez faire maintenant que vous êtes majeur(e) mais vous le/la rassurez qu'il/elle pourra faire les mêmes choses un jour aussi.

MODÈLE: *Vous entendez:* Tu sors tous les soirs?
Vous répondez: **Oui, et quand tu auras 18 ans, tu sortiras tous les soirs aussi.**
Vous entendez la confirmation: Oui, et quand tu auras 18 ans, tu sortiras tous les soirs aussi.

(Items 1–6)

E. Je ne m'en ferai pas! Vous et un ami, vous parlez de l'avenir. Votre ami est pessimiste tandis que vous êtes plutôt optimiste. Répondez à ses questions d'après le modèle et en utilisant les éléments donnés ci-dessous.

MODÈLE: *Vous lisez:* ne pas m'en faire
Vous entendez: Si tu n'as pas d'entretiens?
Vous répondez: **Si je n'ai pas d'entretiens, je ne m'en ferai pas!**
Vous entendez la confirmation: Si je n'ai pas d'entretiens, je ne m'en ferai pas!

1. les repasser en automne
2. en trouver un autre
3. changer de métier
4. arrêter de travailler
5. avoir l'allocation de chômage

Le futur antérieur   5–19

F. La diseuse de bonne aventure. Vous êtes diseur/diseuse de bonne aventure *(fortune teller)*. Une jeune femme vient vous voir pour apprendre ce qui lui arrivera. Vous répondez à toutes ses questions à l'affirmatif mais, en même temps, vous la prévenez de ce qui devra avoir lieu avant qu'elle ne voie la réalisation de ses rêves.

MODÈLE: *Vous lisez:* travailler dur
Vous entendez: Est-ce que je deviendrai riche?
Vous répondez: **Oui, mais avant de devenir riche, vous aurez travaillé dur.**

1. changer de métier plusieurs fois
2. être longtemps au chômage
3. s'isoler dans son ambition
4. aller autour du monde
5. habiter une petite maison moche
6. se passer longtemps de l'amour
7. être malheureuse

Leçon 2

La grammaire à apprendre

Les phrases conditionnelles   6–2

A. Si je vivais à Paris. Que feriez-vous si vous aviez la chance de vivre à Paris pendant un an? Craig a tout prévu pour une pareille éventualité. Aidez-le à formuler ses réponses en suivant le modèle et en utilisant les éléments donnés.

MODÈLE: *Vous lisez:* sur les Champs-Élysées
Vous entendez: Où est-ce que tu habiterais?
Vous répondez: **Si je vivais à Paris, j'habiterais sur les Champs-Élysées.**

1. dans les meilleurs restaurants
2. tous les soirs
3. à trois heures du matin
4. aux Galeries Lafayette
5. à Notre-Dame
6. des taxis

B. Les vacances. Les Marchand se disputent toujours quand il s'agit des vacances. Jouez les rôles des différents membres de la famille en répondant aux questions suivantes. Employez le conditionnel et les expressions données.

MODÈLE: *Vous lisez:* louer une villa au bord de la mer

Vous entendez: Martine, si tu avais le choix, qu'est-ce que tu ferais?

Vous répondez: **Si j'avais le choix, je louerais une villa au bord de la mer.**

1. skier dans les Alpes
2. aller à l'étranger
3. descendre dans un hôtel de luxe
4. apprendre à faire du ski nautique
5. beaucoup se reposer
6. faire du camping dans les Pyrénées

Leçon 3
Conversation 6–3

A. Faire des concessions. Maintenant, écoutez la conversation (manuel, **chapitre 7**, leçon 3) en prêtant attention aux expressions pour faire des concessions.

B. Répétez les phrases. Écoutez et répétez ces phrases tirées de la conversation.

1. La chambre de bonne que j'ai trouvée grâce à mon blog est toute petite, mais je l'adore...!

2. Mais les choses sont en train de changer...

3. C'est étonnant quand même.

4. Mais malgré tout, les Américains n'arrivent pas à se mettre d'accord sur l'accès universel à une assurance-maladie minimale.

5. Oui, mais riche ou pauvre, sans emploi ou P.D.G., on est tous égaux devant la maladie.

6. Oui, évidemment...

C. Compréhension orale. Vous entendrez une phrase avec une conjonction. Regardez les deux conjonctions données. Puis, refaites la phrase en remplaçant la conjonction que vous avez entendue par la conjonction qui a à peu près le même sens. Vous entendrez la confirmation après.

1. Nous ferons des investissements _____ l'économie s'améliore. (jusqu'à ce que / à condition que)

2. Le chef de bureau parlera aux employés _____ les motiver. (en attendant de / pour)

3. Nous baisserons les prix _____ la concurrence ne nous prenne des clients. (de crainte que / à moins que)

4. On a construit un restaurant du cœur _____ les sans-abri dans notre ville puissent avoir de quoi manger. (à moins que / afin que)

5. _____ le président reste optimiste, l'économie va de mal en pis. (Sans que / Bien que)

La grammaire à apprendre

Le subjonctif après les conjonctions 6–4

D. En voyage. Christiane et Pierre ont prévu un voyage d'une semaine en Touraine mais ils ont des problèmes. Formulez les plans qu'ils élaborent pour remédier à ces problèmes en utilisant le subjonctif après les conjonctions données.

MODÈLE: *Vous lisez:* Je toucherai un chèque s'il y a de l'argent sur mon compte.

Vous entendez: à moins que

Vous dites: **Je toucherai un chèque à moins qu'il n'y ait pas d'argent sur mon compte.**

1. Nous partirons si la banque me donne un prêt.

2. Nous arriverons demain soir si je peux quitter mon travail tôt.

3. Nous nous amuserons même si nous n'avons plus beaucoup d'argent.

4. Nous prendrons la voiture même si ça coûte plus cher.

5. Je ne partirai pas ce week-end si ma santé ne s'améliore pas.

Dictée 6–5

E. Un avenir incertain. Les étudiants français doivent réfléchir très tôt à leur avenir. Écoutez Patrick, jeune lycéen de dix-sept ans, et transcrivez ce qu'il dit. D'abord, écoutez ce qu'il dit en entier. Ensuite, chaque phrase sera lue deux fois. Enfin, le passage entier sera répété pour que vous puissiez vérifier votre travail. Écoutez.

_____

_____

_____

_____

_____

_____

_____

_____

Compréhension

Travailler pour une société américaine 6–6

Dans ce chapitre, vous avez appris à parler de la carrière et de la vie économique. Vous allez entendre une interview avec un homme qui travaille pour une compagnie américaine très connue. Vous devez le présenter à quelqu'un après l'interview. Écoutez l'interview pour en apprendre le plus possible sur cet homme et sa compagnie.

MOTS UTILES: une filiale *subsidiary*

les territoires d'outre-mer *overseas territories*

Nom _____ Date _____

F. Feuille à remplir. Remplissez la feuille de renseignements ci-dessous concernant la personne qui vient d'être interviewée. **Identifiez** toutes les réponses correctes.

Nom:	Bonny	Bonnet	Bonna	
Nationalité:	italienne	américaine	française	
Profession:	chef d'entreprise	cadre financier	ingénieur	
Compagnie:	Fila	Nike	Adidas	
Produits fabriqués:	chaussures	nourriture	bonbons	
Endroits desservis:	la Guadeloupe	La Réunion	la Martinique	le Sénégal
Nombre d'employés:	150	105	115	
Ses responsabilités:	comptabilité	gestion	immobilier	informatique	transports

La garde des enfants 6–7

Ce chapitre a abordé le sujet des carrières professionnelles. Maintenant, Sophie, une amie française, vous décrit les problèmes des femmes qui travaillent et de la garde de leurs enfants. Écoutez ce qu'elle dit.

MOTS UTILES: une garderie *day care center in a school, factory, etc.*
travailler à plein temps *to work full-time*
travailler à temps partiel *to work part-time*
une crèche *day nursery*
mettre en nourrice *to put a child in care of a professional babysitter*
un revenu *income*

G. Avez-vous bien compris? Pour vérifier si vous avez compris votre amie, indiquez si les affirmations suivantes sont vraies (**V**) ou fausses (**F**). Modifiez les phrases incorrectes.

_____ 1. La garderie à l'école commence à huit heures du matin.

_____

_____ 2. Sophie a mis son enfant à l'école à l'âge de deux ans.

_____

_____ 3. Elle pense que le système de nourrices est une très bonne idée.

_____

_____ 4. Sophie n'aime pas les conditions existant dans les crèches.

_____

_____ 5. Sophie travaille à temps partiel dans la profession médicale.

_____

_____ 6. D'après Sophie, les nourrices n'aiment pas s'occuper des enfants du lundi au vendredi.

_____

_____ 7. Il faut que les écoles prennent les enfants à l'âge de trois ans.

_____

_____ 8. Sophie a résolu son problème en faisant venir chez elle sa mère et une femme de ménage qui s'occupent de son enfant pendant qu'elle travaille.

_____

Exercices écrits

LA VIE N'EST JAMAIS FACILE

8

La grammaire à réviser

Avant la première leçon

L'expression négative de base: *ne... pas*

A. Pauvre de moi! *(Poor me!)* Christophe est un étudiant de Bordeaux en stage *(internship)* à Paris. Il n'a pas l'air d'aimer cette ville. Jouez le rôle de Christophe et répondez négativement aux questions qu'on lui pose, en utilisant chaque fois **ne... pas.** S'il y a des éléments en italique, remplacez-les par des pronoms.

MODÈLE: N'aimez-vous pas vous asseoir *à la terrasse des cafés?*

Non, je n'aime pas m'y asseoir.

1. Vous êtes heureux *à Paris?*

   Non, _____.

2. Aimez-vous *la vie parisienne?*

   Non, _____.

3. Connaissez-vous bien *le Quartier latin?*

   Non, _____.

4. Avez-vous visité *des musées d'art?*

   Non, _____.

5. Avez-vous *des amis* à Paris?

   Non, _____

   _____

6. Est-ce que les Parisiens ont été gentils avec *vous?*

   Non, _____

   _____

© Cengage Learning

7. Est-ce que les autres stagiaires *(interns)* vous ont emmené *au restaurant*?

   Non, _____.

8. Avez-vous décidé de rester *à Paris*? (Faites la négation de l'infinitif.)

   Non, _____.

B. Un rendez-vous manqué. Georges a manqué un rendez-vous avec ses amis et il leur téléphone avec son portable. Choisissez ce que Georges a dit pour obtenir une réponse de ses amis. N'oubliez pas que **si** est la réponse affirmative à une question négative.

MODÈLES:

Ce que dit Georges:

   a. Vous n'avez pas oublié?

   b. Est-ce que nous avions rendez-vous ce soir?

   c. Alors, vous n'aviez pas envie de sortir?

Ce que disent les amis.

   1. Oui, nous avions rendez-vous. __*b*__

   2. Non, nous n'avons pas oublié. __*a*__

   3. Mais si, nous avions envie de sortir! __*c*__

Ce que dit Georges:

   a. Alors, on se retrouve quelque part?

   b. Donc, on ne va pas se voir ce soir…

   c. Est-ce que vous étiez à l'heure? Vraiment?

   d. Vous n'êtes pas venus à mon bureau!

   e. Allons-nous nous retrouver chez moi?

   f. Vous voulez vraiment dîner avec moi? C'est sûr?

   g. Vous n'êtes pas arrivés à l'heure, quand même!

   h. J'ai l'impression que vous n'avez pas vraiment envie de dîner avec moi…

Ce que disent les amis:

   1. ____ Mais si, nous étions là!

   2. ____ Si, nous étions à l'heure!

   3. ____ Si, si! Euh… tu veux aller au restaurant?

   4. ____ Oui, nous allons nous retrouver à la crêperie.

   5. ____ Si, nous voulons dîner avec toi!

C. La vie n'est pas facile. Janine doit garder des enfants plusieurs soirs par semaine pour se faire un peu d'argent de poche. Formulez les ordres qu'elle donne aux enfants pour qu'ils restent tranquilles. Donnez deux versions différentes de chaque ordre en suivant le modèle.

MODÈLE: Tu touches aux boutons de la télévision. Arrête de faire ça!
N'y touche pas.
Je te dis de ne pas y toucher!

1. Tu grimpes *(climb)* sur la table. Arrête de faire ça!

   _____

   _____

2. Tu déchires *(tear)* mon magazine. Arrête de faire ça!

   _____

   _____

3. Ton frère et toi, vous vous disputez. Arrêtez de faire ça!

   _____

   _____

Avant la deuxième leçon

D. Six souhaits *(Six wishes)*. Les personnes suivantes ont chacune fait un souhait. Trouvez le souhait le plus logique pour chaque personne. Remarquez qu'il n'y a pas de préposition entre le verbe conjugué et l'infinitif dans chaque phrase.

MODÈLE: ___*a*___ Je préférerais finir tous les jouets *(toys)* avant le 15 décembre.

      a. Le Père Noël   **b.** Hannibal Lecter

1. ____ Je compte rester championne pendant très longtemps.

2. ____ Je désire voir un monde sans pollution.

3. ____ J'aimerais être oublié par les médias.

4. ____ J'espère ne plus lire d'accusations de dopage me concernant.

5. ____ Je voudrais parler un jour avec un extra-terrestre.

6. ____ J'aimerais bien être vue comme une adulte maintenant!

a. Tiger Woods

b. Miley Cyrus

c. Al Gore

d. Venus Williams

e. Lance Armstrong

f. Stephen Hawking

Avant la troisième leçon

Les pronoms relatifs: *qui* et *que*

E. Le patron observe le service. Kwame est le patron d'un restaurant parisien. Il parle des clients et de la nourriture au serveur. Reliez ses phrases avec le pronom relatif **qui** ou **que**. Attention! Il y a un participe passé auquel il faut ajouter **e, s** ou **es** une fois que les deux phrases ont été reliées.

MODÈLE: Ce monsieur est le directeur du Crédit Agricole. Il vous a laissé un très bon pourboire.

Ce monsieur qui vous a laissé un très bon pourboire est le directeur du Crédit Agricole.

1. Voilà le plat du jour. La dame en noir a commandé le plat du jour.

    Voilà le plat du jour _____.

2. Ces deux femmes ont commandé un jambalaya. Ce sont de très bonnes clientes.

    Ces deux femmes _____.

3. Je connais l'homme au chapeau melon. Il a renvoyé son bifteck à la cuisine.

    Je connais l'homme au chapeau melon _____.

4. La salade est très bonne. Vous lui avez recommandé cette salade.

    La salade _____.

5. Le petit garçon n'arrête pas de pleurer. Il dérange le jeune couple à la table d'à côté.

    Le petit garçon _____.

6. L'omelette norvégienne est un dessert succulent. Tous les clients adorent ce dessert.

    _____.

F. La femme de ma vie. Patrick décrit à ses parents une jeune fille qu'il a rencontrée. Complétez sa description avec le pronom relatif **qui** ou **que**.

J'ai fait la connaissance d'une jeune fille _____ (1) j'aimerais bien vous présenter.

Je l'ai rencontrée pendant le stage _____ (2) j'ai fait à la banque. Elle s'appelle

Fleur… Je la trouve jolie et elle a une personnalité _____ (3) me plaît beaucoup.

C'est une fille super dynamique _____ (4) fait des études de sciences économiques

et _____ (5) a beaucoup d'ambition. C'est la femme de ma vie, je crois! Les filles

_____ (6) j'ai rencontrées jusqu'ici n'avaient pas du tout les mêmes goûts que moi.

Avec Fleur, on s'entend bien; on est d'accord sur le style de vie _____ (7) on veut avoir,

sur les sorties _____ (8) nous intéressent… Bref, je crois que j'ai trouvé la personne

_____ (9) je veux épouser et _____ (10) me rendra heureux!

Leçon 1

Cap sur le vocabulaire!

A. Mots croisés

Horizontalement

3. On a appelé de chez le dentiste pour _____ votre rendez-vous.

4. Quelle horreur! Il a _____ aujourd'hui et j'avais oublié mon parapluie.

6. Paul! L'électricien est là pour _____ la chaîne stéréo.

10. Il n'est jamais content de ce qu'il achète. Il demande constamment des _____.

11. J'ai besoin d'essence. Savez-vous où je peux trouver une station-_____?

12. Excusez-moi, je suis tombé en _____. Je crois que c'est la batterie.

14. Tu ne peux pas me joindre. Notre téléphone ne _____ pas.

15. Non, il n'y a pas de frais de livraison *(delivery)*. C'est _____.

16. Idiot! Tu as mis la glace dans le _____ au lieu de la mettre dans le congélateur!

17. Encore du travail! C'est impossible! Nous n'en _____ plus.

Verticalement

1. S'il vous plaît, monsieur. Ma voiture ne _____ pas.

2. Je vais au grand magasin. Je dois faire une _____ pour ma sœur.

4. Oh là là! Il y a toujours des embouteillages aux heures de _____.

5. En cas d' _____, vous pouvez nous appeler à l'hôtel.

7. S'il te plaît, ne m'en veux pas. Je ne l'ai pas fait _____.

8. Regarde mon nouveau manteau! Je l'ai acheté en _____.

9. Écoute, je ne peux pas te parler maintenant—je suis _____ de travail.

10. Puis-je voir le chef de rayon? Je veux faire une _____.

13. Maman va réparer ça, chéri. Va chercher mes _____.

B. Plaintes et excuses. Choisissez une des situations suivantes et rédigez un petit dialogue d'à peu près quatre répliques *(4 lines)*. Utilisez le vocabulaire de la **Leçon 1**.

MODÈLE: Vous êtes au restaurant et votre bifteck est trop cuit *(overdone)*. Le serveur essaie de trouver une solution.

> — *Pardon, monsieur, mais j'ai commandé un bifteck à point* (medium rare). *Ce steak-ci est un peu trop cuit.*
>
> — *Excusez-moi, madame. Vous avez tout à fait raison. Mais je ne peux pas vous en apporter un autre parce que nous n'en avons plus. Qu'est-ce que je peux vous proposer d'autre?*
>
> — *Apportez-moi le poisson du jour, s'il vous plaît. Ça avait l'air bon aussi.*
>
> — *Tout de suite, madame. Je m'excuse encore.*
>
> — *Écoutez, ce n'est pas de votre faute. Ce genre de choses ar*rive.

a. Vous avez emprunté quelque chose à un ami et vous l'avez abîmé *(damaged)*. Il vous fait des reproches et vous lui demandez pardon.

b. Vous avez eu des ennuis avec votre voiture et vous vous en plaignez. Une amie vous écoute et essaie de vous consoler.

c. Vous faites une réclamation au grand magasin. La vendeuse à qui vous parlez n'est pas très patiente.

d. Une amie vous demande de faire une commission pour elle et vous lui expliquez pourquoi cela ne vous est pas possible.

La grammaire à apprendre

La négation

C. La crise est passée. Christophe vient de vivre une période très difficile dans sa vie, pendant laquelle il a fait une très grave dépression. Maintenant il se sent beaucoup mieux et il est ravi de redécouvrir son optimisme, ses attitudes positives et ses sentiments de bien-être. Lisez ses affirmations positives et imaginez ses attitudes négatives d'autrefois, en utilisant chaque fois une expression négative.

ne… aucun[e]	ne… ni… ni	ne… pas encore	ne… plus
ne… guère	ne… nulle part	ne… pas non plus	ne… que
ne… jamais	ne… pas du tout	ne… personne	ne… rien

MODÈLE: (Autrefois, il pensait…) *Personne ne m'aime (bien).*
(Maintenant, il dit…) Tout le monde m'aime bien.

1. (Autrefois…) _____

   (Maintenant…) Tout va bien pour moi.

2. (Autrefois…) _____

   (Maintenant) J'adore mon travail et mes activités de loisir.

3. (Autrefois…) _____

   (Maintenant…) J'ai eu tous les jobs que je voulais.

4. (Autrefois…) _____

   (Maintenant…) Où que j'aille *(Wherever I go)*, je rencontre quelqu'un de gentil.

5. (Autrefois…) _____

(Maintenant…) J'ai déjà trouvé la femme de ma vie. (Mettez votre phrase au passé composé.)

6. (Autrefois…) _____

(Maintenant…) J'ai fait beaucoup de choses dont je suis fier.

7. (Autrefois) _____

(Maintenant…) Je pense qu'il y a encore des opportunités à poursuivre *(to pursue)*.

8. (Autrefois…) _____

(Maintenant…) Je vais faire quelque chose d'important dans la vie.

D. Vous êtes avertis! *(You've been warned!)* Où que vous alliez *(wherever you go)* dans la vie, on vous dit ce que vous pouvez et ne pouvez pas faire. Trouvez l'équivalent anglais pour chacun de ces avertissements.

_____ 1. Chien méchant.

_____ 2. Pelouse interdite.

_____ 3. Ne pas se pencher au dehors.

_____ 4. Sens interdit.

_____ 5. Sans issue.

_____ 6. Stationnement interdit.

_____ 7. Défense de fumer.

_____ 8. Ne pas tirer la chasse d'eau pendant que le train est en gare.

_____ 9. Accès interdit aux moins de 18 ans.

_____ 10. Eau non-potable.

a. No smoking.

b. Dead end / No outlet.

c. Don't lean out of the [train] window.

d. Beware of the dog.

e. Keep off the grass.

f. No parking.

g. Don't flush while the train is in the station.

h. Wrong way.

i. Minors not allowed.

j. Don't drink the water.

__ **11.** *Interdire* et *défendre,* dont les formes *interdit(e)* et *défense* apparaissent dans cet exercice, signifient probablement:

a. to forbid   b. to discourage   c. to penalize

d. to encourage   e. to prosecute

E. Un grand dépressif. Jacques se plaint beaucoup. Traduisez les phrases suivantes en français.

1. I'm not at all happy, and nobody loves me.

_____

_____

2. I've never had any luck with women.

_____

_____

_____

3. Yesterday, none of my friends phoned me. None came to see me, either.

_____

_____

_____

4. Do they think about me? Not at all! Never!

_____

_____

5. Do they listen to me? Never!

_____

_____

6. And last month I did not receive a single letter from my parents.

_____

_____

_____

_____

© Cengage Learning

7. I have nothing interesting to do tonight.

_____

_____

_____

_____

8. My television doesn't work anymore, and the electrician hasn't come yet.

_____

_____

9. I'll be here all alone. I won't see either my friends or my family.

_____

_____

10. Sometimes I think that my cat only pretends to love me. And I can't find that selfish beast anywhere!

_____

_____

_____.

F. Encore des plaintes! (Complaining again!) Choisissez *deux* des situations suivantes. Mettez-vous chaque fois à la place de la personne en question et imaginez ses plaintes. Rédigez 3 à 4 phrases pour chaque situation et utilisez une expression négative dans chacune de vos phrases. Utilisez le vocabulaire de la **Leçon 1.**

MODÈLE: un jeune locataire *(renter)* qui écrit à son propriétaire *(landlord)*

> 1. On n'est pas encore venu réparer le frigo.
> 2. Le climatiseur ne marche plus.
> 3. Il n'y a jamais de place dans le parking.
> 4. Quand je téléphone chez vous, personne ne me rappelle.

a. un jeune garçon en colonie de vacances *(summer camp)* qui parle à sa mère

b. un étudiant qui parle à son colocataire

c. une jeune mère avec un nouveau bébé qui écrit à une amie

d. une patronne qui fait une évaluation négative d'un employé

Leçon 2
Cap sur le vocabulaire!

A. Pardon! Choisissez parmi les expressions et mots donnés pour compléter cette conversation entre deux amies, Annick et Caroline. Faites tous les changements nécessaires.

mener	annuler	un congrès	consentir
défendre	embêter	emmener	emprunter
Ne t'en fais pas	navré	prêter	se rattraper
résoudre	une tache		

ANNICK: Caro, je suis désolée. Tu m'as _____ (1) ta belle valise pour aller à

mon _____ (2) et quand je l'ai récupérée à l'aéroport, elle avait une

_____ (3) d'huile *(oil)*. Je suis _____ (4).

CAROLINE: Écoute, ne _____ (5); elle était vieille, de toute façon.

ANNICK: Ça m' _____ (6) quand même. Comment est-ce que je peux

_____ (7)? Où l'as-tu achetée?

CAROLINE: Je te _____ (8) de m'en acheter une neuve *(new one)*. N'exagère pas. Les

valises, c'est fait pour voyager! Si tu veux vraiment faire quelque chose, tu peux

m' _____ (9) au café et tu me raconteras ton voyage. Et voilà! Encore un

problème _____ (10)!

B. Mini-dialogues. Pour chacune des situations suivantes, imaginez un petit dialogue à deux répliques. Utilisez le vocabulaire de la **Leçon 2.**

MODÈLE: you ask a friend if he/she will loan you a sweater / the friend agrees to do so

—*Ça t'embête de me prêter ton pull bleu?*

—*Non, ça ne m'embête pas du tout. Tiens, le voici.*

1. your conference has been canceled, and you wonder if you can still change your mind and attend a friend's party / your friend graciously agrees

2. you ask a friend if you may borrow her bike / she's sorry, but she refuses; she needs the bike herself

3. you ask a professor if you may attend his class today / he agrees

4. you ask your boss if you may bring a colleague to the meeting / she denies you permission

La grammaire à apprendre

Prépositions exigées par certains verbes

C. Préparations pour un pique-nique. Martine et Samuel organisent un pique-nique pour ce week-end. Reconstruisez leur conversation en ajoutant dans chaque blanc la préposition **à** ou **de.** Si une préposition n'est pas nécessaire, mettez un X.

MARTINE: J'ai oublié _____ (1) faire le plein d'essence. Je me dépêche _____ (2) y aller tout de suite.

SAMUEL: Est-ce que tu vas _____ (3) t'arrêter à la boulangerie?

MARTINE: Oui, mais souviens-toi _____ (4) prendre du jambon et du saucisson à la charcuterie.

SAMUEL: D'accord.

MARTINE: Tu as réussi _____ (5) mettre toutes les affaires dans le coffre?

SAMUEL: Oui et je te conseille _____ (6) ne rien y ajouter. Il n'y a plus de place.

MARTINE: Pourquoi est-ce que tu veux toujours _____ (7) m'empêcher _____ (8) t'aider _____ (9) charger *(load)* la voiture?

SAMUEL: Arrête _____ (10) rouspéter *(complain)* et attends-toi _____ (11) faire une bonne petite excursion reposante. Et remercie-moi _____ (12) faire le travail le plus désagréable!

D. Avez-vous compris? Regardez la liste des courses *(errands)* et des tâches *(tasks)* que Martine et Samuel (voir l'exercice C) doivent faire avant de partir en pique-nique et dites qui fait chacune d'elles.

Course ou tâche	Personne qui va la faire
1. charger la voiture	_____
2. aller à la charcuterie	_____
3. aller à la boulangerie	_____
4. faire le plein (d'essence)	_____

E. Au bureau des réclamations. Claude et Micheline n'ont pas de chance. La télévision qu'ils viennent d'acheter ne marche pas. Complétez le dialogue avec les prépositions **à** et **de.** Si une préposition n'est pas nécessaire, mettez un X dans le blanc.

L'EMPLOYÉ: Bonjour, messieurs dames. Vous désirez?

CLAUDE: Nous vous rapportons cette télévision parce qu'elle ne marche pas. Nous venons tout juste

_____ (1) l'acheter. Nous tenons _____ (2) être

remboursés immédiatement.

L'EMPLOYÉ: Je regrette _____ (3) ne pas pouvoir _____ (4)

donner satisfaction à votre demande. La direction refuse _____ (5)

rembourser tout article acheté en solde. Mais attendez… j'hésite _____ (6)

le faire, mais on m'a autorisé _____ (7) en discuter avec M. Briand. C'est le

patron. Peut-être consentira-t-il _____ (8) échanger votre poste contre un

autre modèle. Mais vous devez _____ (9) attendre un peu. Je vous invite

donc _____ (10) vous asseoir là-bas.

MICHELINE: Bon, nous attendons, mais nous commençons _____ (11) nous
impatienter…

Quelques minutes plus tard…

LE PATRON: Messieurs dames, je suis désolé _____ (12) apprendre que ce poste ne

marche pas. Avez-vous essayé _____ (13) le brancher *(to plug in)* dans une

pièce différente? Peut-être que votre prise de courant est défectueuse?

CLAUDE: Oui, monsieur, nous avons tout essayé. Il ne semble pas du tout _____

(14) s'allumer quand nous le branchons. Alors, nous désirons _____ (15)

être remboursés immédiatement. Cette fois-ci, nous espérons _____ (16)

acheter une télé qui marche!

LE PATRON: Je regrette, mais cela n'est pas possible. J'ai quand même décidé _____ (17)

faire quelque chose pour vous. Je vais tâcher _____ (18) vous compenser

en vous offrant une bonne affaire. Je vous propose un autre modèle de qualité supérieure dont,

j'espère, vous serez contents.

MICHELINE: En effet, c'est un très bon modèle. Merci de votre gentillesse, monsieur.

F. Note de service *(Memo).* Vous êtes le patron du magasin (voir l'exercice E). Laissez un petit mot pour l'employé qui s'occupe de l'inventaire *(inventory)* pour dire pourquoi il manque une télévision. Décrivez la réclamation que le couple a faite et expliquez comment vous avez résolu le problème en 3 ou 4 phrases.

G. Auto-portrait. Créez un petit auto-portrait dans lequel vous parlez de votre personnalité, de vos études, de vos activités de loisir et de vos projets d'avenir *(future plans).* Utilisez au moins six expressions différentes de la liste suivies d'un infinitif. Ajoutez la préposition appropriée avant l'infinitif, si l'expression en exige une.

aimer	avoir envie	choisir	encourager	rêver
s'amuser	avoir l'intention	compter	se mettre	savoir
apprendre	avoir peur	détester	préférer	souhaiter

MODÈLE: *Quand je me mets à travailler sérieusement, je réussis bien dans mes études.*

Les prépositions et les noms géographiques

H. Vive les voyages! Les employés d'une agence de voyages populaire savent proposer beaucoup de voyages différents à leurs clients indécis *(indecisive).* Complétez leurs propositions avec un article défini, une préposition ou une préposition + un article défini, selon le cas (**le, la, l', les, à, à la, à l', au, aux, en, de, d', de la, de l', du, des, dans le, dans l'**).

1. Oui, madame, nous avons des vols réguliers pour _____ Afrique. Par exemple, vous pouvez aller

   _____ Dakar _____ Sénégal ou bien _____ Abidjan _____ Côte d'Ivoire ou encore _____

   Lomé _____ Togo.

2. Ah bon! Si vous voulez passer des vacances à la fois ensoleillées et culturelles, je vous conseille de sé-

   journer _____ Italie, _____ Grèce ou _____ Mexique.

3. Regardez ce dépliant *(flyer)*, monsieur. En ce moment, nous avons des tarifs spéciaux pour aller

   _____ Cuba, _____ Tunisie, _____ Antilles, _____ Haïti ou _____ La Nouvelle-Orléans.

4. Mademoiselle, pendant votre voyage _____ États-Unis, vous devriez visiter _____ Californie. Louez

   une voiture _____ San Francisco et puis, de là, vous pouvez facilement voyager _____ Oregon aussi.

5. Un endroit francophone? Vous préférez _____ Belgique, _____ France, _____ Québec? Ah, une

   île plutôt? Alors, je vous propose un voyage organisé _____ Martinique. Vous serez enchantés de parler français avec les habitants de l'île!

6. J'ai oublié de vous dire que vous aurez des réductions *(discounts)* si vous partez *[from]* _____ Paris,

   _____ Espagne, _____ Suède, _____ Pays-Bas ou _____ Portugal.

I. Où sont-ils? Lisez chaque phrase et choisissez parmi les options données celle qui correspond à l'endroit *(place)* où se trouve celui/celle qui parle. Enfin, ajoutez les prépositions appropriées.

MODÈLE:

b Cet endroit-là s'appelle «Ground Zero». C'est là qu'étaient les «Twin Towers» au moment des attentats du 11 septembre 2001.

   a. _____ Sarasota, _____ Floride

   b. *à* New York, *aux* États-Unis

_____ 1. Tu vois? C'est tout ce qui reste du mur qu'on a démoli in 1989.

_____ 2. Voici le stade où a eu lieu la compétition de patinage artistique *(figure skating)* aux jeux Olympiques d'hiver de 2010.

_____ 3. Ce gratte-ciel *(skyscraper)* s'appelle la Tour Montparnasse. C'est le seul très grand bâtiment qu'on a construit au centre de la ville.

_____ 4. Cette grande muraille *(wall)* est un des seuls édifices construits par des êtres humains qui soient visibles de l'espace.

_____ 5. Regarde-moi cette énorme statue de Jésus-Christ qui suggère une bénédiction *(blessing)* de toute la ville!

_____ 6. Regarde-moi ça! D'abord un ouragan et ensuite une marée noire *(oil spill)* — ce sont des événements après lesquels n'importe qui serait vraiment découragé… Pauvres résidents!

_____ 7. Il est beau, n'est-ce pas? À l'origine, il était décoré de beaucoup de belles statues de marbre qui ont été enlevées et mises au British Museum — quelle controverse!

_____ 8. Oui, oui, c'est le site d'où ont décollé beaucoup d'hélicoptères américains dans lesquels on a transporté beaucoup de sympathisants des Américains, juste avant que les communistes ne reprennent la ville.

a. _____ Paris, _____ France

b. _____ Ho Chi Minh Ville, _____ Viêt-Nam

c. _____ Mexico, _____ Mexique

d. _____ Berlin, _____ Allemagne

e. _____ Chine

f. _____ Copenhague, _____ Danemark

g. _____ Louisiane, _____ États-Unis

h. _____ Athènes, _____ Grèce

i. _____ Calgary, _____ Canada

j. _____ Rio de Janeiro, _____ Brésil

J. Une offre à ne pas refuser. Vous venez de gagner le voyage de vos rêves et vous avez le droit d'inviter une autre personne à voyager avec vous. Préparez trois itinéraires qui vous semblent très agréables. Ensuite, rédigez un mél *(e-mail)* adressé à un(e) de vos ami(e)s, l'invitant à vous accompagner. Décrivez vos trois itinéraires et demandez-lui lequel il/elle préfère. Utilisez au moins cinq des expressions suivantes dans votre mél et écrivez huit à dix phrases.

avoir besoin de + *infinitif*	parler de + *infinitif*
demander à quelqu'un de + *infinitif*	penser + *infinitif*
finir de + *infinitif*	promettre à quelqu'un de + *infinitif*
s'intéresser à + *infinitif*	C'est/Ce serait + *adjectif* + à + *infinitif*
inviter quelqu'un à + *infinitif*	Il serait + *adjectif* + de + *infinitif*

MODÈLE: *Ce serait formidable de voyager ensemble. Je voudrais d'abord aller en Suède parce que je suis d'origine suédoise. Mais j'ai aussi envie d'aller à Oslo, en Norvège. J'en ai vu des photos et c'est une très belle ville…*

Leçon 3
Cap sur le vocabulaire!

A. Autrement dit... Vous commencez à faire de vrais progrès en français! La preuve? Vous savez dire certaines choses au moins de deux façons différentes. Reformulez chacune des idées suivantes de façon plus ou moins équivalente. Utilisez les expressions de la liste suivante.

avoir du mal	l'importance
avoir du retard	mal comprendre
bouleversé(e)	provoquer
faire la queue	signifier

MODÈLE: Qu'est-ce qui a causé ces changements?

Qu'est-ce qui a provoqué ces changements?

1. Qu'est-ce que cela veut dire?

   _____

2. Je suis vraiment choqué(e)!

   _____

3. J'ai des difficultés à comprendre cela.

   _____

4. Il ne voit pas la signification de cet événement.

   _____

5. Une fois de plus, il n'est pas à l'heure!

   _____

6. Il a fallu que nous attendions devant le cinéma.

   _____

7. Je pense que tu n'as pas bien compris.

   _____

B. Une grève. Pour un ami qui n'est pas au courant, Charles explique ce que fait un groupe d'ouvriers *(workers)* qui manifestent devant leur usine *(factory)*. Complétez son explication en utilisant des mots de la liste ci-dessous. Attention! Une partie de l'expression à donner est parfois déjà inclue dans la liste.

céder à quelqu'un (quelque chose)   faire la grève
la goutte d'eau qui fait déborder le vase   gréviste
se décharger de ses responsabilités sur   lésé
   quelqu'un   la raison pour laquelle
être en grève   le syndicat
faire comprendre à quelqu'un que   valoir la peine

Ces ouvriers *(factory workers)* sont _____ (1). Ils ne sont pas contents de leurs

conditions de travail. Leur _____ (2) essaie de _____ (3)

aux directeurs de l'usine *(factory)* qu'ils n'en peuvent plus de travailler tant d'heures chaque semaine.

C'est désagréable et c'est même dangereux. Ils se sentent vraiment _____ (4).

Récemment, les ouvriers ont demandé une augmentation de salaire, mais on l'a refusée. C'était vraiment

_____ (5), quoi! Les directeurs disent qu'ils doivent plaire aux actionnaires

(stockholders), mais je trouve ça un peu malhonnête, moi. Ne pensez-vous pas que c'est une façon de

_____ (6) de leurs responsabilités sur autrui *(other people)*. Pour l'instant, les

_____ (7) refusent de _____ (8) aux patrons qui leur ordonnent

de retourner au travail. C'est difficile, mais ils pensent que ça _____ (9) de rester

fidèles à leurs principes. C'est _____ (10) ils font _____ (11).

La grammaire à apprendre

Les pronoms relatifs

C. Harry Potter — en français! Vous avez sans doute lu les romans *Harry Potter* de J.K. Rowling — mais les avez-vous lus en français? Certains mots ont été traduits différemment en français. Trouvez le mot qui correspond à chaque définition et observez bien l'emploi des pronoms relatifs. Si vous ne connaissez pas la série *Harry Potter*, ce n'est pas grave — devinez!

_____ 1. Le chapeau **dont** on se sert pour décider dans quelle maison on va mettre chaque élève.

_____ 2. Deux des friandises *(sweets)* **que** préfèrent les jeunes sorciers.

_____ 3. Les gens ordinaires **qui** ne possèdent pas de pouvoirs magiques.

_____ 4. Le pensionnat *(boarding school)* **où** étudient tous les jeunes sorciers.

_____ 5. Objet **avec lequel** on jette des sorts *(casts spells)*.

_____ 6. Sorciers **dont** les parents n'ont pas de pouvoirs magiques.

_____ 7. La langue **que** parlent les serpents.

_____ 8. Ancêtre de Voldemort, un des fondateurs de l'école, et **dont** les initiales sont les mêmes que celles d'un organisme nazi important.

_____ 9. Le premier examen important **pour lequel** les jeunes sorciers doivent étudier à la fin de leur cinquième année d'études.

_____ 10. La maison **dont** le fantôme attitré *("official")* s'appelle Nick Quasi-Sans-Tête.

_____ 11. La maison **dans laquelle** a été placé Drago Malefoy.

_____ 12. La matière facultative *(elective)* **qui** est enseignée par le professeur Hagrid.

a. Gryffondor

b. Brevet Universel de Sorcellerie Élémentaire (BUSE)

c. Serpentard

d. Poudlard

e. les «Sang de bourbe *(muck)*» (terme péjoratif)

f. le Choixpeau

g. le Fourchelang

h. les Moldus

i. les Chocogrenouilles et les Dragées Surprise de Bertie Crochue

j. Soins aux animaux magiques

k. Salazar Serpentard

l. une baguette magique

D. Les problèmes de la vie. Nous avons tous des problèmes! Combinez les deux phrases pour en faire une seule en utilisant le pronom relatif qui convient (**qui, que, dont, où, lequel, laquelle, lesquels, lesquelles** [avec ou sans préposition]). Suivez le modèle. Attention! Dans cet exercice, il y a un participe passé auquel il faut ajouter **e, s** ou **es** une fois que les deux phrases ont été reliées. Cherchez-le bien!

MODÈLE: Le propriétaire de mon appartement menace de m'expulser. Je loue cet appartement.

Le propriétaire de l'appartement que je loue menace de m'expulser.

1. Il y a deux mois, Marc a acheté un ordinateur. L'ordinateur est tombé en panne.

_____

Il a fait une réclamation à Carrefour. Il y avait acheté l'ordinateur.

_____

Le vendeur de Carrefour a refusé de rembourser l'ordinateur. Marc avait acheté l'ordinateur.

_____

2. Je vis dans une ville. La circulation est très dense dans la ville aux heures de pointe.

_____

Je travaille dans une banque. La banque se trouve au centre-ville.

_____

À cause de la circulation, j'ai raté une réunion. Je devais assister à la réunion ce matin.

_____

3. Le syndicat *(labor union)* a lancé un ordre de grève. M. Péret est membre de ce syndicat.

_____

Le gouvernement a refusé d'accorder l'augmentation de salaire. Les enseignants avaient revendiquée *(demanded)* cette augmentation.

_____

Ce matin, les professeurs du lycée se sont mis en grève. M. Péret enseigne dans ce lycée.

_____

4. Ma voisine a eu un accident de voiture très grave. Je fais du jogging avec la voisine.

_____

Elle est à l'hôpital Saint-Georges. Je vais lui rendre visite à l'hôpital ce soir.

_____

Je vais lui apporter des affaires personnelles. Elle a besoin de ces affaires personnelles.

_____

E. Qu'est-ce que je vais faire de ma vie? Paul quittera bientôt l'université, et il commence à avoir des doutes sur son avenir. Voici un extrait d'une lettre qu'il a écrite récemment à sa famille. Complétez le texte de la lettre en ajoutant les pronoms relatifs appropriés (**qui, que, dont** [avec ou sans **ce**]; **où**; **lequel, laquelle, lesquels, lesquelles** [avec ou sans préposition]; **quoi**).

Je vais bientôt finir mes études et il y a une chose _____ **(1)** j'ai très peur actuellement.

Je ne sais pas _____ **(2)** je veux faire. La carrière _____ **(3)** j'ai choisie

il y a quatre ans me semble moins intéressante maintenant. Je voulais être avocat, mais l'ambiance

du cabinet d'avocats dans _____ **(4)** j'ai fait un stage *(internship)* l'été dernier me

fait hésiter. L'avocate pour _____ **(5)** j'ai travaillé ne me semblait pas très heureuse.

Elle m'a dit qu'elle en avait marre de travailler avec des clients _____ **(6)** les

problèmes sont assez sordides. Je pourrais peut-être choisir une autre branche du système juridique

_____ **(7)** soit plus intéressante, mais je ne sais pas… Vous savez _____

(8) me plairait, je crois? Enseigner. Passer mes journées dans une école primaire _____

(9) je pourrais faire un travail important _____ **(10)** je m'intéresse! Est-ce qu'il est trop

tard pour changer de carrière? _____ **(11)** j'ai besoin de faire maintenant, c'est finir mes

études, après _____ **(12)** je pourrai à nouveau penser à mon avenir.

F. Lire entre les lignes. *(Reading between the lines.)* Relisez l'exercice E. À votre avis, pourquoi est-ce que Paul avait choisi d'étudier le droit *(law)*? Pourquoi est-ce qu'il hésite maintenant? Quelle autre carrière l'intéresse maintenant? Selon vous, pourquoi a-t-il changé d'avis? Quelles seront ses difficultés s'il essaie de changer de carrière?

_____

_____

_____

G. Au secours! Vous venez de vous installer dans un pays francophone et vous avez besoin de beaucoup de choses dont vous ne savez pas le nom en français. Expliquez aux vendeurs dans les magasins où vous allez ce dont vous avez besoin. Suivez le modèle et servez-vous des mots et expressions donnés. Variez les pronoms relatifs que vous utilisez.

quelque chose

une chose

un outil

une sorte de

un produit *[used for liquids, chemical compounds, etc.]*

un liquide

qui est utilisé pour + *infinitif*

qu'on utilise pour

dont on se sert pour

préposition + lequel (laquelle, lesquels, lesquelles) on + *verbe*

© Cengage Learning

MODÈLE: *(dental floss)* ***C'est quelque chose qu'on utilise pour nettoyer entre les dents.***

1. *(a vase)* _____

_____

_____

2. *(a corkscrew)* _____

_____

_____

3. *(laundry detergent)* _____

_____

_____

4. (chopsticks) _____

_____

_____

5. (sunscreen) _____

_____

_____

6. (a highlighter) _____

_____

_____

H. Parler de la différence... Après avoir lu la lecture sur la différence dans le **Chapitre 8** de *Bravo!*, vous avez l'occasion de participer à une conversation en français sur ce sujet. Terminez les phrases suivantes, en faisant attention à la structure exigée par le pronom relatif donné et en apportant des idées intéressantes à la conversation.

MODÈLE: Cela me rappelle un texte que *j'ai lu dans un de mes manuels de français.*

1. C'est l'histoire d'un petit oiseau qui _____

_____.

2. Son père a du mal à accepter que/qu'

_____

_____.

3. Le petit oiseau est différent, et c'est quelque chose dont

_____

_____.

4. En général, les parents aiment leurs enfants, ce qui _____

_____.

5. Mais la personne qui est différente peut souffrir de ce que

_____

_____.

6. Car parfois la différence fait peur aux gens aux yeux desquels

_____

_____.

7. Et les enfants différents sont parfois l'objet de discrimination à l'école, ce qui

_____

_____.

8. Et les personnes différentes ne sont pas toujours comprises par les autres membres de la famille avec

   lesquels _____

   _____.

9. Elles doivent souvent se demander ce qui _____

   _____.

10. Mais dans la vie la différence peut être un atout *(asset)* qui

   _____

   _____.

I. Et vous?

Relisez l'histoire du petit oiseau dans votre manuel (pp. 342–343). Connaissez-vous quelqu'un qui a vécu une expérience similaire ? Avez-vous entendu parler d'une situation similaire ? Écrivez une petite composition dans laquelle vous décrivez ce que la personne a vécu et parlez de ce qu'elle a peut-être ressenti.

Exercices de laboratoire

Phonétique

Les sons vocaliques [i] et [a] 6–8

Pour produire la voyelle française [i], gardez les lèvres tendues et souriez! Le son [i] est similaire au son dans le mot anglais *me*, mais il est plus bref et plus tendu. Écoutez, puis répétez les mots suivants qui contiennent tous le son [i].

| ici | vit | suivi | souris | Yvelines | discipline | abîme |

A. Maintenant, écoutez et répétez les phrases suivantes.

1. Minnie est arrivée ici avec une amie.

2. Sylvie vit près de Paris, dans les Yvelines.

3. L'ivrogne a fini sa vie dans l'abîme.

Il faut arrondir la bouche pour prononcer le [a] français. Imaginez que vous êtes chez le médecin et que vous faites un *ah!* bref. Considérez maintenant le son [a] dans les mots suivants. Écoutez et répétez.

| papa | assis | Cannes | canapé | patte | hâte | véranda |

B. Écoutez et répétez les phrases suivantes.

1. Papa est assis sur le canapé de la véranda.

2. Charles habite à Cannes mais le climat ne lui va pas.

3. Le chat a mal à la patte.

C. Continuez à pratiquer les sons [i] et [a] en lisant le paragraphe suivant. Écoutez-le d'abord. Lisez ensuite les phrases à haute voix.

Sylvana est très amicale avec les animaux abandonnés de l'abri. Elle a pris l'habitude d'y aller chaque après-midi à quatre heures. Sa vie à Paris est si triste car elle n'a ni chien ni chat qui la fasse sourire. Sa maman lui a appris qu'elle va lui offrir un petit chat pour son anniversaire.

Maintenant, lisez les phrases à haute voix.

Les liaisons interdites (suite) 6-9

Voici d'autres cas de liaison interdite:

- **ils, elles, on** dans une inversion + un participe passé ou un infinitif commençant par un son vocalique:

  Exemples: Ont-ils / eu une bonne note?
  Vont-elles / être jalouses?
  Est-on / aidé par les professeurs?

- un article + un mot commençant par un **h** aspiré (**h** traité comme une consonne):

  Exemples: les / haricots verts
  un / Hollandais d'Amsterdam
  des / hamacs confortables

- un adverbe interrogatif se terminant par une consonne + un verbe commençant par un son vocalique:

  Exemples: Quand / arriverez-vous demain?
  Comment / êtes-vous venus?
  Combien / avez-vous payé?

D. Écoutez les phrases suivantes et répétez-les en prenant soin de ne pas faire de liaisons interdites.

1. Un Hollandais mange des haricots verts.

2. Quand as-tu fini?

3. M'ont-ils aperçue?

4. Sont-ils arrivés à l'heure?

5. Suzanne et Arnaud ont-ils eu un hamac en cadeau de mariage?

6. Tes amies vont-elles aller aussi en Suisse?

7. Quand aimerais-tu aller en vacances?

Leçon 1
Conversation 6–10

A. Expressions pour se plaindre et s'excuser. En français, il y a plusieurs expressions pour se plaindre et s'excuser. Écoutez la conversation (manuel, **chapitre 8**, leçon 1) en prêtant attention à ces expressions.

B. L'intonation des phrases. Maintenant, écoutez et répétez les phrases suivantes. Imitez l'intonation de la phrase en répétant les expressions qu'on utilise pour se plaindre et s'excuser.

1. Bonjour, madame. Excusez-moi, mais je vous ramène ce nouvel iPhone que ma nièce m'a persuadé d'acheter…

2. Mais la fonction qui permet d'appeler un numéro à partir de l'annuaire d'adresses ne marche pas.

3. Je regrette, mais je ne peux pas me servir d'un appareil si compliqué.

4. Je suis vraiment désolée, enfin c'est… euh… notre maison et cette marque ont une très bonne réputation.

5. Écoutez, ne vous inquiétez pas. Je vais m'en occuper.

6. On peut vous rembourser ou trouver un portable moins sophistiqué.

7. Eh bien, écoutez, je vous remercie, je vais réfléchir.

8. Vous pouvez compter sur nous pour trouver un portable qui vous convienne.

C. La bonne réponse. Quand on se plaint, on n'est pas toujours satisfait des résultats de la plainte. Écoutez les mini-conversations suivantes et dites si la personne qui se plaint sera satisfaite ou non des résultats de sa plainte.

1. Satisfaite   Pas satisfaite

2. Satisfaite   Pas satisfaite

3. Satisfaite   Pas satisfaite

4. Satisfaite   Pas satisfaite

La grammaire à apprendre

La négation   6–11

D. Une vendeuse aux Galeries Lafayette. Caroline adore son travail aux Galeries Lafayette. Sa collègue se plaint sans arrêt et la contredit toujours. Jouez son rôle et contredisez Caroline à votre tour en utilisant les expressions négatives suivantes.

MODÈLE: *Vous lisez:* mon travail / ne… guère

Vous entendez: Mon travail est passionnant.

Vous répondez: **Mon travail n'est guère passionnant.**

1. je / ne… que	4. personne… ne
2. je / ne… aucune	5. elle / ne… nulle part
3. je / ne… rien	6. je / ne… ni… ni

E. À la station-service. Votre sœur vous demande ce qui s'est passé quand vous avez fait réparer votre voiture à la station-service. Répondez à ses questions en suivant le modèle et en utilisant les expressions négatives suivantes.

MODÈLE: *Vous lisez:* ne… rien

Vous entendez: Qu'est-ce que le mécanicien a fait?

Vous répondez: **Il n'a rien fait.**

1. pas du tout	5. ne… aucune
2. ni… ni… ne	6. ne… nulle part
3. ne… jamais	7. ne… plus
4. personne… ne	

Leçon 2   6–12

A. La bonne réponse. On vous demande la permission de faire certaines choses. Comment répondez-vous? Choisissez la réponse que vous donneriez dans chaque situation.

_____ 1. a. Mais non, pas du tout!

b. Oui! Ça m'embête. Ça m'empêche de me concentrer.

Nom _____ Date _____

         2. **a.** Certainement. Je vous en prie.
            b. Je suis désolé(e), mais ce n'est pas possible.
         3. **a.** Mais bien sûr. Je n'y vois pas d'inconvénient.
            b. Je regrette, mais il n'y a pas assez de place.

La grammaire à apprendre

Prépositions exigées par certains verbes   6–13

B. Une fille obéissante. Marie-Hélène est une fille très bien élevée qui demande toujours la permission pour faire quoi que ce soit. Jouez le rôle d'une mère indulgente et donnez-lui la permission de faire tout ce qu'elle veut.

MODÈLE: *Vous entendez:* Est-ce que je peux aider Suzanne à faire ses devoirs?
Vous répondez: **Oui, tu peux aider Suzanne à faire ses devoirs.**

(Items 1–8)

C. Conversations. Vous parlez avec une amie au café, mais elle ne fait pas très attention à ce que vous dites. Chaque fois qu'elle vous pose une question, vous répétez ce que vous venez de dire en utilisant les expressions données ci-dessous. Ajoutez une préposition, si c'est nécessaire, pour relier vos deux phrases. Suivez le modèle.

MODÈLE: *Vous lisez:* Oui, elle apprend…
Vous entendez: Elle nage dans une piscine, tu as dit?
Vous répondez: **Oui, elle apprend à nager dans une piscine.**

1. Non, mais nous rêvons…   5. C'est ça, elles ont choisi…
2. Non, Frank a oublié…   6. Eh bien, je me mets…
3. Eh bien, le bébé essaye…   7. Euh, il espère…
4. Eh bien, mon père veut…

Les prépositions et les noms géographiques   6–14

D. Où habitez-vous? Regardez la liste des endroits géographiques ci-dessous. Puis écoutez les descriptions et dites les noms des villes et des régions ou des pays où chaque personne habite. Suivez le modèle. (Attention! Les noms géographiques ne sont pas donnés dans le bon ordre!)

MODÈLE: *Vous entendez:* Jean peut visiter la tour Eiffel.
Vous répondez: **Il habite à Paris, en France.**

Acapulco, Mexique   Munich, Allemagne
Londres, Angleterre   Floride, États-Unis
Québec, Québec   Tokyo, Japon
La Havane, Cuba   Normandie, France
Fort-de-France, Martinique   Paris, France
Moscou, Russie

(Items 1–10)

E. Les globe-trotters. Nous sommes à l'aéroport de Marseille, où plusieurs jeunes touristes parlent de leurs voyages. Terminez les phrases que vous entendez en utilisant les éléments donnés. Faites tous les changements nécessaires.

MODÈLE: *Vous lisez:* je / préférer / Maroc
Vous entendez: Je vais en Espagne mais…
Vous dites: **Je vais en Espagne mais je préfère le Maroc.**

1. nous / aller / États-Unis
2. je / retourner / Antilles
3. nous / venir / Texas
4. je / aller / Pays-Bas

5. ils / aimer mieux / Irlande
6. elle / connaître bien / États-Unis
7. nous / rentrer / Congo
8. je / aller enfin / Cameroun

Leçon 3
Conversation 7–2

A. Expliquer ou demander une explication. En français, il y a plusieurs expressions pour demander une explication ou pour expliquer quelque chose. Écoutez la conversation (manuel, **chapitre 8**, leçon 3) en prêtant attention à ces expressions.

B. L'intonation des phrases. Maintenant, écoutez et répétez les phrases suivantes. Imitez l'intonation de la phrase en répétant les expressions qu'on utilise pour demander ou pour donner une explication.

1. Écoute, j'ai quelque chose d'absolument incroyable à te raconter!

2. Figure-toi que ce soir la nourrice, Brigitte, a dû être transportée d'urgence à l'hôpital.

3. Je ne comprends pas. Qu'est-ce qui s'est passé?

4. Alors, qu'est-ce que ça veut dire pour nous?

5. Autrement dit, c'est moi qui dois m'occuper de ce problème!

6. C'est ce que tu veux dire?

7. On dirait que tu ne veux plus aucune responsabilité et que tu veux te décharger de tout sur moi!

8. Oh, écoute! Tu y vas un peu fort là, quand même! Tout ce que je te demande, c'est de téléphoner.

La grammaire à apprendre

Les pronoms relatifs 7–3

C. On m'a volé ma voiture. Paul Marchand arrive au commissariat de police pour signaler le vol de sa voiture. Dans son affolement, il parle trop vite et l'inspecteur l'arrête pour lui poser des questions. Jouez le rôle de Paul et répondez aux questions de l'inspecteur en utilisant les pronoms relatifs **qui** ou **lequel** (**laquelle**, etc.). Le début de votre réponse est donné entre parenthèses.

MODÈLE: *Vous lisez:* Ma voiture était dans un parking. Ce parking se trouve au centre-ville. (Elle était…)
Vous entendez: Votre voiture était dans quel parking?
Vous répondez: **Elle était dans le parking qui se trouve au centre-ville.**

1. Un homme passait dans la rue. Il avait l'air bizarre. (L'homme…)

2. Heureusement que j'ai Auto-Soleil. Je souscris à cette assurance. (C'est l'assurance…)

3. Voilà Mme Poiriel. J'ai parlé à cette femme juste après le vol. (C'est la femme…)

4. Ma pauvre voiture! Elle était en très bon état. (C'était une voiture…)

Maintenant, utilisez les pronoms relatifs **que** ou **dont** dans vos réponses.

5. Je dois signer ces papiers. Ils sont très importants. (Les papiers…)

6. Vous m'avez parlé d'un certain criminel. Je voudrais voir ce criminel. (Je voudrais voir…)

7. Vous avez trouvé un sac. Je peux l'identifier. (Je peux…)

8. Mon sac! J'ai très besoin de ce sac! (Oui, c'est un sac…)

Finalement, utilisez **ce qui** ou **ce que** dans vos réponses.

9. Il m'est arrivé cette catastrophe. Mes parents ne sont pas au courant de cela. (Mes parents…)

10. Je devrais faire quelque chose. Je ne sais pas quoi. (Je ne sais pas…)

11. Ils vont me dire quelque chose. J'ai peur de cela. (J'ai peur…)

D. Après le vol. Peu après le vol de la voiture, ce sujet est abordé avec les parents de Paul, qui ne sont pas encore au courant des détails du crime. Jouez le rôle des parents, en utilisant **ce qui** ou **ce que** dans vos réponses.

MODÈLE: *Vous entendez:* Qu'est-ce qu'il y avait dans la voiture?
Vous répondez: **Nous ne savons pas ce qu'il y avait dans la voiture.**

(Items 1–6)

E. Des précisions. Vous faites des recherches généalogiques sur une grand-tante française qui s'appelle Paulette Rivière. Un ami regarde vos notes et vous pose des questions sur la vie de Paulette. Répondez à ses questions en utilisant le pronom relatif **où.**

Paulette Rivière:

    née le 14 décembre 1901 à Quimper

    a étudié à l'école normale d'institutrices de Rennes

    a travaillé comme enseignante à Dinan

    mariée à Concarneau en 1921

    morte à Venise, en Italie, en 1975

    enterrée au cimetière du Père Lachaise à Paris

MODÈLE: *Vous lisez:* (ville)
    Vous entendez: Quimper, c'est quoi?
    Vous répondez: **C'est la ville où elle est née.**

1. (l'école)   4. (la ville)

2. (le jour)   5. (l'année)

3. (le pays)   6. (le cimetière)

Dictée 7–4

F. Tout va mal. Julien décrit sa journée à son ami Paul. Écoutez sa description, puis transcrivez-la. D'abord, vous entendrez la description entière. Ensuite, chaque phrase sera lue deux fois. Enfin, la description entière sera répétée pour que vous puissiez vérifier votre travail. Écoutez.

_____

_____

_____

_____

_____

_____

_____

Compréhension

Grève des chantiers navals *(naval shipyards)* de l'Atlantique 7–5

Vous allumez la radio, ce matin, pour écouter les actualités, mais les nouvelles ne sont pas très positives. Cependant, vous vous intéressez aux informations sur la grève des chantiers navals, parce que votre beau-frère y travaille. Voici ce que vous entendez à la radio.

MOTS UTILES: la direction *management*

parvenir *to reach, attain*

mine désabusée *disillusioned look*

la préfecture *regional administrative headquarters*

la suppression *elimination, removal*

G. On en a marre! Avez-vous compris le reportage sur la grève dans le détail? Faites le test en choisissant la bonne réponse.

_____ 1. Combien d'heures les négociations récentes ont-elles duré?
     a. neuf heures
     b. sept heures
     c. dix heures

_____ 2. Quel progrès a-t-on fait?
     a. aucun progrès
     b. un petit peu de progrès
     c. de grands progrès

_____ 3. Pourquoi les travailleurs sont-ils en grève?
     a. Ils veulent plus d'argent.
     b. On va supprimer beaucoup d'emplois.
     c. Ils veulent de meilleures conditions de travail.

_____ 4. Depuis combien de temps est-ce qu'il y a la grève?

     a. depuis une semaine

     b. depuis un mois

     c. depuis deux semaines

_____ 5. Combien de grévistes y a-t-il?

     a. 3 000

     b. 8 008

     c. 135 000

À Darty   7–6

Pendant la pause, la station pratique le commerce. Écoutez l'annonce publicitaire suivante. Il s'agit du magasin Darty.

MOT UTILE: électroménager *household appliances*

H. Publicité. Indiquez si les phrases suivantes sont vraies (**V**) ou fausses (**F**) d'après l'annonce publicitaire que vous venez d'entendre.

_____ 1. Les prix Darty sont un peu élevés mais la qualité des produits est garantie.

_____ 2. À Darty, on peut acheter un four à micro-ondes.

_____ 3. Les prix Darty sont très bas toute l'année.

Les hypermarchés Continent   7–7

Avant d'éteindre la radio, vous entendez une annonce publicitaire pour une vente spéciale de téléviseurs aux hypermarchés Continent.

MOTS UTILES: crever *to burst, break*
                une télécommande *remote control*
                foncer *to rush, charge on*

I. Darty ou Continent? Vous voulez acheter un nouveau téléviseur. Les magasins Darty vous intéressent à cause de leurs prix bas. Mais vous entendez l'annonce publicitaire de Continent. Pour vous permettre de comparer avec Darty, vous notez les caractéristiques données par Continent.

1. marque du téléviseur: _____

2. téléviseur — couleur ou noir et blanc: _____

3. dimensions de l'écran: _____

4. nombre de watts consommés par heure: _____

5. prix: _____ euros

6. nombre de téléviseurs en vente: _____

Exercices écrits

JE PRENDRAIS BIEN CELUI-CI...

9

La grammaire à réviser

Avant la première leçon

Les adjectifs démonstratifs

A. Un peu de shopping. La famille Amegboh fait des courses dans un grand magasin. Complétez les dialogues avec l'adjectif démonstratif qui convient (**ce, cet, cette, ces**). Ajoutez **-ci** ou **-là** si nécessaire.

1. *Au rayon hommes:*

   —Chérie pour mon voyage, je devrais acheter _____ pantalon-_____ en laine *(wool)* ou

   _____ pantalon-_____ en cuir *(leather)*?

   —À mon avis, _____ pantalons sont trop chauds. Regarde _____ beau pantalon en lin *(linen)*. Il

   serait plus confortable, je crois.

2. *En passant au rayon des jouets:*

   —Maman, tu as promis de m'acheter quelque chose. J'aimerais bien _____ voiture téléguidée

   (radio-controlled) et aussi une de _____ nouvelles voitures de la série Formule 1.

   —Je t'en achète une, pas deux. Choisis! Tu veux _____ voiture-_____ ou _____

   voiture-_____?

3. *Et enfin au rayon photo:*

   —Pardon, monsieur. Pourriez-vous me dire combien coûtent _____ deux appareils photos numériques?

   —Bien sûr, madame. _____ appareil-_____ coûte 430 €. Et celui-là fait 650 €. C'est un excellent

   appareil.

   —C'est un gros achat. Nous allons y réfléchir. Merci, monsieur.

Les adverbes

B. Traits de caractère. Complétez les phrases avec l'adverbe correspondant à l'adjectif donné dans la première phrase. Puis, indiquez pour chaque phrase si le trait de caractère vous semble plutôt positif ou négatif.

		positif	négatif
MODÈLE: André est objectif. Il analyse les faits *objectivement*.		☒	☐
1. Maïwenn est généreuse. Elle partage _____ ce qu'elle a.		☐	☐
2. Colin est attentif. Il écoute _____ ce qu'on lui dit.		☐	☐
3. Julie est élégante. Elle s'habille _____.		☐	☐
4. Anissa est très polie. Elle salue toujours les gens très _____.		☐	☐
5. Karim est sérieux. Il parle toujours très _____.		☐	☐
6. Clémentine est franche. Elle dit _____ ce qu'elle pense.		☐	☐
7. Foued est intelligent. Il s'exprime _____.		☐	☐
8. Le petit Clément est doux. Il parle _____.		☐	☐
9. Le petit Médoune est bruyant. Il joue _____.		☐	☐
10. Francine est timide. Elle répond _____ aux questions		☐	☐
11. Joseph est lent. Il fait les choses _____.		☐	☐
12. Madeleine est spontanée. Elle fait les choses _____.		☐	☐

C. Personnalités. Trois personnes racontent leur vie à un psychiatre qui essaie d'identifier leur type de personnalité. Traduisez les adverbes donnés entre parenthèses. Référez-vous à la présentation **Avant la première leçon, Les adverbes** de votre livre en faisant cet exercice. Ensuite, décidez quel est le type de personnalité de chacun.

FRANÇOIS: Généralement, j'ai du mal à me lever. Je me lève à la dernière minute, je me prépare *(quickly)*

_____ (1) et je pars *(immediately)* _____ (2)

à la fac. Aujourd'hui, j'ai *(first)* _____ (3) un cours de maths à onze

heures, *(then)* _____ (4) un cours de français et le soir, un cours

d'anglais. C'est une journée épuisante, et bien trop longue! Heureusement, *(the day after*

tomorrow) _____ (5), c'est samedi. Je pourrai dormir *(a long time)*

_____ (6) et me réveiller très *(late)* _____ (7).

(8) *François est-il du type pessimiste nostalgique, éternel fatigué ou rêveur poète?*

_____

MARIE-JEANNE: Je rêve de partir *(far away)* _____ (9), de visiter des pays exotiques,

de vivre *(someplace else)* _____ (10). Comme le poète Baudelaire,

je rêve de voyages: «Mon enfant, ma sœur, songe à la douceur d'aller *(over there)*

_____ (11) vivre *(together)* _____

(12)!... *(There)* _____ (13), tout n'est qu'ordre et beauté, luxe,

calme et volupté.» J'aimerais *(so much)* _____ (14) m'évader vers

des contrées inconnues.

(15) *Marie-Jeanne est-elle du type pessimiste nostalgique, éternel fatigué ou rêveur poète?*

_____

PHILIPPE: *(Formerly)* _____ (16), la vie était plus facile. On mangeait *(well)*

_____ (17), on voyait *(often)* _____ (18) sa

famille et ses amis, on s'aidait *(willingly)* _____ (19) les uns les autres.

Maintenant, on travaille *(too much)* _____ (20), on mange *(badly)*

_____ (21), on a *(scarcely)* _____ (22) le temps

de voir sa propre famille, on n'est en sécurité *(nowhere)* _____ (23).

Et de plus, les choses vont de mal en pis *(from bad to worse)*.

(24) *Philippe est-il du type pessimiste nostalgique, éternel fatigué ou rêveur poète?*

_____

Leçon 1
Cap sur le vocabulaire!

A. De quoi a-t-on besoin? Lisez les contextes ci-dessous et décidez de quoi chaque personne a besoin (en vous inspirant de la liste de vocabulaire présentée dans la **Leçon 1**). [RAPPEL: Avec des noms concrets au singulier, utilisez **avoir besoin d'un(e)**; avec des noms concrets au pluriel, utilisez **avoir besoin d(e)**.]

MODÈLE: Françoise s'installe dans son premier appartement.

Elle a besoin d'appareils ménagers.

CONTEXTE: Dans la première partie, ces personnes habitent des appartements qui ne sont pas encore complètement meublés.

1. Marie en a marre *(is sick and tired)* de toujours aller à la laverie automatique. (2 choses)

_____

2. Frédérique passe beaucoup trop de temps à faire la vaisselle.

_____

3. Marcel veut pouvoir vite préparer ses repas le soir.

_____

4. Jean-Claude laisse traîner *(leaves lying around)* tous ses livres par terre parce qu'il n'a aucun endroit où les ranger.

_____

5. Claudette laisse traîner tous ses vêtements par terre parce qu'elle n'a pas d'endroit où les ranger.

_____

6. Suzanne a froid aux pieds parce qu'il n'y a rien qui couvre le plancher *(the floor)* dans son appartement.

_____

CONTEXTE: Dans cette deuxième partie, vous allez dire de quels vêtements ou accessoires ces personnes ont besoin.

7. Marie-Laure est une femme d'affaires qui cherche de nouveaux vêtements. (1 chose)

_____

8. Pierre est un homme d'affaires qui doit s'habiller pour une réunion *(meeting)* importante. (1 chose)

_____

9. Il va pleuvoir. De quoi avez-vous besoin? (2 choses)

_____

10. Vous partez en vacances avec des amis pour faire du ski. De quoi avez-vous besoin? (1 chose)

_____

11. Votre famille va à la plage ce week-end. De quoi avez-vous besoin? (1 chose)

_____

La grammaire à apprendre

Les pronoms démonstratifs

B. À la bijouterie *(jewelry store)*. Monsieur Moreau cherche un cadeau pour sa femme qui adore les bijoux, mais il a du mal à trouver ce qui lui plairait le mieux. Complétez sa conversation avec le bijoutier en ajoutant les pronoms démonstratifs qui conviennent: **celui, celle, ceux, celles, celui-ci(-là), celle-ci(-là), celles-ci(-là), ceux-ci(-là), ceci, cela.**

M. MOREAU: Oui… je pense acheter des bijoux pour ma femme.

_____ **(1)** que je lui ai offerts l'an dernier

lui ont fait beaucoup plaisir.

BIJOUTIER: Très bien, monsieur. Aimerait-elle une de ces bagues?

© Cengage Learning

M. MOREAU: Ah oui, elle aimerait _____ (2). Puis-je

voir aussi _____ (3) d'en haut, s'il vous

plaît?

BIJOUTIER: Bien sûr. Je pourrais vous montrer _____

(4) qui sont en vitrine également.

M. MOREAU: Merci, mais ce ne sera pas nécessaire.

BIJOUTIER: Peut-être ce beau bracelet?

M. MOREAU: Non, _____ (5) ne lui plairait

pas.

BIJOUTIER: Pourquoi ne pas lui offrir une montre?

M. MOREAU : Je ne sais pas… voyons… entre ces deux montres, je

préfère _____ (6)

à _____ (7).

BIJOUTIER: Toutes les femmes adorent les boucles d'oreilles. En voici quelques
paires.

M. MOREAU: Je n'aime pas tellement _____ (8), mais

_____ (9) ne sont pas mal.

BIJOUTIER: Aime-t-elle les perles? J'ai des ravissants colliers en perles à vous
proposer…

M. MOREAU: Vous avez raison, _____ (10) est

particulièrement ravissant! Mais lequel est moins cher?

_____ (11) de droite ou

_____ (12) de gauche?

BIJOUTIER: _____ (13) de gauche. Il coûte 1 500

euros, un prix tout à fait correct.

M. MOREAU: Bon, écoutez, monsieur, c'est un anniversaire très important.

Je lui offrirai ce collier-ci et des boucles d'oreilles aussi:

je vais prendre _____ (14). Vous me

mettrez tout _____ (15) dans un

paquet cadeau.

Comptez! M. Moreau a regardé plusieurs choses à la bijouterie avant de prendre une décision. Indiquez le nombre d'accessoires qu'il a regardés dans chaque catégorie.

Il a regardé… _____ bague(s)   _____ bracelet(s)

_____ montre(s)   _____ collier(s)

C. Vos choix et vos préférences. Répondez franchement aux questions suivantes en utilisant un pronom démonstratif.

MODÈLE: Vous allez sortir mais vous vous rendez compte qu'il ne reste que deux chemises dans votre armoire: l'une est sale mais en bon état, l'autre est propre mais usée. Laquelle mettrez-vous?
Je mettrai celle qui est propre mais usée.

1. Au rayon confiserie *(candies)*, vous choisissez des chocolats pour vos grands-parents. Il y a des chocolats [m] qui sont à la crème, aux fruits, à la menthe et à la liqueur. Lesquels allez-vous choisir?

   _____

2. Préférez-vous les vêtements de Gap, d'Abercrombie & Fitch ou de Calvin Klein?

   _____

3. Dans un magasin, vous trouvez un pull qui vous plaît à $40. Puis vous en voyez un autre que vous adorez à $150. Lequel achèterez-vous?

   _____

4. Préférez-vous acheter des produits qui sont fabriqués aux États-Unis ou dans un pays étranger?

   _____

5. Préférez-vous écouter les chansons [f] de chanteurs qui sont à la mode ou de chanteurs plutôt inconnus?

   _____

6. Vous êtes dans un magasin au rayon vaisselle et vous choisissez des assiettes [f] pour le mariage d'une amie qui a des goûts très particuliers. Allez-vous choisir des assiettes qui sont de forme ronde, rectangulaire, ovale ou carrée?

   _____

Les adverbes

D. Un nouvel appartement. Évelyne Duvalier va s'installer dans un nouvel appartement non-meublé *(unfurnished)*. Sa mère, qui vit dans une autre ville, lui pose des questions sur cet appartement. Voici leur conversation téléphonique. Reformulez les réponses d'Évelyne pour les rendre plus précises ou plus nuancées en mettant l'adverbe entre parenthèses à la place qui convient.

MODÈLE: LA MÈRE D'ÉVELYNE: Dis chérie. J'aimerais que tu changes d'appartement. Je n'aime pas tellement le quartier *(neighborhood)* où tu es en ce moment.

   ÉVELYNE: Mais maman, j'ai trouvé un nouvel appartement! (déjà)
   Mais maman, j'ai déjà trouvé un nouvel appartement!

Nom _____ Date _____

1. SA MÈRE: Et cet appartement te plaît?

   ÉVELYNE: Ben… euh… disons que je n'en suis pas contente. (tout à fait)

   ÉVELYNE: Ben… euh… disons que _____.

2. SA MÈRE: Pourquoi? Il n'est pas spacieux?

   ÉVELYNE: Si! Mais j'aurais aimé un appartement plus près du centre-ville et je n'en ai pas trouvé. (tellement)

   ÉVELYNE: Si! Mais _____ et je n'en ai pas trouvé.

3. SA MÈRE: Alors, comment tu vas faire pour déménager *(move)*? J'espère que tu ne vas pas faire ça toute seule!

   ÉVELYNE: Ne t'inquiète pas! Mes amis vont m'aider. (heureusement)

   ÉVELYNE: Ne t'inquiète pas! _____.

4. SA MÈRE: N'oublie pas que tu auras besoin de nouveaux appareils ménagers…

   ÉVELYNE: Oui, oui… en fait, je suis allée à l'hypermarché pour m'en acheter. (avant-hier)

   ÉVELYNE: Oui, oui... en fait, _____.

5. SA MÈRE: Tu veux que je t'achète aussi des choses, chérie?

   ÉVELYNE: Merci, maman, mais j'y ai trouvé tout ce dont j'avais besoin. (à peu près)

   ÉVELYNE: Merci, maman, mais _____.

6. SA MÈRE: Il ne te faut rien d'autre?

   ÉVELYNE: Non, rien. J'aurai même une machine à laver. (enfin)

   ÉVELYNE: Non, rien. _____.

7. SA MÈRE: Quelle chance!

   ÉVELYNE: Oui. Je vais m'en servir souvent. (sûrement)

   ÉVELYNE: Oui. _____.

8. SA MÈRE: Évidemment tu as pensé à tout. Tu n'as plus besoin de mes conseils…

   ÉVELYNE: Maman, ne le prends pas mal! J'ai apprécié tes conseils. (toujours) Merci de m'avoir appelée…

   ÉVELYNE: Maman, ne le prends pas mal! _____. Merci de m'avoir appelée...

E. Des atomes crochus? ([Do they] "hit it off"?) Simon sort au restaurant pour la première fois avec Katia — quelqu'un qu'il ne connaît pas encore très bien. Il est très franc et il lui révèle des détails un peu bizarres sur son caractère. Voici des exemples des choses qu'il lui a dites pendant cette première sortie. En vous inspirant de la liste ci-dessous, trouvez l'équivalent français qui aidera Simon à se décrire. Puis, ajoutez une phrase dans laquelle Simon expliquera pourquoi il dit ce qu'il a dit.

bad	*expensive*	*little*	*quickly*
badly	*gladly*	*loudly*	*rather*
better	*good*	*meanly*	*softly*
briefly	*hard*	*nicely*	*well*
clearly	*hopefully*		

MODÈLE: Quand je suis chez moi, j'ai tendance à m'habiller *mal* parce que *je suis tout seul et que personne ne me voit habillé comme ça.*

1. Quand je sors, j'ai tendance à m'habiller _____ parce que _____
   _____.

2. D'habitude, j'accepte _____ les invitations à sortir parce que _____
   _____.

3. Quand je parle à un inconnu, je lui parle _____ parce que _____
   _____.

4. Au restaurant, j'ai tendance à parler _____ parce que _____
   _____.

5. Pendant la période des examens, je dois travailler _____ parce que _____
   _____.

6. Je préfère ne pas acheter de choses qui coûtent _____ parce que _____
   _____.

Relisez vos phrases! À votre avis, est-ce que Katia va sortir une deuxième fois avec Simon? Est-ce qu'elle le trouvera normal, original ou bizarre? Pourquoi?

F. Une petite annonce. (A personal ad.) Composez un petit autoportrait de six à huit phrases bien développées dans lequel vous parlez de vos points forts et de vos points faibles. N'oubliez pas de mentionner aussi ce que vous faites bien et ce que vous faites mal et incorporez beaucoup d'adverbes dans votre composition.

MODÈLE: *Tout le monde me trouve très sportif/sportive, mais je ne suis pas tout à fait d'accord. Bien que je fasse du sport assez souvent, je cours très mal, je perds presque tous les matchs auxquels je participe et j'abandonne facilement le match quand je me fais mal. Je dirais plutôt que je ne suis pas un(e) très bon(ne) athlète.*

Leçon 2
Cap sur le vocabulaire!

A. Êtes-vous branché(e)? *(Are you in the know?)* Vous connaissez bien le langage de l'informatique en anglais, mais le connaissez-vous en français? Complétez chaque phrase avec le mot de vocabulaire français approprié de la **Leçon 2**.

1. Quand je voyage, je prends toujours mon _____ pour pouvoir travailler dans l'avion.

2. Vous pouvez voir ce que vous avez tapé sur _____.

3. Pour effectuer les commandes nécessaires, vous pouvez _____ sur les touches

   appropriées ou _____ la souris.

4. Avant de fermer un document, n'oubliez pas de le sauvegarder sur _____ USB ou

   sur _____ de votre ordinateur. Comme ça, vous serez sûr(e) de le perdre.

5. Pour imprimer votre document, il vous faudra une _____, de préférence

   _____.

6. Le Web, c'est _____ de sites. On peut zapper rapidement entre de nombreux

   sites. On appelle quelqu'un qui adore le Web un _____.

7. Avec un ordinateur, on peut aussi envoyer et recevoir des mails, c'est-à-dire, du

   _____.

Erreur! L'auteur de cet exercice a fait une erreur. Quelle phrase n'est pas logique? Donnez le numéro de la

phrase illogique. _____

B. Chassez l'intrus. Regardez chaque groupe de mots et indiquez le mot qui n'appartient pas logiquement au groupe. Considérez le sens des mots et non la forme.

_b_ **MODÈLE:** (a) le Web   **(b)** le contrôle vocal   **(c)** un(e) internaute

___ 1. **(a)** un micro   **(b)** un portable   **(c)** un navigateur (browser)

___ 2. **(a)** importer   **(b)** taper   **(c)** télécharger

___ 3. **(a)** le logiciel   **(b)** le clavier   **(c)** la touche

___ 4. **(a)** le moteur de recherche   **(b)** le navigateur (browser)   **(c)** le matériel

___ 5. **(a)** les données   **(b)** la messagerie texte   **(c)** envoyer des SMS

___ 6. **(a)** l'informatique   **(b)** la puissance   **(c)** la mémoire

C. L'ordi idéal. *Votre marraine-fée (fairy godmother) offre de vous acheter l'ordinateur de vos rêves. Décrivez l'ordinateur que vous désirez et expliquez pourquoi vous le désirez.*

D. Comme deux gouttes d'eau. *En vous servant des expressions suivantes, comparez en une phrase les personnes données dans chaque paire. Choisissez les pronoms appropriés.*

Ils (Elles) ont des intérêts semblables.

Ils (Elles) se ressemblent commes deux gouttes d'eau.

Ils (Elles) ont beaucoup de choses en commun.

Ils (Elles) sont différent(e)s l'un(e) de l'autre.

Ils (Elles) ont très peu de choses en commun.

Ils (Elles) n'ont rien en commun.

MODÈLE: les Démocrates et les Républicains

Les Démocrates et les Républicains ont beaucoup de choses en commun.

1. ma mère et mon père

_____

2. deux frères jumeaux identiques

_____

3. les sœurs Venus et Serena Williams

_____

4. les étudiants à l'Université du Michigan et les étudiants à l'Université de Floride

_____

5. Jessica Simpson et Paris Hilton

_____

6. le Président Hollande et le Président Obama

_____

E. Encore! *Maintenant développez votre comparaison pour une des paires de l'exercice D en quelques phrases.*

MODÈLE: *J'ai dit que les Démocrates et les Républicains ont beaucoup de choses en commun parce qu'ils se comportent de la même façon. Les deux partis politiques veulent gagner à tout prix. Ils passent leur temps à se critiquer les uns les autres. Il vaudrait mieux qu'ils fassent plus attention aux problèmes économiques de notre pays.*

_____

_____

_____

La grammaire à apprendre

Le comparatif et le superlatif des adjectifs, des adverbes et des noms

F. Regardez-moi ça! *(Take a look at this!)* Vous êtes au rayon de l'électronique où un vendeur enthousiaste essaie de vous convaincre d'acheter un ordinateur dans son magasin. Il essaie de vous aider à en comparer plusieurs. D'abord, il va comparer deux choses en se servant du comparatif. Ensuite, il va comparer une chose à toutes les autres choses similaires en se servant du superlatif. Formulez ce qu'il vous dit en suivant les modèles.

La comparaison des adjectifs

MODÈLE: ce portable / + petit / (le magasin)

Ce portable-ci est plus petit que celui-là. En fait, ce portable-ci est le plus petit du magasin.

1. cet ordinateur / – puissant / (tout notre stock)

   _____

   _____

2. cet écran / + bon / (tous les écrans)

   _____

   _____

3. ce clavier / + grand / (les modèles IBM)

   _____

   _____

4. ce logiciel / + pratique / (tous nos logiciels)

   _____

   _____

La comparaison des adverbes

MODÈLE: On / cliquer / cette souris / – facilement / (toutes les souris du magasin)

On clique cette souris-ci moins facilement que celle-là. En fait, on clique cette souris-ci le moins facilement de toutes les souris du magasin.

5. Ce programme / marcher + bien / (tous les programmes disponibles *[available]*)

   _____

   _____

6. Cette imprimante / imprimer – vite / (toutes nos imprimantes)

   _____

   _____

7. Ce portable / se transporter + facilement / (les modèles IBM)

_____

_____

La comparaison des noms

MODÈLE: Dans notre magasin / on vend / + des jeux vidéo / dans les autres magasins
Dans notre magasin, on vend plus de jeux vidéo que dans les autres magasins. Dans notre magasin,
on vend le plus de jeux vidéo.

8. Dans notre magasin / il y a / + du choix / dans les autres magasins

_____

_____

9. Ici / il y a / – des réclamations *(complaints)* / ailleurs

_____

_____

10. Chez nous / vous trouverez / + de l'expertise / chez nos concurrents *(competitors)*

_____

_____

G. C'est le meilleur! Vous travaillez dans une agence de publicité *(advertising agency)* et c'est à vous de trouver des slogans publicitaires. Inspirez-vous des modèles pour créer cinq slogans publicitaires pour des produits de votre choix. Utilisez le superlatif.

MODÈLES: Le Coca-Cola: *C'est la boisson la plus rafraîchissante!*
Abercrombie & Fitch: *Ce sont les vêtements les plus populaires!*

1. _____

2. _____

3. _____

4. _____

5. _____

H. Une publicité. Choisissez un des slogans publicitaires que vous avez créés pour l'exercice G. Utilisez-le dans une publicité *(advertisement)* de 5 à 6 phrases pour ce produit. Si possible, enregistrez *(record)* votre publicité pour que votre classe de français puisse l'écouter.

_____

_____

_____

Leçon 3

Cap sur le vocabulaire!

A. Parlez-vous cuisine? Avez-vous le vocabulaire nécessaire pour parler cuisine? Regardez la liste de vocabulaire présentée dans la **Leçon 3** de votre livre et dites ce qu'on fait souvent avec les aliments suivants ou ce qu'on fait pour les préparer. Pouvez-vous trouver un verbe différent pour parler de chaque aliment?

MODÈLE: les spaghettis: *On fait bouillir les spaghettis.*
(On fait cuire les spaghettis.)

1. le beurre: _____

2. le poisson: _____

3. l'eau: _____

4. le pain: _____

5. le bœuf: _____

6. les champignons: _____

7. le poulet: _____

8. la sauce: _____

B. Et comment est-ce que je fais ça? Vous allez expliquer à votre mère comment utiliser PowerPoint. Composez une phrase en choisissant dans la liste des expressions typiques de la **Leçon 3** celle qui serait appropriée dans chacun des contextes suivants.

MODÈLE: Vous commencez votre explication *(explanation)*.

Il faut d'abord créer une diapositive (slide).

1. Vous lui rappelez de faire quelque chose.

_____

2. Vous voulez savoir si elle comprend ce que vous lui avez dit.

_____

3. Elle est un peu perplexe. Elle dit:

_____

4. Elle commence à préparer sa présentation PowerPoint et vous la guidez. Vous voulez l'encourager.

_____

5. Elle réussit bien sa présentation. Vous voulez la féliciter.

_____

La grammaire à apprendre

Faire causatif et les verbes de perception

C. Comme ça le fait rire! Pensez à une personne célèbre. Dites qui ou ce qui lui fait faire les choses suivantes en phrases complètes.

MODÈLE: faire trembler

L'opinion publique fait trembler le Président.

King Kong fait trembler Naomi Watts.

1. faire rire: _____

2. faire pleurer: _____

3. faire paniquer: _____

4. faire sourire: _____

5. faire rêver: _____

6. faire s'endormir: _____

D. Les grands paresseux. Dites ce que ces célébrités font faire à quelqu'un d'autre.

MODÈLE: Calvin Klein / présenter chaque nouvelle collection de vêtements / des mannequins

Calvin Klein fait présenter chaque nouvelle collection de vêtements à des mannequins.

1. Beyoncé / choisir ses produits de beauté / sa maquilleuse (*make-up artist*)

   _____

2. la reine Élizabeth / faire la cuisine / son chef

   _____

3. Les présidents américains / écrire leurs discours (*speeches*) / leurs aides

   _____

4. Le chef Paul Prudhomme / faire la vaisselle / son assistant

   _____

Maintenant, dites ce que ces célébrités laissent faire à quelqu'un d'autre.

5. Dale Earnhardt Jr. / réparer sa voiture / des mécaniciens

   _____

6. David Beckham / acheter ses chaussures de football / son agent

   _____

7. Britney Spears / ne plus prendre de décisions / sa mère

   _____

8. Will Smith / faire les acrobaties *(to do stunts)* / un cascadeur *(stunt man)*

   _____

E. Je préfère que quelqu'un d'autre fasse ça. Imaginez la vie des célébrités suivantes. Créez des phrases pour dire ce qu'ils/elles (ne) font (laissent) (pas) faire à quelqu'un d'autre.

1. Rush Limbaugh _____

2. Lindsay Lohan _____

3. Martha Stewart _____

4. Johnny Depp _____

5. Lebron James _____

F. Que faites-vous faire? Dites si vous faites les choses ci-dessous vous-même ou si vous les faites faire. Répondez à chaque question en employant un pronom d'objet direct; utilisez le même temps de verbe dans votre réponse que dans la question.

MODÈLE: Est-ce que vous faites laver vos vêtements?
   Oui, je les fais laver. / Non, je les lave moi-même.

1. Est-ce que vous vous faites couper les cheveux?

   _____

2. Quand vous étiez petit(e), est-ce que vous faisiez couper votre viande avant de la manger?

   _____

3. L'année dernière, est-ce que vous vous êtes fait faire votre costume d'Halloween?

   _____

4. Cette année, est-ce que vous ferez envelopper vos cadeaux de Noël avant de les offrir?

   _____

5. D'habitude, est-ce que vous vous faites préparer vos repas?

   _____

G. Et si vous étiez très riche? En général les étudiants doivent faire beaucoup de tâches *(tasks)* eux-mêmes. Mais si vous étiez très riche, vous n'auriez plus besoin de faire tout ça vous même. *Si vous étiez* très riche, quelles tâches est-ce que vous feriez faire au lieu de les faire vous-même?

_____

_____

_____

H. Franchement, ça me rend malade! Dites qui ou ce qui évoque en vous les réactions suivantes.

© Cengage Learning

MODÈLE: me rendre heureux(-euse)

Les victoires sportives me rendent heureux(-euse). (La musique me rend heureux[-euse]).

1. me rendre malade: _____

2. me rendre paresseux(-euse): _____

3. me rendre heureux(-euse): _____

4. me rendre malheureux(-euse): _____

5. me rendre anxieux(-euse): _____

6. me rendre triste: _____

I. Cendrillon. Mettez-vous à la place des méchantes belles-sœurs de Cendrillon. Qu'est-ce qu'elles auraient pu dire à leur mère le jour du grand bal? Utilisez le **faire** causatif à l'impératif et un pronom d'objet direct. Suivez le modèle.

MODÈLE: Mère, faites travailler Cendrillon!

Faites-la travailler!

1. Mère, faites chercher mes plus belles chaussures!

   _____

© Cengage Learning

2. Mère, faites venir le chauffeur à huit heures!

   _____

3. Mère, faites repasser *(to iron)* ma robe jaune!

   _____

4. Mère, faites préparer les faire-part *(wedding announcements)* pour mon mariage avec le prince charmant!

   _____

Maintenant, c'est Cendrillon qui parle. Utilisez les verbes de perception (**voir** et **entendre**) pour dire ce qu'elle a vu et entendu.

MODÈLE: parler du grand bal

J'ai entendu parler du grand bal.

5. partir mes sœurs

_____

6. arriver une fée *(fairy)*

_____

7. apparaître un beau carrosse *(coach)*

_____

8. le prince m'inviter à danser

_____

9. sonner minuit

_____

J. Je vous le promets! Peu avant son mariage avec le prince charmant, Cendrillon s'adresse à ses futurs sujets. Elle leur explique qu'elle restera humble et qu'elle ne laissera pas sa nouvelle vie de luxe la changer. Pourtant, elle se fait écrire son discours *(speech)*! Rédigez-le pour elle et n'oubliez pas d'y incorporer plusieurs exemples du **faire** causatif et de la construction **laisser faire.**

MODÈLE: *Mes chers futurs sujets, je vous promets de ne pas abuser de ma nouvelle richesse ni de mon nouveau pouvoir. C'est vrai que je ferai faire mes robes parce que je n'aime pas vraiment coudre (sew), mais je continuerai à laver le linge moi-même.*

_____

_____

_____

_____

_____

_____

Exercices de laboratoire

Phonétique

Les voyelles nasales   7–8

Les voyelles qui précèdent un **n** ou un **m** à la fin d'un mot sont en général nasales. Les voyelles qui précèdent un **n** ou un **m** devant une consonne autre que **n** ou **m** sont aussi nasales. Il y a trois sons nasaux différents:

[ɛ̃] s'écrit: **in, im, ain, aim, un, um, en, ein**

[ɑ̃] s'écrit: **an, am, en, em**

[ɔ̃] s'écrit: **on, om**

A. Écoutez et répétez les mots suivants.

[ɛ̃]	dem**ain**	l**oin**	**im**perméable
	en comm**un**	exam**en**	**en**f**in**
[ɑ̃]	l**en**t	tellem**en**t	aut**an**t
	l**on**gt**em**ps	s**em**blable	coll**an**t
[ɔ̃]	c**on**stant	vol**on**tiers	l**on**gtemps
	blous**on**	n**om**bre	b**on**

B. Écoutez et répétez les phrases qui suivent.

1. À partir de demain, j'apporterai les imperméables et les maillots de bain, enfin!

2. Ensuite, je mettrai des collants semblables ensemble.

3. Depuis longtemps ils achètent volontiers des blousons, heureusement!

La voyelle devant **m** ou **n** n'est pas normalement nasale dans les deux cas suivants: lorsque **m** ou **n** est doublé, comme dans **en**nemi et ho**mm**e, (mais il y a quelques exceptions telles que **en**nuyer et **em**mener) et lorsque **m** ou **n** est entre deux voyelles, comme dans ordinateur et ami.

C. Écoutez et répétez les groupes de mots suivants.

[ɛ̃] / [ɛ]	[ɑ̃] / [an] — [am]	[ɔ̃] / [ɔn]
vain/vaine	gitan/gitane	bon/bonne
mien/mienne	constant/constamment	son/sonne
tient/tiennent	patient/patiemment	don/données

D. Écoutez et répétez ces phrases qui contiennent des sons nasalisés et non-nasalisés.

1. Le baron et la baronne ont de très bonnes manières, mais ils sont un peu hautains.

2. Depuis que ces résidents de Caen sont à Cannes, ils s'étonnent du grand nombre d'habitants d'origine italienne.

3. Yvonne vient en train pour voir le championnat.

Les sons [ø] et [œ]   7–9

Le son vocalique [ø] se trouve en syllabe ouverte (**peu**) ou en syllabe se terminant par le son [z] (**menteuse**). Il se prononce en arrondissant les lèvres, la pointe de la langue touchant les dents du bas. Il s'écrit **eu** ou, moins souvent, **œu**. Écoutez et répétez les mots suivants:

c**eu**x   **eu**x   vanit**eu**x   paress**eu**se   vi**eu**x   v**œu**   heur**eu**se

E. Écoutez et répétez les phrases suivantes.

1. Malheureusement, Eugénie est trop vaniteuse et paresseuse.

2. Ces deux vieux jeux rendent l'enfant heureux.

3. Je peux être plongeuse si je veux, tout comme eux.

Le son [œ] est plus ouvert en timbre que le son [ø]. On le rencontre en syllabe fermée (**peur**). Il s'écrit aussi **eu** ou **œu**. Écoutez et répétez:

c**œu**r   v**eu**ve   n**eu**f   coul**eu**r   profess**eu**r

F. Écoutez et répétez les phrases suivantes.

1. Leur jeune professeur a très bon cœur.

2. Ma jeune sœur est la veuve d'un acteur.

3. La couleur de leur téléviseur va avec leurs meubles.

Leçon 1

Conversation   7–10

A. Les préférences. Maintenant, écoutez la conversation (manuel, **chapitre 9**, leçon 1) en prêtant attention aux expressions pour dire ce qu'on préfère.

B. On aime, on n'aime pas. Écoutez et répétez ces phrases tirées de la conversation.

1. Vraiment, j'adore les marchés aux puces!

2. Moi, le cuir, j'adore!

3. Ah, mais j'aime mieux celui-là, à gauche.

4. Moi, les trucs de guerre, j'ai horreur de ça.

Mots et expressions utiles   7–11

C. Exprimer ses goûts et préférences. Vous entendrez une question. Répondez-y en recombinant les éléments donnés.

MODÈLE: *Vous lisez:* des vêtements dans ses prix
Vous entendez: Qu'est-ce que Laure préfère aux vêtements chics?
Vous répondez: **Laure préfère des vêtements dans ses prix aux vêtements chics.**
Vous entendez la confirmation: Oui, c'est ça. Laure préfère des vêtements dans ses prix aux vêtements chics.

1. ne… ni… ni   3. ce costume   5. celle-ci

2. des chaussures à talons hauts   4. ce tapis

La grammaire à apprendre

Les pronoms démonstratifs   7–12

D. On déménage! Vous et vos colocataires venez de déménager. Il reste un tas d'objets que vous avez oubliés et vous vous demandez à qui ils sont. Répondez aux questions de vos colocataires en utilisant des pronoms démonstratifs et les indications suivantes.

MODÈLE: *Vous lisez:* Oui / Paul

   Vous entendez: Est-ce que ce sont les livres de Paul?

   Vous répondez: **Oui, ce sont ceux de Paul.**

   Vous entendez la confirmation: Oui, ce sont ceux de Paul.

1. Non / Paul   4. Oui / Jean-Jacques

2. Oui / Michel   5. Non / Michel

3. Non / Jean-Jacques   6. Oui / Michel

Les adverbes   7–13

E. Au bureau. Une de vos collègues de bureau vous donne ses opinions sur le reste du personnel. Vous êtes d'accord avec elle et vous répondez avec des exemples. Dans votre réponse, utilisez les mots donnés ci-dessous et un adverbe qui correspond à l'adjectif entendu.

MODÈLE: *Vous lisez:* s'occuper des clients

   Vous entendez: Maurice est aimable.

   Vous répondez: **Oui, il s'occupe des clients aimablement.**

1. taper les lettres   4. parler anglais

2. traiter ses employés   5. écrire

3. répondre au téléphone   6. tout expliquer

Leçon 2

Mots et expressions utiles   7–14

A. Souligner les ressemblances / les différences. Écoutez et indiquez si ce que vous entendez souligne les ressemblances ou les différences des choses comparées.

1. ressemblances _____ / différences _____   5. ressemblances _____ / différences _____

2. ressemblances _____ / différences _____   6. ressemblances _____ / différences _____

3. ressemblances _____ / différences _____   7. ressemblances _____ / différences _____

4. ressemblances _____ / différences _____   8. ressemblances _____ / différences _____

La grammaire à apprendre

Le comparatif et le superlatif des adjectifs, des adverbes et des noms   7–15

B. Il ne faut rien exagérer! Un groupe de cybernautes se vantent *(are bragging)* de leurs ordinateurs. Mettez leurs phrases d'abord au comparatif, puis au superlatif. Suivez le modèle et utilisez les éléments donnés ci-dessous.

MODÈLE: *Vous lisez:* plus / le tien / la classe

Vous entendez: Mon ordinateur est cher.

Vous répondez d'abord: **Mon ordinateur est plus cher que le tien.**

Vous entendez ensuite: Non, mon ordinateur est plus cher que le tien!

Vous répondez ensuite: **Mon ordinateur est le plus cher de la classe.**

Vous entendez enfin: Non, mon ordinateur est le plus cher de la classe!

1. plus / la tienne / notre groupe

2. plus / vous

3. plus / les vôtres / tous les ordinateurs

4. plus / toi

5. plus / toi / toute la classe

C. Si on compare. Deux groupes de jeunes gens — un groupe américain et un groupe français — se préparent pour faire du camping. Étudiez et comparez les listes des articles qu'ils vont emporter avec eux.

Les Américains	Les Français
5 couvertures	3 couvertures
1 casserole	4 casseroles
10 paires de chaussures	7 paires de chaussures
16 paires de chaussettes	9 paires de chaussettes
8 pantalons	5 pantalons
10 sandwichs	10 sandwichs
2 bouteilles de vin	4 bouteilles de vin
5 assiettes	5 assiettes
12 chemises	10 chemises

Écoutez maintenant les affirmations suivantes et indiquez si chaque phrase est vraie ou fausse en sélectionnant la bonne réponse. Corrigez ensuite les phrases que vous aurez trouvées fausses et répétez celles qui sont vraies.

MODÈLE: *Vous entendez:* Les Américains ont plus de casseroles que les Français.

Vous sélectionnez: FAUX

Vous dites: **Les Américains ont moins de casseroles que les Français.**

1. VRAI _____ FAUX _____

2. VRAI _____ FAUX _____

3. VRAI _____ FAUX _____

4. VRAI _____ FAUX _____

5. VRAI _____FAUX _____

6. VRAI _____ FAUX _____

Leçon 3
Conversation 7–16

A. Les instructions. Maintenant, écoutez la conversation (manuel, **chapitre 9**, leçon 3) en prêtant attention aux expressions pour donner des instructions, des indications et des ordres.

B. Moi, j'explique. Tu comprends? Écoutez et répétez ces phrases tirées de la conversation.

1. Alors, d'abord tu prends deux tranches de pain de mie, du pain de mie frais, évidemment…

2. Ensuite, tu mets une première tranche de fromage, du gruyère.

3. Et puis, tu mets une tranche de jambon et tu laisses cuire un petit peu, euh, pour que le fromage fonde.

4. Fais attention de ne pas laisser coller le pain à la poêle.

5. Je ne pige pas!

Mots et expressions utiles 7–17

C. Quelle est la fonction? Dites quelle est la fonction des expressions que vous entendez. Voici les quatre réponses possibles:

  a. donner des instructions
  b. s'assurer que l'on comprend
  c. encourager
  d. dire qu'on ne comprend pas

1. _____   4. _____
2. _____   5. _____
3. _____   6. _____

La grammaire à apprendre
Faire causatif et les verbes de perception 7–18

D. Perception. Laissez aller vos sens! Que voyez-vous? Qu'entendez-vous? Répondez aux questions en employant les verbes de perception que vous aurez entendus et les éléments donnés. La deuxième fois, vous répondrez avec un pronom. [N.B. Utilisez un pronom d'objet direct puisque vous aurez déjà établi le contexte dans la phrase précédente.]

MODÈLE: *Vous lisez:* passer / des voitures
Vous entendez: Qu'entendez-vous?
Vous répondez: **J'entends passer des voitures.**
Vous entendez: Vous entendez passer des voitures?
Vous répondez: **Oui, je les entends passer.**
Vous entendez la confirmation: Moi aussi, je les entends passer.

1. voler / un avion   4. jouer / des enfants
2. pousser / la pelouse *(lawn)*   5. chanter / des oiseaux
3. crier / un bébé   6. partir / ma mère

E. Chez le directeur. Le nouveau propriétaire d'un restaurant trouve que le gérant est trop indulgent avec les employés. Le propriétaire le convoque *(summons)* dans son bureau pour lui donner des conseils. Écoutez les phrases qu'il dit et transformez-les en ordres en employant le **faire** causatif et un pronom approprié.

MODÈLE: *Vous entendez:* Il faut que les serveurs travaillent plus.
Vous dites: **Faites-les travailler plus.**
Vous entendez la confirmation: Faites-les travailler plus.

(Items 1–5)

Dictée   7–19

F. Une recette facile à préparer: *Steak Gisèle.* Un chef va vous dicter une de ses recettes préférées. D'abord, écoutez la recette en entier. Ensuite, chaque phrase sera lue deux fois. Transcrivez la recette. Enfin, la recette entière sera répétée pour que vous puissiez vérifier votre travail. Écoutez.

MOTS UTILES: ajouter *to add*   arroser de *to sprinkle with*
une pincée *a pinch*   mélanger *to mix*
découper en tranches *to slice*

_____

_____

_____

_____

_____

_____

_____

_____

Compréhension

L'équipement de la maison   7–20

Vous écoutez un reportage radiophonique sur le logement des Français. Des statistiques concernant l'équipement ménager vous intéressent tout particulièrement. Écoutez.

MOTS UTILES: le foyer, le ménage *household*
le congélateur *freezer*
aisé *affluent*

G. Statistiques. D'après le reportage, indiquez combien de foyers possèdent les appareils suivants. Donnez le pourcentage de foyers *(households)* français qui sont équipés des objets suivants.

1. machine à laver le linge: _____

2. sèche-linge: _____

3. four à micro-ondes: _____

4. téléphone portable: _____

5. micro-ordinateur: _____

6. micro-ordinateur connecté à Internet: _____

H. À votre avis. Donnez votre opinion sur les questions suivantes concernant le reportage.

1. Qu'est-ce qui explique, à votre avis, le fait qu'il y ait beaucoup plus de foyers français qui ont une machine à laver que de foyers qui ont un sèche-linge?

   _____

   _____

2. Si vous deviez choisir entre un téléphone portable et une connexion à Internet, que choisiriez-vous. Pourquoi?

   _____

   _____

Les temps sont durs   7–21

Vous avez très envie d'acheter un iPhone, mais vous n'en avez pas les moyens. Cette annonce publicitaire de la Société Générale, un établissement bancaire, vous donne une idée.

MOTS UTILES: rendre l'âme *to give out*
espèces [f pl] *cash*

I. Vrai ou faux? Indiquez si les phrases suivantes sont vraies (**V**) ou fausses (**F**).

_____ 1. La Société Générale peut vous réserver une somme d'argent.

_____ 2. Le taux d'intérêt est raisonnable.

_____ 3. On paie ce que l'on doit petit à petit.

_____ 4. On peut rembourser uniquement par carte de crédit.

Travail temporaire   7–22

Vous êtes président d'une compagnie d'informatique. Votre secrétaire particulière vient de se casser la jambe et elle sera immobilisée pendant un mois. Qui va la remplacer? Vous pensez à l'annonce publicitaire d'une agence de travail temporaire que vous venez d'entendre.

MOTS UTILES: bureautique [f] *office automation*
la démission *resignation*
en pointe *on the leading edge*
des éléments = [ici] des individus

J. Chez Éric Soutou. Complétez les phrases suivantes d'après les renseignements dans l'annonce publicitaire.

1. Chez Éric Soutou, on sait que chaque profession a _____

   _____ .

2. Les employés qu'Éric Soutou peut fournir aux compagnies sont _____

   _____ .

3. Éric Soutou a des personnes qui peuvent travailler dans les domaines _____

   _____ .

4. Le numéro de téléphone est le _____

   _____ .

Exercices écrits

EN SOMME... 10

Leçon 1

Cap sur le vocabulaire!

A. Une interview. Jean-Pierre Hermès vient de gagner une course à pied très prestigieuse. Une journaliste l'interviewe juste après la course. Complétez l'interview avec les mots et expressions de la liste suivante et faites les modifications nécessaires. N'utilisez pas un mot ou une expression plus d'une fois.

avoir bonne mine   s'entraîner

avoir gagné   une épreuve   être gentil(le) de dire ça

~~battre~~   je vous en prie   on ne sait jamais

le classement   la pression   serré(e)

le concurrent   le record du monde

la course   terminer premier

—Félicitations, Jean-Pierre! Vous ***avez battu*** (1) aujourd'hui _____ (2)! Quelle belle

_____ (3)!

—Merci, Madame Mercure. Je suis content d(e) _____ (4). C'était une journée

exceptionnelle pour moi. Il faut dire que je _____ (5) depuis des mois et que j'avais

un assez bon _____ (6), mais _____ (7).

—Vous êtes trop modeste. Tout le monde pensait que vous alliez _____ (8). Est-ce que

ça vous a fait ressentir un peu de _____ (9)?

—Un peu, je crois. Tous les autres _____ (10) étaient très forts.

—Pas si forts que vous! Vous n'avez pas l'air d'être trop fatigué. Je trouve que vous

_____ (11).

—Merci. Vous _____ (12).

B. Suite de l'interview. La journaliste continue son interview. Complétez-la avec les mots et expressions de la liste suivante et faites les modifications nécessaires. N'utilisez pas un mot ou une expression plus d'une fois.

la défaite	être en forme	un tournoi
un défi	faillir (+ infinitif)	prendre le dessus
la douleur	les fanas de sport	reprendre haleine
l'entraîneur	un match nul	survivre (à)
épuisant	se prouver	une victoire
être à la portée de	sportif	

—C'était un moment extraordinaire pour moi. Vous savez, _____ (1)

ne pas participer cette année. Je me suis foulé la cheville il y a trois semaines et j'avais peur

de ne pas _____ (2). Mais, une fois la course commencée, j'ai oublié

_____ (3), j'ai pris _____ (4) et je n'ai même pas pensé à la

possibilité d'une _____ (5).

—Avez-vous des conseils pour les _____ (6) qui nous écoutent?

—Oui, bien sûr. Regardez une course à la télé, c'est bien, mais devenir _____ (7)

vous-même, c'est encore mieux. Le sport est _____ (8) de tout le monde. C'est un

_____ (9) qui vous apporte beaucoup de satisfaction. Vous n'avez besoin ni d'un

_____ (10) ni d'équipement cher. Il faut simplement vous secouer *(to get moving)*.

Ça vous fera du bien. Et maintenant, je vous demande de m'excuser. C'était quand même une course

_____ (11).

—Excusez-moi, Jean-Pierre. Je ne vous ai même pas donné le temps de _____ (12).

Merci, Jean-Pierre Hermès, et, encore une fois, félicitations pour votre _____ (13).

C. Mini-composition. À votre avis, est-il difficile pour une femme journaliste d'interviewer des athlètes masculins. Pourquoi ou pourquoi pas?

La grammaire à apprendre

Les mots exclamatifs

D. Tu es très gentil de dire ça! Trouvez la réplique manquante *(the missing line)* pour chacune des conversations suivantes. Attention au contexte et au degré de formalité de chaque situation. Assurez-vous aussi que la remarque est culturellement appropriée.

Félicitations! Si j'ai bien compris, tu as eu les meilleurs résultats de ta classe en philo.

Merci. Avec le talent que j'ai, j'étais quand même presque sûre de gagner.

Merci beaucoup. Tu trouves toujours le cadeau parfait.

Oui, je sais. J'ai toujours été douée *(gifted)* pour la décoration.

Vous êtes trop gentil de m'offrir ce splendide cadeau.

~~Tu trouves? Je l'ai acheté en solde.~~

Oh, je ne sais pas. Tu ne trouves pas ça un peu «chaîne d'hôtel» *(hotel chain)*?

Sans l'aide de mes co-équipières, il n'était pas du tout certain que je gagne.

MODÈLE: —Comme il est beau, ton pull-over!
    —*Tu trouves? Je l'ai acheté en solde.*

1.   —Mais quel bel appartement! Les couleurs sont magnifiques!

    —_____

2.   —_____

    —Écoute, c'est trois fois rien. Un petit geste pour te souhaiter une bonne fête, c'est tout.

3.   —Quelle belle victoire! Vous êtes vraiment une athlète extraordinaire!

    —_____

4.   —_____

    —Merci bien, mais j'ai eu de la chance. Il se trouve que j'avais préparé la question précise qu'ils m'ont posée!

E. Quel beau mariage! Les invités au mariage de Bruno et Isabelle trouvent le mariage très réussi. Complétez leurs remarques avec un mot exclamatif approprié: **quel** (ou une forme dérivée), **comme**, **que**, **ce que** ou **qu'est-ce que**.

MODÈLE: *Quel* beau mariage!

_____ (1) jolie mariée! _____ (2) elle est souriante!

_____ (3) beau couple ils forment tous les deux! _____ (4) ils

ont l'air heureux!

Isabelle a déjà vingt-quatre ans! Mon Dieu, _____ (5) le temps passe vite!

_____ (6) la cérémonie était émouvante! Et _____ (7) réception

formidable chez sa grand-mère. C'était la première fois que je voyais cette maison. _____

(8) beaux jardins elle a! Regardez les parents du marié. _____ (9) ils dansent bien! Et

la sœur de la mariée, _____ (10) elle est jolie!

Isabelle, Bruno et leurs parents
seront heureux de vous recevoir
après la cérémonie religieuse.

Réponse souhaitée
avant le 15 Juillet

© Cengage Learning

F. Le nouveau bébé. Vos amis Marion et Christophe viennent de vous envoyer une photo de leur nouveau bébé, Bastien, avec son grand frère et sa grande sœur, Armel et Oriane. Trouvez trois compliments à leur faire.

1. _____
2. _____
3. _____

Courtesy of Author Janet Solberg

Le participe présent

G. La retraite du journaliste. M. Paul Lelièvre a passé toute sa carrière de journaliste dans le domaine du sport. Maintenant, il prend sa retraite et il parle des athlètes qu'il a rencontrés et de ses idées sur le sport. À chacune des phrases suivantes, ajoutez le participe présent d'un des verbes de la liste (n'oubliez pas que si le participe présent est utilisé comme adjectif, il faut faire l'accord avec le nom qu'il modifie). Indiquez pour chaque phrase si le participe présent est utilisé comme adjectif (**a**), s'il indique la simultanéité de deux actions (**s**), ou s'il décrit la manière de faire quelque chose (**m**) *(the manner in which one does something)*.

MODÈLE: Les athlètes qui s'entraînent sérieusement passent
des journées *fatigantes.* √ a ___ s ___ m

briller	détendre	épuiser	gagner
charmer	écrire	faire	parler
continuer	encourager	~~fatiguer~~	

J'ai beaucoup appris en _____ (1) avec des athlètes et des entraîneurs célèbres.

___ a ___ s ___ m

Marc Chevalier, c'est un entraîneur _____ (2) et _____ (3).

___ a ___ s ___ m

Philippe Candeloro, Zinedine Zidane, Joakim Noah et Isabelle Delobel sont des athlètes

_____ (4). De véritables stars, quoi! ___ a ___ s ___ m

Le marathon, c'est une course _____ (5). ___ a ___ s ___ m

Il est difficile pour un athlète de s'entraîner sérieusement pour une telle épreuve sportive tout en

_____ (6) sa vie ou en _____ (7) ses études. ___ a ___ s ___ m

Sans être un athlète professionnel, on reste en bonne santé en _____ (8) du sport au

moins trois fois par semaine. ___ a ___ s ___ m

L'exercice est très bénéfique. Par exemple, en _____ (9) les muscles du corps, on peut

respirer plus facilement et on a moins mal au dos. ___ a ___ s ___ m

J'ai aimé être journaliste. En _____ (10) beaucoup, j'ai appris à mieux organiser mes

pensées et j'ai eu une vie professionnelle très riche. ___ a ___ s ___ m

H. Des proverbes. En français, les proverbes contiennent souvent des infinitifs et des participes présents. Lisez les proverbes suivants et complétez-les en choisissant la forme appropriée du verbe entre parenthèses. Ensuite, associez à chaque proverbe la définition correcte.

MODÈLE: Il vaut mieux *perdre* (perdant / perdre) un bon mot *(witty remark)* qu'un bon ami. ___*a*___

1. Rien ne sert de _____ (courant / courir); il faut partir à point. _____

2. On apprend en _____ (faillir / faillant). _____

3. Un chien _____ (vivre / vivant) vaut mieux qu'un lion mort. _____

4. On ne fait pas d'omelette sans _____ (cassant / casser) des œufs. _____

5. _____ (Recevant / Recevoir) sans _____ (donnant / donner) fait tourner l'amitié. _____

6. L'appétit vient en _____ (mangeant / manger). _____

7. Avant de _____ (balayant / balayer *[to sweep]*) devant la porte du voisin, il faut commencer par _____ (balayant / balayer) devant sa propre porte. _____

a. Il est préférable de ne pas faire un commentaire amusant si cela risque de blesser *(to hurt)* un ami.

b. Si on veut réaliser un projet, il faut agir.

c. Il faut être pratique et considérer ce qu'on a au lieu de rêver à ce qu'on pourrait avoir.

d. Au lieu de se dépêcher pour vite faire son travail, il vaut mieux le commencer plus tôt.

e. Il ne faut pas critiquer les fautes des autres si on n'a pas reconnu ses propres fautes.

f. La meilleure façon de développer ses compétences, c'est de faire des efforts. Même si on ne réussit pas tout de suite, il est possible de faire des progrès.

g; Plus on a, plus on veut.

h. Pour développer une vraie amitié avec quelqu'un, il ne faut pas compter qui doit quoi à qui, qui a le plus aidé l'autre, etc.

I. Le nouvel entraîneur. L'entraîneur d'athlétisme de votre université a été engagé pour un trimestre par un club sportif français. Vous voulez l'aider à traduire ses instructions en français. Attention! Faut-il utiliser le participe présent, un infinitif ou l'infinitif passé?

MODÈLE: Je n'aime pas *faire (doing)* des abdominaux *(ab exercises)*, mais c'est très bon pour le dos.

(1) _____ *(After arriving)* au gymnase, vous devriez

toujours passer les quinze premières minutes à (2) _____ *(warming up [s'échauffer])*.

(3) _____ *(After warming up)*, vous devriez exercer vos muscles

(4) _____ *(by lifting weights [faire de la musculation])*.

(5) _____ *(Running)* tous les jours pendant une demi-heure est une nécessité si vous

voulez être en forme.

J'entends parfois les gens parler de (6) _____ *(winning)* sans

(7) _____ *(training)*, mais ce n'est pas possible.

(8) C'est _____ *(by training)* de façon régulière que vous réussirez.

Ne buvez pas d'alcool (9) _____ *(while preparing [se préparer])* pour l'épreuve.

(10) _____ *(After leaving)* le terrain d'entraînement, prenez une douche froide.

Ça montrera que vous êtes des champions qui avez beaucoup d'auto-discipline.

Les athlètes (11) _____ *(obeying)* à mes conseils gagneront leurs compétitions.

J. Portrait d'un «champion». Composez, en un paragraphe de huit à dix phrases, le mini-portrait de quelqu'un que vous admirez (ou que vous n'admirez pas!) à cause de son attitude à l'égard de l'exercice physique et de l'entraînement. Utilisez des mots exclamatifs et des participes présents.

MODÈLE: *Mon ami Bill ne fait rien. Au lieu de faire de la musculation, il soulève la télécommande tout en mangeant de la pizza. Quel «champion»!*

Leçon 2
Cap sur le vocabulaire!

A. Quel dommage... Quand on veut exprimer des regrets, faire des reproches ou offrir des condoléances, on ne sait pas toujours quoi dire. Associez à chacune des remarques suivantes, faites dans des circonstances stressantes, la réponse appropriée.

1. —Vous savez, j'ai perdu mon mari en novembre de l'année dernière. _____

2. —Ce n'était pas bien d'interrompre comme ça. Tu sais qu'il a du mal à trouver ses mots. _____

3. —J'ai eu tort d'arriver en retard comme ça. Qu'est-ce que je suis bête! _____

4. —Vous n'avez pas honte de vous être comporté comme ça? C'est inadmissible! _____

a. —Tu n'as qu'à demander pardon. Je suis sûre qu'ils comprendront.

b. —Tu as raison. Je ferai plus attention la prochaine fois.

c. —Madame Verdier, je vous présente mes sincères condoléances.

d. —Écoute, qu'est-ce que tu en sais?

e. —C'est bien triste, ça. Je suis désolé pour toi et ta famille.

f. —Un simple malentendu, c'est tout. Ne t'énerve pas, c'est pas si grave que ça.

g. —En effet, je suis désolé. Je n'aurais pas dû faire cela.

B. Reproches et regrets. La vie n'est pas sans malentendus ni regrets. Qu'est-ce que vous diriez dans chacune des situations suivantes pour exprimer des regrets ou des reproches?

MODÈLE: (vous parlez à un ami qui a oublié un rendez-vous chez le dentiste)
C'est dommage que tu aies oublié ton rendez-vous. Tu aurais dû le noter dans ton agenda.

Vous parlez à…

1. un chauffeur qui est ivre *(drunk)* et qui vient de causer un accident grave

   _____

   _____

   _____

2. des amis qui vous ont offert un beau cadeau, bien que vous leur ayez dit que vous ne vouliez pas de cadeaux

   _____

   _____

3. M. et Mme Laudet, qui viennent de perdre leur petit chien (âgé de 6 ans)

   _____

   _____

   Maintenant, vous vous faites des reproches parce que…

4. vous vous sentez mal après avoir mangé un énorme repas

   _____

   _____

5. vous avez dit quelque chose de très cruel à un bon ami

   _____

   _____

© Cengage Learning

C. Vive le football! Parlez-vous «football»? Trouvez l'équivalent anglais de chacun de ces termes associés au football — le sport préféré de la plupart des fanas de sport européens.

1. un coup de pied de réparation _____

2. un but _____

3. des protège-tibias _____

4. un gardien de but _____

5. un coup franc _____

6. un carton jaune _____

7. le terrain de jeu _____

8. un coup d'envoi _____

9. une balle à terre _____

10. hors-jeu _____

11. un arbitre _____

a. dropped ball

b. goal

c. in play

d. cleats

e. referee

f. substitute

g. kickoff

h. yellow card

i. shin guards

j. offside

k. playing field

l. penalty kick

m. goalie / goalkeeper

n. free kick

La grammaire à apprendre

Le conditionnel passé

D. Maintenant, je vois... Après coup, on voit toujours ce qui serait arrivé *(what would have happened)* si seulement... Choisissez le verbe approprié pour chaque phrase et mettez-le au conditionnel passé pour montrer ce qu'on comprend maintenant, avec le recul du temps...

MODÈLE: Je (J') (acheter / finir) *aurais fini* le travail plus vite si tu m'avais aidée.

Il (1) _____ (falloir / connaître) mettre mon réveil hier soir. Comme ça, je

(2) _____ (se coucher / se réveiller) à temps pour aller à mon rendez-vous.

Si j'avais su qu'il y avait des gendarmes ici, je (3) _____ (ne pas voir / ne pas conduire)

si vite. Peut-être que je (4) _____ (ne pas avoir / ne pas faire) cette contravention.

J'ai pris cinq kilos en un mois. Je (5) _____ (ne pas grossir / ne pas réaliser) si j'avais

continué mon régime.

Je (6) _____ (ne pas inviter / ne pas venir) à la soirée si j'avais su que Pierre serait là!

Je ne le supporte pas! *(I can't stand him.)*

Je (J') (7) _____ (mieux faire / mieux oublier) de rester au lit aujourd'hui. Je (J')

(8) _____ (être / avoir) moins d'ennuis.

E. Qu'est-ce qui se serait passé? Imaginez ce qui se serait passé dans les situations suivantes. Complétez les phrases en utilisant un verbe au conditionnel passé.

MODÈLE: Si mes parents avaient gagné un million de dollars à la dernière loterie, *ils auraient tout donné aux pauvres.*

1. Si j'avais pu partir en voyage l'été dernier, _____.

2. Si j'avais eu plus de temps hier, _____.

3. Si mon ami(e) m'avait invité(e) à sortir vendredi soir, _____.

4. Si j'avais dû acheter un cadeau pour mon professeur de français, _____.

5. Si j'avais pu lire un livre pour le plaisir récemment, _____.

6. Si quelqu'un avait volé tout mon argent, _____.

F. Il aurait pu, il aurait dû. On utilise souvent les verbes **pouvoir** et **devoir** au conditionnel passé pour décrire ce qu'on aurait pu faire *(could have done)*, ce qu'on aurait dû faire *(should have done)* ou ce qui aurait pu arriver *(could have happened)*. En utilisant les expressions données, trouvez une phrase appropriée pour chacune des situations suivantes.

attacher sa ceinture de sécurité
attraper un coup de soleil
avoir un accident de voiture
conduire trop vite
emprunter de l'argent à ses parents
mettre le réveil
partir pour la gare plus tôt
prendre des kilos
sécher tant de cours

© Cengage Learning

Utilisez le verbe **pouvoir:**

MODÈLE: Julie a payé 90 euros pour aller de l'aéroport à son appartement en taxi.
C'est bête! Elle *aurait pu demander à sa colocataire de venir la chercher.*

1. Christophe n'a pas payé son loyer *(rent)* parce qu'il était fauché.

   Il _____.

2. Sandrine a passé toute la journée à la plage. Elle a mis de la crème solaire une seule fois et elle est bien bronzée.

   Oh là là! C'était risqué, quand même. Elle _____.

3. Mes frères ont conduit beaucoup trop vite hier soir et il pleuvait!

   Les imbéciles! Ils _____.

Utilisez le verbe **devoir**:

MODÈLE: Sandrine et Paul ont manqué leur train.

Qu'est-ce qu'ils sont idiots! Ils *auraient dû partir pour la gare plus tôt.*

4. Paul et Virginie ne se sont pas réveillés à temps ce matin. Ils sont arrivés en retard au travail tous les deux.

Ils _____.

5. Chantal a eu un accident de voiture le mois passé. Sa tête a heurté le pare-brise *(windshield)*.

Oh là là, cette fille! Elle _____.

6. Nous avons échoué à tous nos examens.

C'est trop bête. Nous (ne/pas) _____.

G. J'aurais pu, j'aurais dû... Citez quatre situations que vous regrettez et dites ce que vous auriez pu ou dû faire pour avoir un impact différent sur cette situation.

MODÈLE: *J'ai échoué à mon examen de français. J'aurais dû étudier plus!*

Les phrases conditionnelles

H. Les expériences des autres. Un journaliste pose des questions à différents athlètes sur leur performance. Les athlètes expérimentés *(experienced)* expriment leurs regrets à propos d'épreuves passées (en utilisant le plus-que-parfait et le conditionnel passé). Les nouveaux concurrents rêvent de ce qu'ils pourraient faire (en utilisant l'imparfait et le conditionnel). Suivez le modèle.

MODÈLE: Que faut-il faire pour devenir le chef de votre équipe de coureurs? (gagner cette étape de la course cycliste)

Le coureur: *Tout ce que je sais, c'est que je serais devenu le chef de mon équipe de coureurs si j'avais gagné cette étape de la course cycliste.*

Le nouveau concurrent: *Alors, moi, je deviendrais peut-être le chef de mon équipe de coureurs si je gagnais cette étape de la course cycliste.*

© Cengage Learning

Que faut-il faire pour gagner la médaille d'or au relais? (améliorer le passage du témoin *[passing of the baton]*)

1. Les coureurs expérimentés: Toutes les courses ne se ressemblent pas, mais dans notre cas, nous

_____ si nous

_____.

2. Les nouveaux concurrents: Alors, qui sait? Peut-être que nous

_____ si nous

_____.

Que faut-il faire pour finir dans les dix premiers de la course? (ne pas casser)

3.   LE MOTOCYCLISTE EXPÉRIMENTÉ: Chaque situation est différente, mais lors de ma dernière course,

si le moteur de ma moto _____,

j' _____.

4.   LE NOUVEAU CONCURRENT: Donc, si le moteur de ma moto _____,

Je _____ ? On ne sait jamais!

Que faut-il faire pour qu'une équipe de rugby se place bien dans le tournoi? (rester en bonne santé)

5.   L'ENTRAÎNEUR DE RUGBY EXPÉRIMENTÉ: On ne peut jamais tout prévoir. Hélas, si nos joueurs

_____, notre équipe

_____.

6.   LE NOUVEL ENTRAÎNEUR: Alors, si nos joueurs _____,

notre équipe _____. Mais ils sont

souvent très indisciplinés…

I. Vos conseils, s'il vous plaît! Vous étudiez le français depuis un certain temps et vous voulez partager votre expérience avec des étudiants moins avancés. Répondez à la question suivante pour vos «collègues» moins expérimentés et imaginez leur réaction à ce que vous dites. Utilisez les remarques dans l'exercice H. comme modèles.

Question: Que faut-il faire pour bien réussir en français?

VOUS, L'ÉTUDIANT(E) DE FRANÇAIS EXPÉRIMENTÉ(E): Je sais maintenant que si j(e) _____ dans

les tout premiers cours et si j(e) _____,

j(e) _____.

L'ÉTUDIANT(E) DÉBUTANT(E): Je comprends. Si j(e) _____ et

si j(e) _____, peut-être que j(e)

_____.

J. Les regrets d'un coureur cycliste. Philippe Lecomte a fini cinquième au classement général de la célèbre course cycliste, le Tour de France. Il sait qu'il aurait pu mieux faire. Complétez sa déclaration avec les formes correctes du présent, de l'imparfait, du plus-que-parfait, du futur, du conditionnel ou du conditionnel passé, selon le sens. (Les autres verbes dans la phrase vous aideront à choisir les modes et/ou les temps qui conviennent.)

MODÈLE: On peut mieux comprendre comment faire des progrès à l'avenir si on (analyser) *analyse* les erreurs qu'on a faites par le passé.

C'est fini maintenant, mais ça **(1)** _____ (devoir) mieux marcher pour moi cette

année. Je n'ai pas gagné et je sais pourquoi. Si j(e) **(2)** _____ (vouloir) gagner, il

aurait fallu être plus agressif dans les Alpes. Par exemple, mes coéquipiers **(3)** _____ (pouvoir) empêcher l'échappée *(breaking away)* de mon adversaire espagnol — ce qui m'a coûté dix minutes au classement! Hélas, si j(e) **(4)** _____ (gagner) au moins deux étapes de montagne, j'aurais porté le maillot jaune à la sortie des Pyrénées. Les autres membres de mon équipe et moi, nous aurions affirmé notre supériorité et j(e) **(5)** _____ (être) capable de gagner la dernière étape contre la montre. Mais cela n'est pas arrivé et je pense sincèrement que j'ai participé à mon dernier Tour de France.

Mais si on me **(6)** _____ (demander) ce qu'il faudrait faire pour l'année prochaine, je dirais au futur champion qu'une bonne préparation mentale à cette épreuve est primordiale. Si j'étais leur entraîneur, tous les coureurs cherchant à finir dans les dix premiers **(7)** _____ (aller) participer aux grandes épreuves cyclistes du printemps afin de mieux se préparer pour le stress de la compétition.

Quant au Tour de France, si vous **(8)** _____ (vouloir) gagner, vous devrez attaquer les meilleurs concurrents à l'entrée des Alpes. Si vous faites ça, vous **(9)** _____ (avoir) de meilleures chances de gagner.

En somme, si je devais participer au prochain Tour, je **(10)** _____ (savoir) prendre des risques. Cette fois-ci, je ne l'ai pas fait et voilà pourquoi j'ai perdu.

K. Avez-vous compris? Relisez cette déclaration et répondez aux questions suivantes.

MODÈLE: Quel reproche est-ce que Philippe se fait?
Il pense qu'il n'a pas pris assez de risques. / Il se reproche de ne pas avoir pris assez de risques. / Il pense qu'il aurait dû prendre plus de risques, etc.

1. Que reproche-t-il à ses coéquipiers? _____

_____

2. Que va-t-il faire différemment l'année prochaine? _____

_____

3. Quel(s) conseil(s) donne-t-il aux autres concurrents? _____

_____

L. Avec des si... Décrivez en trois ou quatre phrases ce que vous feriez/auriez fait dans deux des situations suivantes. Faites très attention aux temps des verbes.

1. Si j'étais à une soirée et si la personne qui devait me raccompagner en voiture *(give me a ride home)* était ivre *(drunk)*…

2. Si je pouvais recommencer mes études universitaires,…

3. Si j'avais emprunté un vêtement très cher à un(e) ami(e) et si je l'avais perdu…

4. Si j'avais vu quelqu'un tricher *(to cheat)* lors de mon dernier examen…

Leçon 3
Cap sur le vocabulaire!

A. De quoi s'agit-il? Vous aimez le théâtre et le cinéma. Indiquez si les mots suivants évoquent le théâtre (**T**), le cinéma (**C**) ou les deux (**T, C**).

_____ 1. une actrice

_____ 2. un cinéaste

_____ 3. un compte rendu

_____ 4. un(e) critique

_____ 5. doublé

_____ 6. l'entracte

_____ 7. frapper les trois coups

_____ 8. le metteur en scène

_____ 9. un rappel

_____ 10. la réalisatrice

_____ 11. une représentation

_____ 12. des sous-titres

_____ 13. tourner

_____ 14. la troupe

_____ 15. en v.o.

B. Les meilleurs films américains. L'American Film Institute a désigné les meilleurs films américains de tous les temps. Sur sa liste figurent — parmi beaucoup d'autres — les films suivants. Trouvez l'équivalent français de chacun de ces classiques américains.

1. *The Gold Rush* ____

2. *On the Waterfront* ____

3. *One Flew Over the Cuckoo's Nest* ____

4. *The Raiders of the Lost Ark* ____

5. *Gone With the Wind* ____

6. *The Godfather* ____

7. *Singing in the Rain* ____

8. *The Grapes of Wrath* ____

9. *The Graduate* ____

10. *Jaws* ____

11. *A Clockwork Orange* ____

a. *Les Raisins de la colère*

b. *Autant en emporte le vent*

c. *Sur les quais*

d. *Vol au-dessus d'un nid de coucou*

e. *Les Dents de la mer*

f. *Orange mécanique*

g. *La Ruée vers l'or*

h. *Les Aventuriers de l'arche perdue*

i. *Le Parrain*

j. *Chantons sous la pluie*

k. *Le Lauréat*

C. Qu'est-ce que tu es difficile! Votre oncle aime regarder les grands classiques en DVD chez lui, mais vous, vous avez envie de voir quelque chose de plus récent au cinéma. Proposez-lui d'aller voir un autre film du même genre que celui qu'il aime. Suivez le modèle.

MODÈLE: Au lieu de regarder *Il faut sauver le soldat Ryan*, allons voir un autre **film de guerre**.

1. Au lieu de regarder un James Bond, allons voir un autre _____.

2. Au lieu de regarder *Dracula*, allons voir un autre _____.

3. Au lieu de regarder *Toy Story 3*, allons voir un autre _____.

4. Au lieu de regarder *Roméo et Juliette*, allons voir un autre _____.

5. Au lieu de regarder *The Hangover*, allons voir un(e) autre _____.

6. Au lieu de regarder *3:10 to Yuma*, allons voir un autre _____.

D. Voici un film qui te plairait! Il y a un nouveau film que vous avez envie de voir. Essayez de convaincre votre oncle d'aller le voir avec vous. Mentionnez les interprètes, les critiques que ce film a reçues et faites un petit résumé du film, en 7 à 8 phrases, en utilisant les *Mots et expressions utiles* pour parler du cinéma et le vocabulaire pour résumer de la **Leçon 3**.

La grammaire à apprendre

La voix passive

E. Un film intéressant. Votre ami(e) vous fait le compte rendu d'un film qu'il/elle vient de voir. Transformez son récit en mettant les expressions en italique à la voix active. Attention aux temps.

Cette histoire est racontée par une vieille femme française habitant une petite ville de province. Elle se rappelle une série d'événements de la Deuxième Guerre mondiale que sa meilleure amie a vécus. Cette amie, Anne Béranger, est l'héroïne du film. Au début de l'histoire, *elle était aimée et respectée de tous ceux qui la connaissaient.* Son mari, Raymond, se cachait dans la cave de leur maison. *Il était recherché depuis des mois par les soldats ennemis.* La milice (militia) *avait été contactée par les soldats* pour le capturer, alors *la maison était constamment surveillée par un groupe d'hommes installés dans l'immeuble d'en face.* Anne devait apporter des renseignements et du ravitaillement à son mari sans *être vue de personne.* Cependant, un jour *elle a été dénoncée par un voisin malveillant. La maison a été fouillée par les soldats* mais, heureusement, ils n'ont trouvé personne. *Anne a été arrêtée dans la rue et elle a été emmenée au poste de police par deux miliciens. Raymond n'avait pas été découvert par les soldats* parce qu'il avait quitté sa cachette la veille. À ce moment-là, *il a été recueilli par des amis* dans une autre petite ville voisine. Finalement, *la ville a été libérée par des groupes de résistants* et Anne et son mari se sont retrouvés.

Une vieille femme française habitant une petite ville de province raconte cette histoire. _____

_____

_____

_____

_____

_____

_____

_____

_____

_____

F. Une pièce réussie. Malorie parle d'une pièce de théâtre qu'elle a vue récemment. Reformulez ses commentaires à son sujet en utilisant le pronom **on** au lieu de la voix passive.

MODÈLE: Ce mythe grec a été transformé en pièce de théâtre par quelqu'un.
On a transformé ce mythe grec en pièce de théâtre.

1. Une mise en scène très dramatique a été créée.

   _____

2. Jour après jour, cette pièce était jouée à guichets fermés.

   _____

3. C'est normal parce que cette troupe théâtrale est beaucoup aimée.

   _____

4. Des billets gratuits ont été offerts à mes collègues et à moi.

   _____

   Et nous y sommes allés samedi dernier. En arrivant au théâtre, nous étions déjà ravis.

5. Un compte rendu très positif avait été affiché devant le théâtre.

   _____

6. À neuf heures précises, les trois coups ont été frappés.

   _____

7. À la fin, la pièce a été applaudie avec enthousiasme.

   _____

   J'ai bien aimé la pièce et je la recommanderais à tout le monde.

8. Les thèmes de cette pièce seront toujours appréciés.

   _____

9. D'autres pièces de ce genre seraient aimées aussi.

   _____

G. Cinéma: mode d'emploi. Vous parlez du cinéma aux États-Unis avec une amie française. Reformulez les affirmations suivantes en utilisant une construction avec un verbe pronominal.

MODÈLES: Les jeunes adorent le cinéma. On comprend ça facilement.
Les jeunes adorent le cinéma. Ça se comprend facilement.

Des millions de billets sont vendus chaque année.
Des millions de billets se vendent chaque année.

1. On trouve souvent des salles de cinéma dans les centres commerciaux.

   _____

   _____

2. Les billets sont vendus à l'entrée du cinéma.

_____

3. Un entracte au cinéma? On ne voit pas ça très souvent.

_____

4. On mange du popcorn pendant le film.

_____

H. Un documentaire. Les phrases suivantes décrivent quelques-uns des événements principaux d'un documentaire sur l'histoire de France. Mettez-les à la voix passive.

MODÈLE: On a proclamé Napoléon Bonaparte empereur des
Français le 18 mai 1804.
Napoléon Bonaparte a été proclamé empereur des
Français le 18 mai 1804.

1. Le navigateur français Jacques Cartier a exploré le Canada au XVIe siècle.

_____

2. Charles de Gaulle a lancé l'appel du 18 juin 1940 de Londres.

_____

3. On a accueilli les armées alliées en Normandie le 6 juin 1944.

_____

4. Les Vietnamiens ont vaincu les Français à Dien Bien Phu en 1954.

_____

5. Les Françaises ont obtenu le droit de vote en 1944.

_____

6. Les pays membres de l'Union européenne ont signé le traité de Maastricht en décembre 1991.

_____

7. Le gouvernement français a condamné l'invasion américaine de l'Irak en 2003.

_____

8. Les électeurs français ont choisi le nouveau président, François Hollande, en 2012.

_____

I. Deux continents, deux pays, deux religions, deux révolutions. Vous écrivez l'introduction d'un documentaire sur les révolutions française et américaine pour un studio de cinéma indépendant. Vous l'avez déjà écrite à la voix active, mais vous vous demandez si la voix passive serait plus percutante *(more weighty)*. Reformulez les parties en italique du paragraphe à la voix passive.

Deux religions, deux révolutions; la Révolution française s'est terminée dans le sang, mais pas la révolution américaine. À cette époque-là, *la violence domine la société française.* Par contre, *la sagesse des Pères fondateurs préserve l'Amérique du même destin.* C'est d'ailleurs pourquoi *la Terreur* (the Reign of Terror) *a choqué même les Américains les plus favorables à la Révolution française. Les pratiques religieuses datant de la Réforme* (the Reformation) *ont sauvé l'Amérique,* alors qu'en France, *l'échec de la Réforme a eu pour conséquence le conflit entre les idées des philosophes du XVIIIe siècle et celles associées au christianisme. La Révolution française a lancé le combat contre la tradition.* Elle a donc été plus violente et *toute l'Europe a ressenti* (felt) *les échos de cette lutte.*

Deux religions, deux révolutions: la Révolution française s'est terminée dans le sang, mais pas la révolution américaine. À cette époque-là, la société française est dominée par la violence.

_____

_____

_____

_____

_____

_____

_____

_____

_____

J. Votre opinion, s'il vous plaît! Comparez les deux versions de votre introduction (celle à la voix active et celle à la voix passive). Laquelle préférez-vous? Pourquoi?

_____

_____

_____

K. Un vrai navet! Vous êtes cinéaste et vous venez de faire votre premier film, qui n'a eu aucun succès. Le directeur du studio vous a convoqué(e) *(summoned)* pour parler de cette situation. Vous avez peur d'être viré(e) *(fired)*, alors vous préparez des excuses pour expliquer pourquoi vous n'êtes pas responsable de l'échec du film. Utilisez la voix passive (**je sais que des millions d'euros ont été perdus**, etc.). Utilisez aussi des participes présents comme adjectifs (**c'était une situation frustrante**), pour décrire des actions simultanées (**j'ai tourné ce film tout en en préparant un autre en même temps**) et pour décrire comment vous allez «réparer» ce four (**je vais améliorer la logique narrative en filmant des scènes supplémentaires**). Écrivez 10 à 12 phrases.

Exercices de laboratoire

Phonétique

Révision des *chapitres 6 à 9*   8–2

A. Écoutez les mots suivants qui contiennent les semi-voyelles [j], [w] et [ɥ]. Répétez les mots et indiquez le son que vous identifiez dans la colonne appropriée.

MODÈLE: *Vous entendez:* nuit

Vous répétez: **nuit**

Vous indiquez: **le son de la colonne [ɥ].**

	[j]	[w]	[ɥ]
1. fruit	_____	_____	_____
2. palier	_____	_____	_____
3. bruit	_____	_____	_____
4. roi	_____	_____	_____
5. tatouage	_____	_____	_____
6. allié	_____	_____	_____
7. pouvions	_____	_____	_____
8. voué	_____	_____	_____
9. ébloui	_____	_____	_____
10. pluie	_____	_____	_____

B. Pratiquez maintenant les sons [a] et [i] en répétant les mots que vous entendrez.

1. lasse	lisse	6. dites	date
2. mille	malle	7. bise	base
3. gîte	jatte	8. car	kir
4. fane	fine	9. s'il	sale
5. pars	pire	10. tir	tard

C. Écoutez et répétez les phrases suivantes qui contiennent le son [r].

1. Le chat de Richard ronronne quand on le caresse.

2. L'artiste s'irrite quand on rit de ses peintures ridicules.

3. Lorsque les affaires furent réglées, les représentants leur proposèrent d'aller prendre un verre.

4. Monsieur Braradur rentrera de Rimini mercredi prochain.

D. Écoutez les mots suivants qui contiennent les sons [ø] et [œ]. Répétez les mots et indiquez le son que vous identifiez dans la colonne appropriée.

MODÈLE: *Vous entendez:* vieux
            Vous répétez: **vieux**
            Vous *indiquez:* **le son de la colonne [ø].**

	[ø]	[œ]
1. je meurs	_____	_____
2. immeuble	_____	_____
3. crasseuse	_____	_____
4. lieu	_____	_____
5. cœur	_____	_____
6. ceux	_____	_____
7. sérieuse	_____	_____
8. eux	_____	_____
9. sœur	_____	_____
10. neuf	_____	_____

E. Écoutez et répétez les phrases suivantes en faisant attention aux liaisons interdites. Identifiez les liaisons que vous entendez.

1. Comment les Hollandais ont-ils été reçus aux Invalides?

2. Comme vous allez être heureuse et rieuse!

3. Les hostilités ont commencé entre ces deux héros quand le grand a accusé l'autre.

4. Comment ces électeurs audacieux n'ont-ils pas osé parler aux élus?

F. Écoutez les mots suivants. Répétez-les et indiquez si la syllabe accentuée contient un son nasalisé ou non-nasalisé.

	nasalisé	non-nasalisé
1. mission	_____	_____
2. Christiane	_____	_____
3. bien	_____	_____
4. viennent	_____	_____
5. tonne	_____	_____
6. brigand	_____	_____

G. Résumé. Écoutez et répétez le paragraphe suivant.

Monsieur Legrand était sorti pour acheter du beurre quand il a rencontré son ami Louis, qui est acteur. Louis lui a demandé d'entrer dans son immeuble pour regarder sa machine à laver, avec laquelle il a des problèmes. La machine faisait un bruit bizarre, strident et continuel. Comment fallait-il s'y prendre? Les deux hommes ont réfléchi un peu avant de décider d'appeler un plombier ou un électricien qualifié.

Maintenant, répétez le paragraphe.

Leçon 1
Conversation   8–3

A. Compliments et félicitations. En français, il y a plusieurs expressions pour faire et accepter un compliment, et pour féliciter. Écoutez la conversation (manuel, **chapitre 10**, leçon 1) en prêtant attention à ces expressions.

B. L'intonation des phrases. Maintenant, écoutez et répétez les phrases suivantes. Imitez l'intonation de la phrase en répétant les expressions qu'on utilise pour faire et accepter un compliment, et pour féliciter.

1. Vous avez disputé un match absolument extraordinaire! Toutes nos félicitations.

2. Eh bien, je suis évidemment très content d'avoir gagné ce match…

3. En effet, j'aurais peut-être pu faire mieux…

4. Oui, c'est vrai. Bravo, Jean-Jacques!

5. Merci. Oui, je suis content d'avoir réussi comme cela.

6. En attendant, merci beaucoup, Pierre, d'être venu nous rejoindre.

7. Je vous en prie. Ça m'a fait plaisir.

C. La bonne réponse. On fait des compliments non seulement aux gens qu'on connaît bien (amis et membres de la famille), mais aussi aux gens qu'on connaît moins bien. Écoutez les mini-conversations suivantes et identifiez le degré d'intimité qui existe entre les deux personnes qui parlent.

1. rapports formels _____   rapports familiers _____

2. rapports formels _____   rapports familiers _____

3. rapports formels _____   rapports familiers _____

4. rapports formels _____   rapports familiers _____

La grammaire à apprendre

Les mots exclamatifs   8–4

D. Quelle bonne amie! Votre amie Julie est très peu sûre d'elle. Ce soir, vous sortez en groupe et Julie s'est habillée avec soin. Vous la complimentez beaucoup pour la mettre à l'aise. Vous entendrez une phrase que vous devrez rendre encore plus emphatique. Suivez les modèles.

MODÈLE: *Vous entendez:* Tu portes une jolie jupe aujourd'hui.
Vous dites: **Quelle jolie jupe!**

(Items 1–5)

MODÈLE: *Vous entendez:* Tu portes une jolie jupe aujourd'hui.
Vous dites: **Que ta jupe est jolie!**

(Items 6–10)

E. Comme vous êtes gentil(le)! Vous êtes de très bonne humeur aujourd'hui et vous faites des compliments à tout le monde. Suivez les modèles.

MODÈLE: *Vous entendez:* votre ami qui travaille dur
Vous dites: **Comme tu travailles dur!**

(Items 1–5)

MODÈLE *Vous entendez:* vos parents qui sont compréhensifs
Vous dites: **Qu'est-ce que vous êtes compréhensifs!**

(Items 6–10)

Le participe présent   8–5

F. Deux choses à la fois. Tous les membres de votre famille ont la manie de faire deux choses à la fois. Modifiez les phrases en utilisant le participe présent. Suivez le modèle.

MODÈLE: *Vous entendez:* Je parle et je mange en même temps.
Vous dites: **Je parle en mangeant.**

(Items 1–6)

G. C'est en forgeant qu'on devient forgeron. (It's by forging that one becomes a blacksmith. [i.e., One learns by doing.])
Votre ami(e) a beaucoup d'aspirations. Écoutez ses rêves et donnez-lui des conseils pour les réaliser. Suivez le modèle.

MODÈLE *Vous lisez:* étudier
Vous entendez: Je veux réussir.
Vous répondez: **C'est en étudiant qu'on réussit.**

1. faire des économies
2. suivre un régime
3. lire le journal tous les jours
4. parler beaucoup
5. voyager

Leçon 2   8-6

A. La bonne réponse. Quand on a des regrets, on fait des reproches. Parfois, on se reproche quelque chose à soi-même et parfois on fait des reproches à quelqu'un d'autre. Écoutez les phrases suivantes et indiquez à qui la personne qui parle fait des reproches.

1. à elle-même _____   à quelqu'un d'autre _____

2. à elle-même _____   à quelqu'un d'autre _____

3. à elle-même _____   à quelqu'un d'autre _____

4. à elle-même _____   à quelqu'un d'autre _____

5. à elle-même _____   à quelqu'un d'autre _____

La grammaire à apprendre

Le conditionnel passé   8-7

B. J'aurais mieux fait. Donnez des conseils à un copain de classe qui vous fait des confidences. Écoutez ce qu'il dit, puis dites-lui ce que vous auriez fait à sa place. Utilisez les éléments donnés et mettez le verbe au conditionnel passé. Suivez le modèle.

MODÈLE: *Vous lisez:* Moi, je… appeler la police.
Vous entendez: J'ai vu un crime, mais je n'ai rien fait.
Vous répondez: **Moi, j'aurais appelé la police.**

1. Moi, je… lui acheter des fleurs.

2. Moi, je… demander un remboursement.

3. Moi, je… faire des économies pour pouvoir partir.

4. Moi, je… chercher un autre appartement.

5. Moi, je… plus s'entraîner pendant les week-ends.

C. Les reproches. Après les conseils viennent les reproches. Faites des commentaires sur les actions de vos copains de classe. Modifiez les phrases que vous entendez en utilisant le conditionnel passé. Suivez le modèle.

MODÈLE: *Vous entendez:* J'ai dépensé tout mon argent.
Vous répondez: **Tu n'aurais pas dû dépenser tout ton argent.**

(Items 1–3)

Les phrases conditionnelles   8-8

D. Si j'étais allé(e) en Corse. L'année dernière, un ami vous a invité(e) à passer l'été avec lui en Corse. Malheureusement, vous n'avez pas pu y aller. Vous regrettez toujours cette occasion manquée. Quand on vous pose des questions là-dessus, vous dites ce que vous auriez fait là-bas si vous aviez pu faire le voyage. Utilisez les éléments donnés et suivez le modèle.

MODÈLE: *Vous lisez:* la cuisine locale
Vous entendez: Qu'est-ce que tu aurais mangé?
Vous répondez: **Si j'étais allé(e) en Corse, j'aurais mangé la cuisine locale.**

1. dormir jusqu'à dix heures tous les jours

2. avec mes nouveaux amis corses

3. aller au marché pour faire des courses et prendre des photos

4. le sud de la France

5. à tous mes amis américains

6. un buste de Napoléon, bien sûr!

E. Un peu d'aide? Votre petit cousin français ne fait jamais de phrases complètes. Il faut souvent l'aider à terminer ses phrases. Proposez-lui des phrases en faisant attention aux temps des verbes. Utilisez les mots donnés et suivez les modèles.

MODÈLE: *Vous lisez:* avoir un cheval
Vous entendez: Si j'étais cowboy…
Vous répondez: **Si tu étais cowboy, tu aurais un cheval?**

1. parler japonais   3. grossir

2. voir Mickey   4. prendre le train

MODÈLE: *Vous lisez:* ne pas avoir peur
Vous entendez: Si j'avais vu un monstre…
Vous répondez: **Si tu avais vu un monstre, tu n'aurais pas eu peur?**

5. jouer dehors quand même   7. ne pas aller à l'école

6. ne pas pleurer   8. t'amuser avec moi

Leçon 3

Conversation   8–9

A. Pour résumer. En français, il y a plusieurs expressions pour résumer, quand on parle d'un film ou d'un livre, par exemple. Écoutez la conversation (manuel, **chapitre 10**, leçon 3) en prêtant attention à ces expressions.

B. L'intonation des phrases. Maintenant, écoutez et répétez les phrases suivantes. Imitez l'intonation de la phrase en répétant les expressions qu'on utilise pour résumer.

1. Alors de quoi s'agit-il?

2. Quel est le thème du film que vous tournez?

3. L'histoire se déroule sur quatre générations.

4. Au fond, il s'agit de l'histoire d'un amour contrarié qui aboutit à un dénouement heureux au bout de cinquante ans.

5. Et l'action se déroule où?

6. Le contraste entre le passé et le présent a beaucoup à voir avec le thème.

7. Le contraste fait ressortir les parallélismes.

C. La bonne réponse. *Deux personnes parlent de films. Est-ce que leurs conversations sont toujours logiques?*

1. logique _____   pas logique _____   3. logique _____   pas logique _____

2. logique _____   pas logique _____   4. logique _____   pas logique _____

La grammaire à apprendre

La voix passive   8–10

D. Un film amusant. *Votre mère a vu le film* Trois Hommes et un couffin *au cinéma hier soir. Elle vous le raconte et vous la questionnez en reprenant ses phrases et en les mettant à la voix passive. Suivez le modèle.*

MODÈLE: *Vous entendez:* On laisse un bébé à la porte de trois hommes.
            Vous répondez: **Un bébé est laissé à la porte de trois hommes?**

(Items 1–7)

E. Titres de journaux. *Au petit déjeuner, on vous lit les grands titres du journal. Puisque vous ne faites pas très attention, vous êtes obligé(e) de répéter tout ce qu'on vous dit en mettant les titres à la voix active. Prenez garde de respecter le temps du verbe dans chaque phrase que vous entendez.*

MODÈLE: *Vous entendez:* Les voleurs de bijoux ont été arrêtés par la police.
            Vous répondez: **Qu'est-ce que tu dis? La police a arrêté les voleurs de bijoux?**

(Items 1–5)

F. La bonne cuisine française. *Connaissez-vous la cuisine et les habitudes alimentaires françaises? Reprenez ces phrases en utilisant une construction pronominale. Suivez le modèle.*

MODÈLE: *Vous entendez:* «Bon appétit»? On dit cela en France avant un repas.
            Vous dites: **«Bon appétit»? Ça se dit en France avant un repas.**

(Items 1–5)

Dictée   8–11

G. Attendez que je vous explique. *Antoine Mailland a quatorze ans. Il est sorti avec ses copains cet après-midi et n'est rentré qu'à huit heures du soir. Ses parents étaient inquiets de son retard. Écoutez-le s'expliquer, puis transcrivez ses explications. D'abord, écoutez ce qu'il dit en entier. Ensuite, chaque phrase sera lue deux fois. Enfin, le message entier sera répété pour que vous puissiez vérifier votre travail. Écoutez.*

_____

_____

_____

_____

_____

_____

_____

Compréhension

Au cinéma   8–12

Dans ce chapitre, vous avez discuté de films, de pièces et de romans. Maintenant, vous allez entendre une interview avec une jeune actrice qui a dû chanter dans son dernier film. Elle raconte son expérience.

MOTS UTILES: la chorale *chorus*
l'enregistrement [m] *recording*
une larme *tear*
arriver (ici) *to manage*
se lancer *to take off*
gratifiant *fulfilling*
enraciné(e) *rooted*

H. Chanteuse! Moi? Identifiez, en indiquant vrai (**V**) ou faux (**F**), les phrases qui décrivent fidèlement les propos de la jeune actrice.

____ 1. C'était la première fois que la jeune actrice avait chanté en public.

____ 2. Elle avait très peur de chanter en public.

____ 3. Elle a pleuré avant d'enregistrer la chanson.

____ 4. Elle a réussi à convaincre le metteur en scène de trouver une autre chanteuse.

____ 5. Elle a essayé de vaincre sa peur, mais elle a échoué.

____ 6. Le metteur en scène faisait tout à fait confiance à l'actrice.

Un résumé du film dont la jeune actrice vient de parler vous est maintenant présenté.

MOTS UTILES: inoubliable *unforgettable*
émaillé(e) de *studded with*
une bagarre *fight*
un coup de cœur *heartbreak*
impitoyable *merciless, ruthless*

I. Une nuit inoubliable. Donnez les détails demandés ci-dessous, d'après ce que vous venez d'entendre.

1. Où l'action se déroule-t-elle? _____

2. Combien de personnages principaux y a-t-il dans le film? _____

3. Quel est le sujet du film? _____

4. Qu'arrive-t-il à la petite fille? _____

5. Et à son frère? _____

Le Tour de France 2007   8–13

Le Tour de France est un événement sportif mondialement connu. Chaque année en juillet, près de 200 participants parcourent plus de 3 000 kilomètres en vingt jours, espérant porter le symbolique maillot jaune du vainqueur. Chaque année, la course commence à un endroit différent, mais finit toujours à Paris, sur les Champs-Élysées. Voici un reportage sur le Tour de France de l'année 2007.

MOTS UTILES: le grimpeur *(mountain) climber*
le tricheur *cheater*
propre *"clean" [i.e., not using drugs]*
le maillot (jaune, à pois) *(yellow, polka-dot) jersey*

J. Le Tour 2007. Répondez aux questions suivantes.

1. Pourquoi est-ce qu'il y a eu tant d'accusations de dopage pendant ce 94ème Tour de France?

   _____

   _____

2. Nommez deux choses que les tricheurs utilisent pour améliorer illégalement leur performance au Tour.

   _____

   _____

3. Chacun des coureurs de la liste suivante s'est distingué pendant le Tour. Associez le nom de chaque coureur à l'acte par lequel il s'est distingué.

   1. ____ gagnant du Tour 2007   **a.** Daniele Bennati

   2. ____ nommé le coureur le plus combatif du Tour   **b.** Tom Boonen

   3. ____ membre de l'équipe Discovery Channel avec Contador   **c.** Cadel Evans

   4. ____ gagnant de la 20ème étape du Tour   **d.** Mauricio Soler

   5. ____ a fini le Tour en deuxième place   **e.** Alberto Contador

   6. ____ a gagné le titre du meilleur sprinter du Tour   **f.** Levi Leipheimer

   7. ____ meilleur grimpeur du Tour de 2007   **g.** Amets Txurruka

4. Selon ce reportage, est-ce que les coureurs cyclistes pourront sauver la réputation de leur sport? Expliquez.

   _____

   _____

   _____